Brigitte Brandstötter

Wo die Liebe hinfällt

Brigitte Brandstötter

Wo die Liebe hinfällt

Das neue Rollenbild
ungleicher Paare –
Frauen mit jüngerem Partner

VS VERLAG FÜR SOZIALWISSENSCHAFTEN

Bibliografische Information der Deutschen Nationalbibliothek
Die Deutsche Nationalbibliothek verzeichnet diese Publikation in der
Deutschen Nationalbibliografie; detaillierte bibliografische Daten sind im Internet über
<http://dnb.d-nb.de> abrufbar.

1. Auflage 2009

Alle Rechte vorbehalten
© VS Verlag für Sozialwissenschaften | GWV Fachverlage GmbH, Wiesbaden 2009

Lektorat: Katrin Emmerich / Tanja Köhler

VS Verlag für Sozialwissenschaften ist Teil der Fachverlagsgruppe
Springer Science+Business Media.
www.vs-verlag.de

Das Werk einschließlich aller seiner Teile ist urheberrechtlich geschützt. Jede Verwertung außerhalb der engen Grenzen des Urheberrechtsgesetzes ist ohne Zustimmung des Verlags unzulässig und strafbar. Das gilt insbesondere für Vervielfältigungen, Übersetzungen, Mikroverfilmungen und die Einspeicherung und Verarbeitung in elektronischen Systemen.

Die Wiedergabe von Gebrauchsnamen, Handelsnamen, Warenbezeichnungen usw. in diesem Werk berechtigt auch ohne besondere Kennzeichnung nicht zu der Annahme, dass solche Namen im Sinne der Warenzeichen- und Markenschutz-Gesetzgebung als frei zu betrachten wären und daher von jedermann benutzt werden dürften.

Umschlaggestaltung: KünkelLopka Medienentwicklung, Heidelberg
Druck und buchbinderische Verarbeitung: Krips b.v., Meppel
Gedruckt auf säurefreiem und chlorfrei gebleichtem Papier
Printed in the Netherlands

ISBN 978-3-531-16990-3

Für meine Kinder Henrike, Hardy, Hagen und Heinar

Allen Mitwirkenden danke ich für ihre Bereitschaft zu Rede und Antwort. Bei dem Bemühen um Klarheit danke ich vor allem meiner Freundin Lilli, die für „ungleiche Paare" im Sinne dieser Arbeit den Begriff „die Relativen" prägte und meinen Blick für das Problem schärfte. Kinder, Freundinnen und Freunde halfen bei der Spurensuche, und nicht selten durch späte Bekenntnisse zu „früheren Verhältnissen."
Ein herzliches Dankeschön an Statistik Salzburg für etliche Überstunden. Vor allem danke ich meinem Mann, der den Impuls zu dieser Arbeit in Gang setzte. Er weiß schon, womit! Mein besonderer Dank gilt Frau Professor Dr. Brunhilde Scheuringer für ihre unermüdliche Begleitung und für ihre fruchtbare Unterstützung - auch an heißen Wochenenden.

Inhalt

1	**Einleitung**	15
1.1	Erkenntnisfortschritt	15
1.2	Aufbau der Arbeit	18
1.3	Statistik	19
2	**Bezugsrahmen**	21
2.1	Forschungsstand	21
2.2	Anmerkungen zum Begriffsapparat	24
3	**Methoden**	27
3.1	Begründung der Methodenwahl	27
3.2	Grounded Theory	28
3.3	Datengewinnung	30
	3.3.1 Auswahl der Fälle	30
	3.3.2 Kategorienbildung	30
	3.3.3 Narrationsanalyse	31
	3.3.4 Latente Konstruktion von vorläufigen Einzelergebnissen	31
	3.3.5 Zusammenhang zwischen den Kategorien	31
3.4	Leitfadeninterviews	32
	3.4.1 Interviewsituation	33
	3.4.2 Eigene Position	33
	3.4.3 Auswahl der Probanden/Probandinnen	33
	3.4.4 Flankierende Interviews	34
	3.4.5 Inhaltsanalysen von Belletristik, Zeitschriften, Filmen	35
3.5	Methodenprobleme	36

| 4 | „Ungleiche" Paare in der Geschichte | 39 |

4.1	Mittelalter	39
4.2	Vorindustrielle Zeit des 17. bis 18. Jh.	40
	4.2.1 Bäuerliches Heiratsverhalten	40
	4.2.2 Handwerkerehen	41
4.3	Ehen zur Zeit der Industrialisierung	43
4.4	Bürgerliche Partnerwahl in der 2. Hälfte des 18. Jh.	44
4.5	Individuelle Partnerwahl im ausgehenden 18. Jh.	44
4.6	Alterdifferenz im 20. Jahrhundert	47

| 5 | Darstellung „ungleicher" Paare in den Medien | 49 |

5.1	Darstellung „ungleicher" Paare in der Literatur	49
	5.1.1 Der Mythos von Ishtar und Tammuz (Frühling und Tod)	50
	5.1.2 Brantome:„Junge Herren mit galanten Damen" (ab 1568)	52
	5.1.3 Colette „Chérie"(1920) und „Chéries Ende"(1926)	52
	5.1.4 Hugo von Hofmannsthal „Rosenkavalier"(1909 – 1911)	53
	5.1.5 Gernot Gricksch „ Robert Zimmermann wundert sich über die Liebe" (2005)	54
	5.1.6 Maren Sell „Der letzte Liebhaber" (1996)	55
	5.1.7 Elia Barceló „Das Rätsel der Masken (2005)	56
5.2	Fiktion oder Wirklichkeit?	58
5.3	„Ungleiche" Paare im Film	60
	5.3.1 „Angst essen Seele auf" (Rainer Werner Fassbinder)	60
	5.3.2 „Probieren Sie's mit einem Jüngeren" (Fernsehfilm)	61
	5.3.3 42plus	62
5.4	Kommunikation „ungleicher" Paare im Internet	63
5.5	Darstellung „ungleicher" Paare in Zeitschriften	64
	5.5.1 Auswahl der Zeitschriften	64
	5.5.2 Strukturen der Berichterstattung	65
	5.5.2.1 Integration von Liebesgeschichten	65
	5.5.2.2 Altersunterschied als eigenständiges Thema	66
	5.5.3 Die soziale Rolle der Medien	68
	5.5.4 Die bewegende Frau	70

6	Das Gedächtnis der Gesellschaft – Zitate aus dem Alltagsleben....73	
7	Auswertung der Interviews 79	
7.1	Der Blick von außen kontra Binnenstruktur 79	
7.2	Absichtlose Begegnungen..89	
	7.2.1 Gleich und Gleich gesellt sich gerne 91	
	7.2.2 Problemzone „ungleiches" Paar 94	
7.3	Vorurteil und Warteschleife...98	
7.4	Neidgenossen...104	
	7.4.1 Der weibliche Neid...105	
	7.4.2 Der männliche Neid..107	
7.5	Rollenwechsel: „Können Sie meinen Sohn ernähren?.....109	
	7.5.1 Förderprogramm...113	
	7.5.2 Märchenprinzen oder Lückenbüßer?..............................116	
	7.5.3 Ich kann so sein, wie ich bin...118	
	7.5.4 Täter-Opfer-Rolle 122	
	7.5.5 Sosein oder Stressbeziehung?..123	
7.6	„Ungleiche" Paarbeziehungen im Kontext des Lebenslaufes...........125	
7.7	Planungsfehler Liebe 129	
7.8	Neue Rollen aushandeln 135	
7.9	Der Weg zum Standesamt..137	
7.10	Sexualität 139	
7.11	Familienanschluss..140	
7.12	Einfluss der Sozialisation?...141	
7.13	„Frei-Herr" oder Mutterkomplex?...142	
7.14	Verzichtserklärung oder Zugewinn?..144	
7.15	Risikomanagement...146	
7.16	Zu dir oder zu mir? 148	

8	**Vorschuss auf die Zukunft**	**151**

8.1	Demarkationslinie „Alter"	152
8.2	Zusammenfluss interner individueller Strukturen und externer Rahmenbedingungen	155
	8.2.1 „Die Freiheit der Frau beginnt beim Geldbeutel" (Simone de Beauvoir)	157
	8.2.2 Paarbeziehung jenseits der Norm	158
8.3	Die Altersfrage	161

9	**Theorieteil**	**165**

9.1	Familienökonomischer Ansatz (Gary S. Becker, 1982)	166
9.2	Austauschtheoretischer Ansatz (Blau, 1994)	167
9.3	Partnerwahl als individuelles Handeln in sozialen Strukturen (Blossfeld und Timm, 1997)	167
9.4	Theorie der Milieusegmentierung (Schulze, 1993)	168

10	**Resümee**	**171**

10.1	Welches neue Rollenbild zeigt sich durch die Verbindung „Frau mit jüngerem Mann"?	171
10.2	Welche gesellschaftlichen Rahmenbedingungen begünstigen das neue Rollenbild „ungleicher" Paare?"	178
10.3	Welche neuen Werte konstituieren „ungleiche" Paare?	180
	10.3.1 Moderne romantische Liebe	180
	10.3.2 Soziale Folgen des Hedonismus	181
10.4	Weiterführende Forschungsfragen	182

Anhang **185**

Literatur **191**

Vorwort

Etwa ein Jahr nach Lillis(1) und Walters(1) Scheidung tauchten beide mit neuen Partnern in meinem Freundeskreis auf. Walter stellte mir seine um knapp zwanzig Jahre jüngere Freundin vor, die er später heiratete. Lilli brachte ihren um zehn Jahre jüngeren Freund mit. Die Beurteilung der neuen Partnerschaften von Walter und Lilli im Freundes- und Bekanntenkreis konnte nicht unterschiedlicher ausfallen: Walter zollte man Beifall für seine Leistung, noch eine so junge Frau „erwischt" zu haben, und nach den ersten zustimmenden Bekundungen durch sein Umfeld war der Altersunterschied von fast zwanzig Jahren kein Thema mehr. Lillis zehn Jahre jüngerem Freund hingegen wurde ein „Mutterkomplex" zugeschrieben, und hinter vorgehaltener Hand munkelten die Freunde, sie „hielte sich einen Jüngeren." Erkundigten sich Bekannte nach Walter und seiner jungen Frau, waren die Fragen allgemein gehalten. Es ging um Beruf oder Gesundheit. Niemand interessierte sich dafür, ob der Altersunterschied von fast zwanzig Jahren möglicherweise für Unruhe oder gar eine Ehekrise sorgte. Bei Fragen nach Lillis Wohlergehen und ihrer neuen Liebe schwang jedes Mal mit, ob sie „den Jungen noch hätte," so als warteten die Frager auf die Bestätigung ihrer Vermutung, dass eine Beziehung zwischen einer Frau und einem jüngeren Mann auf die Dauer nicht gut gehen konnte.

Auch Jahre nach seiner Einführung in den gemeinsamen Freundeskreis sind Erkundigungen nach dem „Jüngeren" und wie es um die Beziehung steht, noch von Interesse. Sowohl die Männer, als auch die Frauen des Freundes- und Bekanntenkreises reagierten irritiert auf Lillis Beziehung mit einem (wesentlich) jüngeren Mann. Die sexuelle Ebene setzte bei den Männern die Phantasie außer Gefecht, denn sie konnten sich Sex mit einer um zehn älteren Frau nicht vorstellen. Frauen hingegen thematisierten den Stress, den sie mit einem jüngeren Partner vermutlich hätten. „Das täten sie sich nicht an", hieß es unisono, und gemeint war damit das Bemühen der Frauen um eine straffe Figur, jugendliches Aussehen und Attraktivität.

Die Abwertung von Lillis Partnerschaft mit einem jüngeren Mann durch das Umfeld - im Vergleich zu Walters Ehe mit einer wesentlich jüngeren Frau - empfand ich als ungerecht. Meine Empörung über die ungleiche Bewertung wich schließlich der Neugierde. War ich vorher blind für „ungleiche" Paare, so nahm ich nun immer öfter Paare mit „verkehrtem" Altersunterschied wahr.

Wenn wir gemeinsam unterwegs waren, stellten Lilli und ich Wetten darüber an, ob „sie es sind oder nicht". Lilli meinte einmal in einem Restaurant, der Mann am Nebentisch sei relativ viel jünger als seine Partnerin. Seitdem ersetzten wir den sperrigen Ausdruck „ältere Frau mit jüngerem Mann" durch den Begriff „die Relativen."

Mir fiel auf, dass, wenn die Presse über „ungleiche" Paare berichtete, vielfach der Altersunterschied - auch wenn er im umgekehrten Fall als normal gilt - explizit thematisiert wurde. Allein die Wortwahl gab zu Denken auf, denn im allgemeinen Sprachgebrauch verwendet man für die jüngere Partnerin eines Mannes (sofern sie nicht verheiratet sind) Bezeichnungen, wie „Geliebte" oder „Freundin." Umgekehrt wird der jüngere Mann bestenfalls mit „Freund", meistens jedoch mit dem Wort „Lover" etikettiert. Ich erinnerte mich an Medienberichte über Prominente, die mit ähnlichen Abwertungen bedacht worden waren: Die französische Chansonsängerin Edith Piaf heiratete den um zwanzig jüngeren Theo und wurde medial mit Häme überschüttet. Als Hildegard Knef etwa fünfzehn Jahre später den ebenfalls etwa zwanzig Jahre jüngeren Carl von Schell heiratete, verhielt sich die Presse bereits etwas gnädiger.

Ich habe das Thema „Das neue Rollenbild „ungleicher" Paare. Wenn die Frau älter ist als der Mann" als Forschungsprojekt gewählt, um ähnliche Paarkonstellationen sichtbar zu machen. Es interessiert mich, welches Bild wir von diesen Paaren konstruieren, ob und inwiefern sich ihr Lebensalltag von dem „klassischer" Paare unterscheidet. Die Ursache gesellschaftlicher Widerstände und ihr Einfluss auf die Paarbeziehung werden untersucht. Wodurch entstehen Reaktionen, wie sie am Beispiel von Lilli und Walter skizziert wurden und wie geht ein Paar damit um? Quelle von Irritationen im Umfeld der Paare dürfte die etablierte traditionelle Vorgabe „Mann älter als Frau" sein, die nach wie vor einen hohen Verbindlichkeitsgrad besitzt. Die Norm, dass der Mann älter als die Frau zu sein hat, hält sich unübersehbar. Einzig ein leichter Altersvorsprung der Frau wird - sofern er bemerkbar ist - toleriert. Gegen eine gröbere Altersdifferenz bestehen größere Bedenken als im umgekehrten Fall.

Dieses Buch entstand auf der Grundlage meiner Doktorarbeit im Fachbereich Soziologie, speziell der Familiensoziologie. Dem VS Verlag für Sozialwissenschaften verdanke ich den Titel des Buches „Wo die Liebe hinfällt"; der Untertitel ist Programm und Inhalt der Studie. Sie greifen vielleicht als interessierte Laien zu diesem Band oder weil sie selbst die eine Hälfte eines „ungleichen" Paares sind. Wenn es so ist, lassen Sie sich bitte nicht davon abschrecken, einen soziologischen Text in die Hand zu nehmen. Die Soziologensprache gilt vielfach als schwer lesbar. Ich habe mich daher um eine klare, allgemein verständliche Sprache gemüht. Wenn in einigen Passagen dennoch etwas Soziologendeutsch unumgänglich war, finden sich die Leserinnen und

Leser mühelos zurecht. Es tauchen auch immer wieder Überlegungen auf, die neue Erkenntnisse markieren. Das gehört zum Handwerkszeug wissenschaftlicher Arbeit – Ähnliches finden Sie in Krimis vor. Wen der eigentliche Forschungsprozess, die Spurensuche, nicht interessiert, möge die Kapitel „Methoden" und „Theorien" einfach auslassen.

1 Einleitung

1.1 Erkenntnisfortschritt

Das Beispiel im Vorwort ist nur wenige Jahre alt und dem Lebensalltag entnommen. Die unstrukturierte Beobachtung des Phänomens „Frau mit jüngerem Mann" geht mit statistischem Material, das eine deutliche Sprache spricht, einher. Demnach bilden sich immer häufiger Paarbeziehungen, in denen der Mann jünger ist als die Frau. Bei den Eheschließungen erreicht die Quote 20 %; nicht verheirateten Paaren schreibt man (ungesicherte) 30 % zu. Auch in den Druckmedien wird der „umgekehrte" Altersunterschied auffallend häufig betont.

Das Thema ist populär, denn auch Kinofilme, Fernsehfilme, Beiträge in Frauenzeitschriften und Ratgeber widmen sich den Beziehungen „Frau mit jüngerem Mann." Dennoch fehlen Verweise auf Aussagen und Texte von wissenschaftlichem Rang. Wie ich später noch anhand von Beispielen erläutern werde, stufe ich trotz seiner Popularität das Thema als heikel ein. Dass „ungleiche" Paare aber dennoch keine Erfindung des zwanzigsten Jahrhunderts sind, zeigt ein Blick in die Familiengeschichte.

Die Konzeption dieser Untersuchung richtet ihren Fokus auf das Bild „ungleicher" Paare und seine Bewertung durch die Betrachter; weiters auf gesellschaftliche strukturelle Bedingungen, die von außen die Partnerwahl beeinflussen können, sie fördern oder verhindern. Was führt „ungleiche" Paare zusammen? Handeln sie der Not gehorchend oder üben sie Wahlfreiheit, die auf Zuneigung gründet? Die Binnenstruktur der Paare spielte bei den Überlegungen zu den relevanten Forschungsfragen zunächst eine untergeordnete Rolle. Im Laufe der Untersuchung drängte sich die Binnenstruktur „ungleicher" Paare zunehmend in den Kanon des Fragenkatalogs und gab der Arbeit überraschenden Wendungen. Das neue Rollenbild „ungleicher" Paare kann nur eine Momentaufnahme im Kontext allgemeiner gesellschaftlicher Veränderungen sein. Es wird angestrebt, den Prozess, der zur Bildung „ungleicher" Paarbeziehungen führt, durch die Identifizierung innerer und äußerer Merkmale zu rekonstruieren. Auch wenn das Paar im Mittelpunkt der Arbeit steht, ist es unerlässlich, die Nebenmenschen der Akteure als Einwirkende auf das Handeln und das Nicht-Handeln des Paares zu berücksichtigen.

Der Arbeitstitel bereitete mir Kopfzerbrechen, denn vom ursprünglich gewählten „Das neue Rollenbild „ungleicher" Paare. Ältere Frau mit jüngerem Mann" rückte ich ab, da es hierfür zunächst ein „altes" Rollenbild geben musste. Das existierte lediglich fragmentarisch als Vorurteil in manchen Köpfen von Männern und Frauen. Zudem war dieses Rollenbild soziologisches Niemandsland, so dass keine Vergleichbarkeit gegeben war. Ich strich das Wort „neue" und gelangte erst wieder zum ursprünglichen Titel, nachdem ich aus der Familiengeschichte und Befunden aus der Belletristik eine Skizze „ungleicher" Paare rekonstruieren konnte. Es ist mir wichtig, hier zwischen „neuem Rollenbild" und „historischer Skizze" zu unterscheiden und zu betonen, dass keine direkte Vergleichbarkeit gegeben ist.

Ein Vergleich zwischen Männern und deren jüngeren Frauen und andererseits Frauen mit ihren jüngeren Männern war nicht angestrebt, wurde jedoch häufig von den Probandinnen und Probanden angestellt. Um das Rollenbild „ungleicher" Paare zu rekonstruieren, blickten die Probandinnen immer wieder in ihre Vergangenheit mit altersmäßig „passenden" Männern, so dass sich manchmal der Eindruck einer Ménage à trois aufdrängte. Unerwartete Zusammenhänge wurden sichtbar, Motive plausibel.

Ist der Trend zum jüngeren Mann einfach nur chic und eher in einem noch zu nennenden spezifischen Milieu angesiedelt oder können wir von einer neuen Ordnung der Geschlechterrollen in unserer Kultur sprechen? Die zentralen Forschungsfragen lauten daher:

1. Welches neue Rollenbild zeigt sich durch die Verbindung „Frau mit jüngerem Partner"?

2. Welche gesellschaftlichen Rahmenbedingungen beeinflussen das neue Rollenbild „ungleicher" Paare?

3. Welche neuen Werte konstituieren „ungleiche" Paare?

Im Zentrum des Interesses steht die Ermittlung zweier Ebenen der Paarbeziehung: Auf der ersten Ebene - der Binnenstruktur - interessiert, was „ungleiche" Paare zusammen führt. Welche Eigenschaften der Akteure tragen dazu bei, dass sich ein Mann und eine Frau mit dem „verkehrten" Altersunterschied anziehen und sich in einander verlieben? Auf der zweiten Ebene wird nach der Ermöglichung gefragt, dieser Liebe und Beziehung eine Chance zur ihrer Lebbarkeit einzuräumen. Aus den drei zentralen Forschungsfragen lassen sich die folgenden relevanten Gruppierungen ableiten:

1.a) Vorhandene Rollenbilder hinterfragen
Einfluss der Medien
Bezugsgruppen
Status
 b) Fremdwahrnehmung
Vorurteile
Widerstände
Neugierde
Moralvorstellungen
Reaktionen

2.) Varianten der Lebensentwürfe
„Die Freiheit der Frau beginnt beim Geldbeutel" (S.de Beauvoir)
Partnerschaft auf Augenhöhe
Sozialisation
Individualisierung

3.) Einstellung – Einstellungsänderung
Wer wirbt um wen?
Beziehungsnormen

4.) Blick in die Zukunft
Welche Anpassungsleistungen müssen aufgrund des Altersunterschiedes von wem erbracht werden?
Ausrichtung der Beziehung auf Dauerhaftigkeit
Gemeinsame Aktivitäten
Gewinn- und Verlustrechnung

Es ist angestrebt, eine Verknüpfung individueller Handlungen der Akteure mit kollektiven Phänomenen herzustellen und anschließend anhand der interpretierten Daten zu überlegen, welche unintendierten sozialen Konsequenzen daraus zu erwarten sind. Der Beschreibung dieses neuen Objektbereichs folgt die Erweiterung einer bestehenden Theorie, die im Theorieteil unter Kapitel 9 diskutiert wird.

1.2 Aufbau der Arbeit

Statistisches Material aus der Stadt Salzburg und dem Land Salzburg wird als Beispiel für die Tendenz zum „umgekehrten" Altersunterschied herangezogen. Da es zum Thema bisher kaum empirische Daten gibt, fällt die Dokumentation des Forschungsstandes relativ kurz aus, was die Ableitung relevanter Fragestellungen für diese Studie daher umso umfangreicher werden lässt. Definitionen von Begriffen, relevante Zeitspannen, Lesart und die Verwendung von Wort- und Satzmarkierungen folgen als Anleitung.

Der dünne Forschungsstand machte es erforderlich, durch die Kombination verschiedener Methoden und Quellen ein breites Spektrum an Aussagen und Informationen zu bekommen. Ich habe die Triangulation gewählt, die es ermöglicht, sich dem Thema von verschiedenen Seiten zu nähern. Basis der Untersuchung bildet die qualitative Sozialforschung aufgrund von Leitfadeninterviews in der Tradition der Grounded Theory. Inhaltsanalysen von Belletristik, Kino- und Fernsehfilmen bieten Material für eine Abrundung der Befunde.

Mein Forschungstagebuch mit spontanen Äußerungen zum Thema verwende ich im Sinne von „Volksmund". Dasselbe gilt auch für eine Zitatsammlungen aus Zeitschriften, Büchern und Filmen, da sie meiner Meinung nach die z. Zt. geltenden Normen und die öffentliche Meinung treffend abbilden. Ein eigenes Kapitelbefasst sich mit Vorurteilen im Hinblick auf „ungleiche" Paare.

Ein Rückblick in die Geschichte zeigt, dass „ungleiche" Paare in der vorindustriellen Zeit keine Seltenheit waren. Gründe für derartige Verbindungen im Kontext der Familiensoziologie werden referiert. Medien spielen in dieser Arbeit bei der Konstituierung von Normen eine zentrale Rolle. Ob und in welchem Ausmaß die Medien Meinungsmacher zum Thema sind, wird durch die Inhaltsanalysen von Belletristik, Zeitschriften, Filmen und Werbung untersucht. Den Gegenpol zum Blick von außen liefern Kommentare über eigene persönliche Erfahrungen von Menschen, die sich auf einer Internetplattform austauschen.

Die Auswertung qualitativer Interviews bildet den Hauptteil der Arbeit. Dabei sind die Ergebnisse entlang des Beziehungsverlaufs aufgebaut, d. h. von der Phase des Kennenlernens bis zum Scheitern oder der aktuell andauernden Beziehung. Eine Zusammenfassung der Befunde und ein Vergleich von Theorien mittlerer Reichweite schließen die Arbeit ab. Weitere Forschungsfragen könnten für verschiedene Disziplinen von Interesse sein.

1.3 Statistik

Das statistische Material, das ich von Statistik Austria und dem deutschen Statistischen Bundesamt erhielt, war nur bedingt verwertbar, da keine Differenzierung nach Quoten des Altersunterschiedes ausgearbeitet worden war.
  Durch das freundliche Entgegenkommen der Statistik Salzburg und einiger Überstunden der Mitarbeiter erhielt ich differenzierte Daten aus den Jahren 1971 bis 2006. Diese Statistik zeigt die Altersdifferenz von Paaren, die bei der Eheschließung gleichaltrig waren bzw. der Mann jünger als die Frau war. Die Daten wurden für Stadt und Land Salzburg ausgearbeitet. Demnach betrug im Jahr 1971 - ausgehend von der Gesamtheit der Eheschließungen - der Anteil von „ungleichen" Paaren 20,18 %. Im Jahr 2006 war der Anteil von Eheschließungen mit „verkehrtem" Altersunterschied auf 24,35 %, bezogen auf die Gesamtheit der Heiraten, gestiegen. Der Altersunterschied bis zu einem Jahr ist mit 7 % zwischen 1971 und 2006 etwa gleich geblieben. Nach Alterskohorten differenziert betrug die Quote, gemessen an der Gesamtheit der Verehelichungen:

Altersunterschied	1 - 5 Jahre	1971 = 2,88 %	2006 = 3,90 %
Altersunterschied	5 - 10 Jahre	1971 = 7,04 %	2006 = 11,84 %
Altersunterschied	10 - 14 Jahre	1971 = 0,6 %	2006 = 0,92 %
Altersunterschied	15 - 20 Jahre	1971 = 0,26 %	2006 = 0,44 %
Altersunterschied	über 20 Jahre	1971 = 0	2006 = 0,26%

Obwohl aufgrund fehlenden Materials ein Vergleich mit der Heiratsstatistik in der Bundesrepublik Deutschland nicht möglich ist, sei auch hier die Tendenz zu „ungleichen" Paaren als Anhaltspunkt angeschnitten. Wie die deutsche Soziologin Ursula Richter (Richter, 1999) erklärt, zeigt sich eine Tendenz zum jüngeren Mann wie folgt:

1990	heiratete 1 Frau über 70 einen Mann unter 30
1994	heirateten 4 Frauen über 70 einen Mann unter 30
	124 Frauen über 70 heiraten einen mindestens 5 Jahre Jüngeren
1994	20,77 % „ Frau ist älter als der Mann", davon 30 % (26.911) mehr als 5 Jahre und 22,9 %
2003	heirateten 80.000 Frauen in der BRD einen jüngeren Mann:
	21838 Frauen sind 1 – 2 Jahre älter als der Mann
	33293 Frauen sind 3 – 5 Jahre älter als der Mann
	19.111 Frauen sind 5 – 10 Jahre älter als der Mann,
	Frauen sind mehr als 10 Jahre älter als der Mann

Wie sich bei Interviews mit österreichischen Standesbeamten herausstellte, sind in der österreichischen Heiratsstatistik Eheschließungen enthalten, die in dieser Arbeit keinen Niederschlag finden werden. Bei so genannten „Scheinehen" zwischen einem Ausländer und einer Österreicherin ist der Mann häufig wesentlich jünger als seine Frau. Diese Gruppe wird aus der Untersuchung herausgehalten, da lt. den Aussagen der Standesbeamten die Motive für Eheschließungen überwiegend in der Erteilung einer Aufenthaltsbewilligung für den Mann zu suchen sind. So heirateten im ersten Halbjahr 2006 in der Stadt Salzburg auf dem Standesamt Mirabell zwölf Paare, von denen die Frau Österreicherin war, der Mann aus Schwarzafrika, Albanien oder dem Kosovo stammte. Von diesen zwölf Paaren war in fünf Fällen der Mann um mehr als sieben Jahre jünger als seine Frau.

2 Bezugsrahmen

2.1 Forschungsstand

Wie im Vorwort bereits skizziert, wurde ich durch die Alltagsgeschichte zweier „ungleicher" Paare in beide Richtungen und deren unterschiedliche Bewertung durch das Umfeld auf das Thema aufmerksam. Medienprodukte wie Filme, Fernsehspiele und Kommentare in Zeitschriften zeigten und zeigen durch Aufbereitung und Wortwahl, dass die Beziehung einer Frau zu einem jüngeren Mann als nicht normgerecht wahrgenommen wird. Die Popularität des Themas ließ daher auf einen reichen Fundus an Material und Theorie hoffen. Es kam anders. Meine (vergebliche) Materialsuche deckte sich mit der Antwort des deutschen Familiensoziologen, Herrn Professor Laszlo Vaskovics. Auf meine Bitte um Hinweise und Hilfe schrieb er am 1. September 2006:

„Sehr geehrte Frau Brandstötter,
es tut mir Leid, dass ich Ihnen nur mit einer Fehlanzeige dienen kann. In der familiensoziologischen Literatur finden sich gelegentlich Hinweise auf diese Paarkonstellation, aber mir ist keine größere empirische Untersuchung zu diesem Thema bekannt. Sollten Sie bei diesem Thema bleiben, wozu ich Sie ermuntern möchte, betreten Sie Neuland."[1]

Auch Karl Lenz betont in der Einleitung zu seinem Lehrbuch „Soziologie der Zweierbeziehung. Eine Einführung", dass sich bislang keine soziologische Forschungstradition zu Zweierbeziehungen etabliert hätte und lediglich unstrukturierte, nicht zusammenhängende Wissensbestände erarbeitet worden sind. Er schreibt: „Die Soziologie hat sich von diesem Beziehungsfieber nicht anstecken lassen. Ihr Interesse an Ehen und eheähnlichen Beziehungen ist – wie ich im ersten Teil ausführlich zeigen werde – schwach ausgeprägt." (Lenz, 2006). Die Soziologin Ursula Richter beschäftigte sich im Rahmen ihrer

---

[1] Professor Laszlo Vaskovics gilt als einer der führenden Familiensoziologen in der Bundesrepublik Deutschland und lehrt an der Universität Bamberg. Es ist einigen Journalistinnen und Autorinnen zu verdanken, dass populär wissenschaftlich aufbereitete Ideen, in welcher Weise „ungleiche" Partnerschaften gelebt werden, publiziert worden sind.

Dissertation Ende der achtziger Jahre des vorigen Jahrhunderts mit dem Thema der Paarbeziehung, „wenn der Mann jünger ist als die Frau". In ihrem auf der Dissertation fußenden Buch „Wenn Frauen jüngere Männer lieben. Neue Chancen für die Partnerschaft"[2] beklagte Ursula Richter die Schwierigkeit, in der Bundesrepublik Deutschland einen Betreuer für ihre Dissertation zu finden. Sie fand schließlich in Professor Roland Girtler, Universität Wien, einen Betreuer ihres als unkonventionell geltenden Themas.

Ursula Richters Dissertation steht bedauerlicherweise nicht zur Verfügung. Wenn ich ihre Publikation als Ableitung der Dissertation verstehe, so richtete sie ihr Augenmerk auf die Binnenstruktur „ungleicher" Paare. Ihre Fragestellung bezieht sich auf Aspekte, wie ältere Frauen mit jüngeren Partnern zu Recht kommen, welche einschränkenden Bedingungen diese Partnerschaften erleben und wie sich die subjektive Ebene, speziell die der Frauen, verändert. Sie vermutet, dass die Frauenbewegung einen erheblichen Anteil am Normenwandel hat und kommt zu dem Ergebnis, dass Frauen sich dem Lebensstil des Mannes nicht mehr unterordnen wollen. Frauen wollen als Person geliebt und geachtet werden, und sie wünschen daher keinen „unentwickelten" normalen Mann. Jüngere Männer haben keinen Normendruck, so dass sie daher ihre Rolle flexibler aushandeln können. Aktivität spielt eine zentrale Rolle. Darüber hinaus treffen jüngere Männer und ältere Frauen auf eine passende Sexualität. Toleranz und Gleichberechtigung bilden die gleiche Wertebasis.

Mein Ansatz richtet sich auf das äußere Rollenbild der Paare, das sich allerdings von der Binnenstruktur, wie sich im Forschungsprozess gezeigt hat, nicht abkoppeln lässt. Insofern ist es interessant zu erfahren, welche Fragen in der Zeitspanne von – vermuteten - zwanzig Jahren zwischen Ursula Richters und dieser Studie noch aktuell sind und welche abweichen.[3]

Einen Blick über die Grenzen ermöglicht die italienische Journalistin Elena Gianini Belotti. In Ihrem Buch „Liebe zählt die Jahre nicht" untersucht Belotti inhaltsanalytisch ausgewählte Romane, Autobiografien und Kinofilme zum Thema „Frau mit jüngerem Mann". Die von Belotti analysierten Filme weisen eine deutliche soziale Ungleichheit zwischen Männern und Frauen auf: Die Frauen in den geschilderten Fällen sind alle unabhängig, berühmt und/oder sehr gut situiert. Fabrikbesitzerinnen, Künstlerinnen, Apothekerinnen gehen Beziehungen zu Mechanikern, Gärtnern, Gehilfen ein. Ein Happy End kommt in den Filmen nicht vor. Belottis Fazit: Filme über Beziehungen jüngerer Männer

---

[2] Wenn Frauen jüngere Männer lieben. Neue Chancen für die Partnerschaft

[3] Wenn Ursula Richter das Buch zu ihrer Dissertation 1989 veröffentlicht hat, liegen zwischen ihrer Dissertation und dieser Arbeit vermutlich ca. 20 Jahre.

zu reiferen Frauen finden immer ein tragisches Ende. Belotti untersuchte Filme, die zwischen 1946 und 1987 gedreht worden waren und sie schreibt:

„Das Bild der Frau im italienischen Kino ist noch immer das der jungen, blöden und selbstzerstörerischen Sexbombe, die sich durch körperliche Reize und fehlendes Hirn auszeichnet. Das reiche, vielseitige, psychologische, facettenreiche und daher authentische Bild der reifen Frau (ganz zu schweigen von der alten Frau) taucht weder im italienischen noch im internationalen Film auf. Die Frau, die die von den männlichen Vorstellungen makellosen weiblichen Formen verloren hat, verliert auch das Recht, dargestellt zu werden." (Belotti, 1990, S. 120)

Dass das Thema „Frau mit jüngerem Mann" eine mediale Demarkationslinie bildet, zeigt auch eine italienische Fernsehserie über vorletzte Tabus, in der ebenfalls „ungleiche" Paare vorgestellt wurden. Belotti berichtet aus einem italienischen Dorf, in dem der jüngere Bräutigam einer reiferen Braut von Dorfjugendlichen angepöbelt und mit Blechdosen behängt wurde. Die Dorfjugend trieb den Bräutigam im Spießrutenlauf durch das Dorf. Grund für die Demütigungen des Bräutigams war, dass der Wertekanon in italienischen Dörfern durch „verkehrte" Paare in seiner sozialen Ordnung bedroht ist.

Zu den aktuellen Publikationen zum Thema „Frau älter als Mann" zählt auch das 2005 erschienene Buch der Autorin Susanne Walsleben „Wie liebt man einen jüngeren Mann. Strategien für eine starke Partnerschaft", einer Auftragsarbeit des Frauenmagazins Cosmopolitan. Auch hier stehen die Binnenstruktur der Paare und die Frage, welche Strategien der Bindung sie verfolgen, im Vordergrund. Ursula Pommer, ebenfalls Journalistin, nahm sich des Themas in ihrem Buch „Mutterwahn und Vatertick. Altersunterschiede in der Partnerschaft" an.

Methodenwahl und wissenschaftlicher Anspruch der o. g. Arbeiten sind leider nicht bekannt und daher nicht nachvollziehbar. Die Arbeiten der Journalistinnen liefern jedoch wertvolle Hinweise auf den Stellenwert „ungleicher" Paare und geben Antworten, die vorsichtig reflektiert werden. Allein die Tatsache, dass sich die Soziologie bislang nicht um das Thema gekümmert hat, wohl aber Journalistinnen hier Pionierarbeit geleistet haben, halte ich für bemerkenswert, da offensichtlich hinreichend Interesse von Seiten der Leserschaft besteht. Auf die Rolle der Medien mit ihrer journalistischen Aufbereitung des Themas, dort wo die Soziologie Zurückhaltung gezeigt hat, wird an späterer Stelle näher eingegangen. Es ist festzuhalten:

1.) Eine Soziologie der Zweierbeziehung, dem auch dieses Thema zuzuordnen ist, steckt noch in den Kinderschuhen.

2.) Zum Thema „Das neue Rollenbild „ungleicher" Paare. Wenn die Frau älter ist als der Mann" fehlen hinreichend empirische Befunde. Es gibt einige Schnittstellen zur (vermuteten) zwanzig Jahre alten Dissertation von Ursula Richter. Ein Vergleich zum Erhebungszeitpunkt Ende der achtziger Jahre des vorigen Jahrhunderts wäre interessant, ist aber wegen der Nichtverfügbarkeit der Dissertation nicht zu leisten.

3.) Einigen Journalistinnen verdanken wir Einblicke in Beziehungen „Frau mit jüngerem Mann". Hier halte ich besonders die Inhaltsanalysen von Belotti mit ihrem reichen Zitatschatz für aussagekräftig.

2.2 Anmerkungen zum Begriffsapparat

Titel
Das neue Rollenbild „ungleicher" Paare. Wenn die Frau älter ist als der Mann, ist ein sperriger Titel, der wegen der besseren Lesbarkeit der Arbeit, und nur für diese Arbeit, auf die Begriffe „Relative" bzw. „ungleiche" gekürzt wird.[4]

Ungleich
Dem Begriff „ungleich" liegt die Norm zugrunde, dass in unserer Kultur die Männer älter als ihre Frauen oder etwa gleichaltrig sind. „Ungleich" bedeutet daher in dieser Studie, dass die Männer jünger als ihre Partnerinnen sind. Nur für den Zusammenhang in dieser Arbeit wird der Begriff „ungleich" der leichteren Lesbarkeit wegen operationalisiert. Es wird mit der Verwendung von „ungleich" keinerlei Wertung vorgenommen, sondern er zeigt ausschließlich die Richtung auf der Altersskala. Es wurden in dieser Arbeit nur Personen mit einem Mindestaltersunterschied von sieben Jahren zum Partner/zur Partnerin

---

[4] Für die Wahrnehmung „ungleicher" Paare und deren Klassifizierung kreierte L. H. das Wort „die Relativen". Damit ist gemeint, dass der Mann „relativ" viel jünger war, als seine Partnerin. „Die Relativen" gingen in unseren gemeinsamen Sprachgebrauch über. Ursula Richter hatte ein ähnliches Definitionsproblem und verkürzte in Ihrer Arbeit auf „Frau älter als Mann die Identitätsentwicklung zum Paar wurden drei Jahre angenommen. Dabei spielte es keine Rolle, ob das Paar einen gemeinsamen Wohnsitz hat oder getrennt wohnt. Die Befragten verfolgten als Paar ähnliche Ziele. Sie teilten Freundeskreis, Familie, Aufgaben im Alltag und Aktivitäten in der Freizeit. Die Frage, ob sich die Probanden/Probandinnen als „Paar" definierten, wurde ausnahmslos bejaht. Affären, eine kurze Liaison und außereheliche Verhältnisse von „Relativen" sind nicht berücksichtigt.

ausgewählt. Die Altersdifferenz ist willkürlich begrenzt. Es ging der Definition der Altersdifferenz meine eigene Wahrnehmung, sowie Diskussionen mit Psychologinnen voraus, denn um Vorurteile und Reaktionen des Umfelds feststellen zu können, sollte der Altersunterschied sichtbar sein. Wir einigten uns darauf, dass bei einem Altersunterschied von mindestens sieben Jahren die Frage: „Sind sie's – oder sind sie's nicht?" wahrscheinlich ist.

Paar
Als Paar sind in dieser Arbeit eine Frau und ein Mann gemeint, die bereits auf eine gemeinsame Geschichte zurückblicken können und mindestens drei Jahre ihre Paarbeziehung leben bzw. gelebt haben.. Beide haben sich durch gemeinsame Aktivitäten, durch gemeinsames Auftreten in der Öffentlichkeit und natürlich auch durch Intimität als Paar konstituiert und eine Paaridentität entwickelt.

Klassiker
Die Altersdifferenz der hier untersuchten Paare deckt sich nicht mit der allgemeinen Vorstellung des „idealen Paares." Demnach ist der Mann drei bis zehn Jahre und mehr älter als die Frau, und er scheint aufgrund der Altersdifferenz, sowie seiner Statusüberlegenheit automatisch die höhere Autorität zu haben. Mit „Klassiker" meinten die Probanden Paare mit einem als normal geltenden Altersunterschied (s. oben) und deren Monopolstellung in der Gesellschaft.

3 Methoden

3.1 Begründung der Methodenwahl

Wie der dürftige Forschungsstand zeigt, war es m. E. weder sinnvoll noch seriös, ohne Vorwissen, welches über die Alltagserfahrungen hinausreicht, Hypothesen zu formulieren. Unerwartet wurde das Projekt dieser Studie zu einem „Abenteuer mit offenem Ausgang." Ein quantitativer Ansatz konnte ausgeschlossen werden, da es keine Adressdatei von Paaren mit „verkehrtem" Altersunterschied gibt und Statistiken lediglich die Tendenz zum „ungleichen" Altersunterschied zeigen. Ein weiterer Ausschließungsgrund für quantitative Methoden lag in der Tatsache, dass kaum wissenschaftliche Studien zum Thema existieren.

Das so genannte „Abenteuer mit offenem Ausgang" birgt Chancen und Gefahren gleichermaßen, denn fehlende Orientierungshilfen führen leicht in die Beliebigkeit oder aber in eine unübersichtliche Komplexität. Das bedeutet, als ersten Schritt eine Beschreibung des Rollenbildes vorzunehmen. Der deskriptive Charakter dieser Arbeit sei noch einmal ausdrücklich betont. Es war daher erforderlich, zunächst alles zu nehmen, was an Informationen verfügbar war. Mit der Erschließung unterschiedlicher Quellen und dem Einsatz verschiedener Methoden im Sinne der Triangulation war beabsichtigt, sich dem Kern der Forschungsfragen auf getrennten Wegen zu nähern.

Begonnen wurde mit Inhaltsanalysen unterschiedlicher Medienerzeugnisse. Belletristik aus mehreren Epochen, Zeitschriften und Filme dienten der Spurensuche. Die Romane wurden nicht nach Autoren oder der literarischen Qualität ihrer Werke ausgewählt, sondern allein nach dem Gegenstand und ihrem Gehalt. Es spielte zunächst auch keine Rolle, ob die Texte von männlichen oder weiblichen Autoren stammten. Der geschlechtsspezifische Unterschied in der Rezeption des Themas zeigte sich erst später. Auch wenn keine exakten Inhaltsanalysen vorgenommen wurde, ist die Einbindung von Medienerzeugnissen vertretbar. Sie werfen ein Schlaglicht auf das Bild „ungleicher" Paare. Gelebte Wirklichkeit der Paare wurde mit Hilfe von Medienerzeugnissen unterschiedlicher Genres rekonstruiert. Ein Vergleich der Medienrecherche mit den Aussagen in den qualitativen Interviews war angestrebt, um auf diese Weise die Verlässlichkeit der Kategorien zu prüfen.

3.2 Grounded Theory

Als geeignete Methode, sich den Forschungsfragen zu nähern, bot sich die Grounded Theory aus dem Bereich der qualitativen Sozialforschung an. Die Chance bestand in der Entdeckung neuer Zusammenhänge und damit einer Revision des überkommenen Paarbildes. Da nicht abzuschätzen war, in welche Richtung sich die Antworten bewegen und welche Relevanzstrukturen die Befragten zeigen würden, schien es sinnvoll, den Spielraum des Theoretical Sampling zu nutzen. Die Arbeit orientiert sich an der Methode der Grounded Theory, mit der dem prozeßhaften Charakter der Handlungen Rechnung getragen wird. Beim Theoretical Sampling fallen Datenerhebung, Dateninterpretation und Auswahl der als nächstes zu untersuchenden Fälle zusammen. Der Vorteil des Theoretical Sampling besteht darin, unbekannte Felder in vorher noch nicht festgelegten Schritten zu erfassen. In der sich daraus entwickelnden Theorie bilden sich neue – oft unerwartete – Auswahlkriterien für die nächsten Forschungsschritte.

Kern der Forschungsfragen war die gesellschaftliche Akzeptanz des Rollenbildes „ungleicher" Paare, die tatsächlich erlebten Erfahrungen der Akteure dieser Paarkonstellation und die gesellschaftlichen Einflussgrößen zur Entstehungsgeschichte ihrer Beziehung. Es ging darum, herauszufinden, ob Ähnlichkeiten und ihre Ausprägungen in den Paargeschichten bestehen und in welchen Bereichen sie von einander abweichen. Die Varianz ergab sich dadurch, dass sowohl die Paare als auch die einzelnen Akteure nicht homogen waren. Die Probanden stammten aus Deutschland und Österreich, aus Dörfern und Großstädten. Sie bekleideten unterschiedliche Positionen. Es kamen Handwerker und Akademiker/Akademikerinnen in unterschiedlichen Beziehungslagen und mit unterschiedlichem sozioökonomischem Hintergrund zu Wort.

Die Auswahl und Gewichtung der weiteren Fragen ergab sich aus dem vorhergehenden Material. Wie bereits erwähnt, konnten in diesem Design Unabwägbarkeiten und überraschende Wendungen in den Forschungsprozess integriert werden. Die Relevanz von Bereichen, die ich als Untersuchende in den Fragenkanon aufgenommen hatte, wurde von den Befragten nicht immer als für sie relevant erachtet. Fragen, die mir wichtig schienen, wurden manchmal nur spärlich beantwortet, so dass sich die Relevanz verschob. Die Kodierung der Daten erfolgte in drei Schritten. Im ersten Schritt wurden die Daten offen kodiert. Daraufhin bildete sich im zweiten Schritt mit der axialen Kodierung das Beziehungsgefüge zwischen den einzelnen Kategorien. Die Integration der gewonnenen Daten durch selektive Kodierung im dritten Schritt ergab schließlich die Grundlage für theoretische Annahmen. Das Theoretical Sampling ermöglichte eine Kurskorrektur im Forschungsverlauf, ohne das ganze Projekt neu definieren zu müssen.

Durch den iterativ-zyklischen Prozess der Datengewinnung und Datenanalyse zeigten sich unerwartete Schwerpunkte, die auch die Relevanzstruktur der Akteure abbildeten. So wurde ich z.b. hellhörig, als zum zweiten Mal ungefragt geäußert wurde: „Ich kann so sein, wie ich bin..." (mit dem jüngeren Partner). Durch Nachfragen und ausführliche Erklärungen der Akteure tauchten unvermutet neue Aspekte zum besseren Verständnis der Partnerschaft in zwei Richtungen auf, nämlich:

a. Die Frage nach dem Gewicht der Autorität des (älteren) Expartners und dem möglicherweise daraus resultierenden aktuellen Verhalten der Frau.

b. Das Autoritätsverhältnis in der neuen Partnerschaft und Faktoren, die es modellieren.

Im Verlauf dieses Projektes konnten durch die Modulierbarkeit des Theoretical Samplings weitere unerwartete und bereichernde Aspekte gewonnen werden, die über die Unmittelbarkeit der Erfahrungen hinauswiesen. Zum Beispiel: Da die Paare behaupteten, dass Liebe und gemeinsame Interessen - vor allem aber die Begegnung in „Augenhöhe" - das Geheimnis ihrer glücklichen Beziehung sei und bei der Frage nach der Zukunftsperspektive diese wiederum in Frage gestellt wurde, floss zwangsläufig der Aspekt der Alterssegmentierung in die Überlegungen ein. Schließlich kam ungeplant und überraschend in der Phase des Transkribierens die Ebene der Metakommunikation ins Spiel. Ähnlich einem Bewegungsdiagramm lies sich ablesen, wer in der Paarbeziehung eine eher statische Position einnahm und wer sich bewegte.

Als weiteres hilfreiches Mittel zur Erfassung des etablierten Rollenbildes, und damit ist die Sicht von außen gemeint, hat sich die Zitat-Sammlung bewährt. In einem Forschungstagebuch habe ich sprachliche Äußerungen in Alltagssituationen, Bonmots von Fernsehmoderatorinnen, Bedachtes und Unbedachtes aus dem Freundeskreis, sowie Textpassagen aus Büchern, die ich zum Vergnügen las, notiert. Diese Zitate bilden m. E. deutlich ab, wie sich „ungleiche" Paare selbst sehen und wie sie von ihrem Umfeld wahrgenommen werden. Die Zitate stehen für den „Volksmund" und repräsentieren die allgemein herrschende öffentliche Meinung über „ungleiche" Paare. bzw. der z. Zt. herrschenden Norm. Es wurde im Forschungsverlauf geprüft, ob das durch die Zitate transportierte Rollenbild mit den Erfahrungen der Befragten korrespondiert. Nachdem das Konzept zu dieser Studie erarbeitet worden war, suchte ich Paare und ehemalige Paare, die die erforderlichen Kriterien erfüllten. Ich begann ich mit einer Bekannten und fand nach dem Schnellballsystem gesprächsbereite Paare, aber auch Männer und Frauen, die in laufenden oder ehemaligen Partnerschaften mit dem entsprechenden Altersunterschied leben oder lebten. Das bedeutete, bewusst keine Auswahl der Probanden und Probandinnen getroffen zu haben, die über mehr gemeinsame Ausprägungen verfügen, als die Altersdifferenz und die Dauer der Beziehung.

3.3 Datengewinnung

3.3.1 Auswahl der Fälle

Mit allen Probanden wurden vor dem Interview dessen Ablauf und die Situation besprochen. Das erste Interview war ein Probelauf, in dessen Verlauf die Verständlichkeit des Leitfadens getestet wurde. Kritisiert wurde der Begriff „Sozialisation" mit dem Hinweis, er sei nicht allgemein verständlich. Er wurde daraufhin nur noch in Gesprächen mit Akteuren verwendet, von denen anzunehmen war, dass der Begriff ihnen ohne weiteres geläufig war. Je nach Bildungsgrad ersetzte ich ihn durch „Erziehung" oder „äußere Einflüsse". Die Fälle ordnete ich nach Unähnlichkeiten. Zwischen dem ersten Fall und dem zweiten trennte z. B. eine Generation die Frauen. Dennoch setzten sie ähnliche Maßnahmen, um der anfänglich gespürten Peinlichkeit, mit einem Jüngeren gesehen zu werden, zu entgehen. Einer Familie mit Kind folgte ein Paar mit getrennten Wohnsitzen. Beide Paare fielen durch eine differenzierte Reflexion ihrer Paarbeziehung auf, in deren Verlauf sich ähnliche Werte etablierten. Unähnlichkeiten stellte ich im äußerlichen Bereich der Lebensstile und der Wohnsituation fest. Ähnlichkeiten in den Erfahrungen der Paare, sowie in den Merkmalen, die ihre Beziehung aufwiesen, überwogen deutlich.

3.3.2 Kategorienbildung

Durch eine vorläufige Einteilung in thematische Gruppierungen hatte ich zunächst eine Ordnung der Fragekategorien vorgenommen. Erst nachdem drei Probanden befragt und die Antworten wörtlich transkribiert worden waren, bin ich dazu übergegangen, gröbere Antwortkategorien zu bilden und sie je nach Redefluss der Probanden in unterschiedlicher Reihenfolge einzusetzen. Es hat sich gezeigt, dass der Fragenkatalog um Sosein, Status, Autorität in früheren Beziehungen und Alterssegmentierung erweitert werden musste. Einen weiteren wesentlichen Aspekt fügten die Probanden durch die Betonung von Neidgefühlen hinzu. Der Fragen- und Antwortkatalog ist noch einmal unterschieden in eigene Erfahrungen und Erlebnisse der Probanden innerhalb ihrer Paarbeziehung, sowie in deren Meinungen über Normen im Hinblick auf gesellschaftliche Einflüsse sowie ihre Zukunftsperspektiven. Letztere sind gedankliche Vorwegnahmen von – möglichen – Ereignissen.

3.3.3 Narrationsanalyse

Auch wenn das vorliegende Material nur einen biografischen Ausschnitt aus dem Leben der Befragten abbildet, halte ich das Verfahren der Narrationsanalyse zur Interpretation der Daten für angemessen. Der Zusammenfluss sozialer Prozesse und biografischer Abschnitte wird je nach dem Mitteilungsbedürfnis der Probanden mehr oder weniger sichtbar. Die Paarbeziehungen dauerten und dauern mindestens drei Jahre; manche bestehen seit achtzehn Jahren und begründen die private Existenz. Darüber hinaus wurde in den Interviews deutlich, dass gerade diese „ungleichen" Paarbeziehungen dem Leben der Akteure den Nimbus des Besonderen verliehen haben und sie daher bedeutsam und prägend für sie waren.

3.3.4 Latente Konstruktion von vorläufigen Einzelergebnissen

Die endgültige Kategorienbildung erfolgte, nachdem alle vierzehn Interviews wörtlich übertragen worden waren. Die transkribierten Interviews wurden immer wieder durchgesehen und Textpassagen zu den einzelnen Kategorien exzerpiert und zusammengefasst. Wenn Kategorien auf Gefühlen fußten, die profundes psychologisches Fachwissen erforderten, diskutierte ich meine Interpretation der Texte mit einer Psychologin. Das betraf die Kategorien Neid und männliche Überlegenheitsgefühle. In die Dateninterpretation flossen Hintergrundinformationen ein, die es erleichterten, den Aussagen nachträglich eine klare Bedeutung zu geben. Wenn sich z. B. Männer mit wesentlich jüngeren Partnerinnen abfällig über „ungleiche" Paare äußerten und das Umfeld und der Status Männer bekannt waren, interpretierte ich diese Aussagen als Maßnahmen zur Besitzstandwahrung. Es handelte sich dabei um männliche Personen mit einem hohen sozioökonomischen Status, die von ihren Frauen wegen eines statusniedrigeren jüngeren Mannes verlassen worden waren.

3.3.5 Zusammenhang zwischen den Kategorien

Manche Kategorien ließen sich geschmeidig miteinander in Verbindung bringen, wie z. B. das Erfahren von Vorurteilen und das daraus resultierende zögerliche Einlassen der Frauen auf den jüngeren Mann. Wenn im Text Wiederholungen formuliert sind, so gibt es hierfür zwei Gründe: Erstens tauchen Begriffe, wie z. B. „Autorität" in unterschiedlichen Kontexten auf. Zweitens wird mit Wiederholungen versucht, die Argumentationskette zu verdeutlichen, denn erst der Blick auf das gesamte Material ließ die Landkarte von Zusammenhängen erkennen und formulieren. Auch der Begriff Neidgefühl, noch einmal differenziert nach Äußerungen von Männern und von Frauen, erwies sich zunächst als etwas sperrig, bildete dann aber ein schlüssiges Argument für unterschiedliche Entwicklungsstufen zwischen den Akteuren (s. Punkt 7.4.).

Die einzelnen Kategorien wurden entlang eines als normal geltenden Beziehungspfades geordnet: Von der ersten Begegnung, über Gemeinsamkeiten, Rollenaushandeln bis zum tatsächlichen oder möglichen Scheitern der Beziehung, wird hiermit eine innere Logik verfolgt.

Quasi als Nebenprodukt der Interviews wurde eine weitere Struktur sichtbar. Wie bei einem Bewegungsdiagramm ließ sich erkennen, in welcher Weise und in welchem Tempo sich Männer und Frauen den Aspekten dieses Themas nähern. Es war deutlich erkennbar, dass Männer eine statische Position einnehmen, Frauen in Bewegung sind und ihnen diese Bewegung auch von den Männern attestiert wird.

3.4 Leitfadeninterviews

Der Aufbau des Interviewleitfadens (s. Anhang) wurde parallel zur Entwicklungsgeschichte einer Paarbeziehung gestaltet. Im Verlauf der Untersuchung erfuhr der Leitfaden zwar keine Veränderung, da die unter Punkt 2.1. vorgestellten Bereiche abgedeckt werden sollten. In den Interviews selbst fand jedoch die Relevanzstruktur der Befragten ihren Niederschlag. Konkret heißt es, dass manche Befragten die Bereitschaft erkennen ließen, sich zu Fragen, die ihnen selbst wichtig erschienen, eingehender zu äußern; die Beantwortung anderer Fragen hingegen stieß auf Zurückhaltung. Antworten auf Fragen nach der Einstellung zu „ungleichen" Paaren vor dem Kennenlernen endeten oft mit einem Achselzucken oder man konnte sich nicht daran erinnern.

Ich ließ die Probanden gewähren, wenn sie Passagen zur Entstehungsgeschichte ihrer Liebe oder besondere Ereignisse, starke Gefühle ausführlich schilderten. Auf diese Weise erhielt ich zusätzliche gehaltvolle Informationen, wie z. B. Aspekte der Autorität in früheren Beziehungen, das „So- sein- können- wie-man ist", wie manche Frauen betonten. Es stellte sich auch heraus, dass akademisch gebildete Probandinnen und Probanden differenziertere Reflektionen ihrer Beziehungen lieferten als Paare aus dem nichtakademischen Milieu. Der Erhebungsbogen mit den Daten zu Bildung, Einkommen und Vermögen geriet zu einem wichtigen Schlüssel für das Rollenbild „ungleicher" Paare. Fragen zur Sexualität wurden mit Absicht nicht in den Fragenkatalog aufgenommen, da in erster Linie die gesellschaftlichen Einflussfaktoren gefragt waren. Manche Probanden schnitten von sich aus diesen Teil ihrer Paarbeziehung an.

3.4.1 Interviewsituation

Die Interviews fanden entweder bei mir zu Hause statt oder ich wurde in die Wohnungen der Befragten eingeladen. Absolute Ungestörtheit war Voraussetzung für die Interviewsituation. Die Probanden konnten sich den für sie angenehmsten Platz aussuchen. Ich bat um Erlaubnis, das Gespräch auf Band aufnehmen zu dürfen. Um eine persönliche Atmosphäre zu vertiefen, schnitt ich zuerst allgemeine Themen an. Anschließend wurde das eigentliche Interview mit der Frage eingeleitet: „Wie war das eigentlich, als ihr euch kennen lerntet...?" Es folgte darauf hin immer die für meine Probanden besondere Entstehungsgeschichte ihrer Liebe. Die Versicherung der Vertraulichkeit und Anonymität stieß in einigen Fällen auf Unverständnis, denn einige Damen und Herren legten ausdrücklich Wert darauf, genannt zu werden. Den Lehrerinnen unter den Probanden hingegen war es hingegen wichtig, unerkannt zu bleiben. Die Namen wurden geändert, die Hintergrundinformationen blieben bestehen. Nach den Interviews ließen wir mit einem Feedback die Interviewsituation ausklingen. Das Feedback ging von mir aus, um etwaige Unklarheiten aus dem Weg zu räumen.

3.4.2 Eigene Position

Wie in der Einleitung unschwer zu erkennen ist, bildet nicht nur die Neugierde am Thema das Motiv für diese Arbeit, sondern es kam auch ein persönliches Gerechtigkeitsgefühl ins Spiel, das fragt, warum die Paarbeziehung zwischen einem Mann und einer an Jahren älteren Frau als Mesalliance gilt. Ich war mir der Gefahr der suggestiven Beeinflussung wohl bewusst. Daher war es auch wichtig, zunächst ein Probeinterview zu führen, um zu testen, bei welchen Fragen und Antworten ich meine Haltung veränderte, vielleicht mit dem Kopf nickte oder ähnliche Zeichen der Beeinflussung passierten. Vor jedem Interview habe ich mich daher zur Ordnung gerufen und versucht, mich so zu konditionieren, dass zwar Sympathie zur interviewten Person deutlich wurde, ich mich aber nicht zur Komplizin des Textes machte.

3.4.3 Auswahl der Probanden/Probandinnen

Da ich im Sommer in der Segelschule meiner Familie arbeite und die Standardfrage, was ich denn im Winter mache, mich normalerweise nervt, konnte ich nun das Interesse der Gäste für diese Studie nutzen. Ich erzählte den vom Winterprojekt „Dissertation" und fand daraufhin der Segelschule gleich drei Paare, die sich bereitwillig zum Interview meldeten. Alle Probanden aus dem Freizeitbetrieb stammten aus deutschen Großstädten. Dass die Auswahl der Befragten nicht zielgerichtet erfolgte, sondern nach dem Sprichwort „Durchs Reden kommen die Leute zusammen", hat sich bald als Vorteil erwiesen. Dachte ich zu Beginn der Arbeit ausschließlich an Paare, die es zu untersuchen galt, stellten sich im Verlauf der Untersuchung auch Menschen aus gescheiterten Beziehungen zu Verfügung. Auf diese Weise konnte erfasst werden, ob der Altersunterschied Grund für das Ende einer Partnerschaft gewesen war.

Unter den Probanden gab es verheiratete Paare mit eigenem Kind, Verheiratete, von denen nur ein Partner zum Interview bereit war, Unverheiratete mit getrennten oder gemeinsamen Wohnsitzen, geschiedene Probanden. Um die Auswertung handhabbar zu halten, wurde die Zahl der Befragten auf vierzehn begrenzt. Es stellte sich heraus, dass eine größere Anzahl von Probanden vermutlich keine neuen Einsichten gebracht hätten und somit eine Sättigung in den relevanten Antworten gegeben war.

3.4.4 Flankierende Interviews

Um das Bild abzurunden, wurden zwei Standesbeamte zu ihren Erfahrungen bei Eheschließungen „ungleicher" Paare befragt. Hier zeigte sich das Problem der so genannten „Scheinehen", die – wie bereits erwähnt – nicht Gegenstand der Untersuchung sind, sich aber in der Heiratsstatistik niederschlagen. Eine Standesbeamtin fertigte eine Strichliste und wies damit auf die Heiratslage zwischen jüngeren ausländischen Männern und älteren österreichischen Frauen hin. Im Jahr 2006 traute die Standesbeamtin zwölf Paare mit einem Altersunterschied von mehr als sieben Jahren; davon stammten in sieben Fällen die Männer aus Schwarzafrika oder aus einem Balkanland. Beide Standesbeamte glaubten jedoch, aufgrund ihrer Erfahrung und ihrer Wahrnehmung, Scheinehen von Liebesheiraten unterscheiden zu können.[5]

Parship, die größte Online-Partnerbörse im deutschsprachigen Raum, trug mit einer Erklärung zu gesellschaftlichen Einflussfaktoren für die Entwicklung „ungleicher" Paarbeziehungen bei. Die Paarpsychologin von Parship, Nicole Schiller, erhielt per E-Mail einen Fragebogen zum Thema. Es interessierte mich, ob es Männer und Frauen gibt, die gezielt Partnerinnen oder Partner mit umgekehrtem Altersunterschied suchen. Es kommt vor, dass die Männer das gewünschte Alter der Frau mit „egal" angeben. Frauen hingegen neigen eher

---

[5] Österreichische Standesbeamte sind per Gesetz dazu verpflichtet, dass sie, wenn der Verdacht einer Scheinehe aufkommt, die Trauung ablehnen und Anzeige erstatten. In der Praxis beißen die Standesbeamten dennoch in den sauren Apfel und trauen das Paar. Abgelehnte Trauungen können jederzeit in anderen Standesämtern vollzogen werden.

dazu, Altersspannen anzugeben, die auch etwas jüngere Männer berücksichtigen.

3.4.5 Inhaltsanalysen von Belletristik, Zeitschriften, Filmen

An dieser Stelle ist es wichtig zu erwähnen, dass ursprünglich kein kommunikationswissenschaftlicher Schwerpunkt zum Thema beabsichtigt war. Die Verwendung von Literatur, Film, Fernsehen und Magazinen sollte helfen, die Richtung von Innenbild und Außenbild „ungleicher" Paare zu erfassen und sie in einen theoretischen Bezug zu stellen. Im Laufe der Untersuchung stellte sich heraus, dass den Massenmedien eine wichtige Rolle zukommt, die gesellschaftliche Wirklichkeit „ungleicher" Paare abzubilden. Romane trugen ebenfalls zur Entwicklung des Rollenbildes „ungleicher" Paare bei.

Mit einer Themenanalyse war es möglich, zu rekonstruieren, in welcher Weise die Figuren mit der Zeit und ihren gesellschaftlichen Normen korrespondierten. Dabei wurden aus Romanen und Biografien selektiv Äußerungen der Romanfiguren und Autoren, die einen Bezug zum Thema herstellen, aus dem Kontext isoliert. In der Regel wurden sowohl einzelne Sätze als auch Textpassagen exzerpiert. Diese Sätze und Textpassagen wurden gesammelt und nachträglich in Kategorien zusammengefasst. Erst die gesammelten Textmengen ergaben schließlich ausreichend Stoff für die Kategorienbildung:

a) Entstehung/Epoche
b) Unterscheidung von männlichen und weiblichen Autoren

In einem weiteren Schritt wurde die Themenanalyse zur inferentiellen Inhaltsanalyse erweitert. Die Aussagen der Romanfiguren und ihr Handeln wurden mit den Aspekten der sozialen Wirklichkeit verglichen. Ältere Literatur habe ich, so gut es mir möglich war, in einen Bezug zu den Normen der Zeit gesetzt, in der die Geschichte spielt. Aktuelle Romane, damit ist Literatur ab den siebziger Jahren des vorigen Jahrhunderts gemeint, konnten mit den Aussagen aus den Interviews verglichen werden. Kino- und Fernsehfilme habe ich unstrukturiert angesehen, um hier die Richtung erkennen zu können, in welcher Weise „ungleiche" Paare dargestellt werden. Als Beleg dienen Zitate und eine Zusammenfassung des jeweiligen Inhalts.

Im Untersuchungszeitraum 2006 - 2008 wurden alle Ausgaben der Frauenzeitschrift „Brigitte woman" und des Gesellschaftsmagazins „Bunte" im Hinblick auf relevante Berichterstattung gelesen. Ich sammelte auch Berichte zum Thema aus diversen anderen Zeitschriften. Es fielen zwei Textsorten auf, die näher untersucht und typisiert wurden. Abseits der Themenvorgaben durch Redakteure und Verleger gaben Beiträge von Männern und Frauen im Chat

Room intime Einblicke in Erfahrungen von Paaren mit „ungleichem" Altersunterschied.

3.5 Methodenprobleme

Die Tatsache, dass lediglich Probanden und Probandinnen bis zu einem Alter von Ende fünfzig Jahren verfügbar waren, stellte mich vor das Problem der generationenübergreifenden Vergleichbarkeit. Zwei Paare mit einem Altersunterschied von zwanzig Jahren lehnten ein Interview ab, so dass hier leider keine Binnensicht von Paaren mit erheblichem Altersunterschied zur Verfügung steht. Der unterschiedliche Bildungsstand der Probanden zeigte, dass nicht die gleiche Qualität an Reflexion erwartet werden durfte. Es spielte auch eine Rolle, wie gut ich die Paare persönlich kannte, denn je näher mir z. B. die männlichen Probanden standen, desto eher schienen sie sich bei der Angabe ihres Status in die Höhe zu definieren.

Ein weiteres Problem war die Zitatsammlung. Reichliches Zitieren gilt oft als billiges Mittel, die Seiten zu füllen. In dieser Arbeit erfüllen Zitate den Zweck, ein klares Bild der vorherrschenden öffentlichen Meinung zu spiegeln. Ich habe mich auch dafür entschieden, Textpassagen aus den Interviews kompakt darzustellen und sie nicht in den Fließtext einzubauen. Damit möchte ich sowohl die Relevanz der Aussagen für das jeweilige Kapitel unterstreichen, als auch meine Überlegungen zur Interpretation der Aussagen begründen. Einige Widersprüche innerhalb des Textes zeigten sich erst beim Transkribieren. Auf eine direkte Frage behauptet z. B. eine Probandin, sie habe keinerlei negative Reaktionen auf die Beziehung zu ihrem vierzehn Jahren jüngeren Partner bekommen. Im weiteren Verlauf der Befragung stellte sich heraus, dass ihre Mutter massive Bedenken geäußert hatte. Die Probandin trat erst nach einem Ortswechsel mit dem neuen jüngeren Partner an die Öffentlichkeit. Wenn keine Gelegenheit zum Nachfragen bestand, gab ich der im Gesprächsfluss geäußerten Antwort den Vorzug vor der direkten Beantwortung. Es ist anzunehmen, dass die unbewusst getätigte Äußerung eher der Wahrheit entspricht, als die direkte unmittelbare Antwort auf eine Frage.

Unabhängig von den Interviews mit gesprächsbereiten Probanden, Rede und Antwort zu stehen, fließen in die Arbeit Informationen von Paaren und Personen ein, die sich offiziell nicht zu ihrer Paarbeziehung äußern wollten. Es handelt sich um Paare mit einem Altersunterschied von zwanzig und mehr Jahren. Einige Personen, deren „ungleiche" Beziehungen bereits der Vergangenheit angehörten, wollen sich zuerst mit dem Ex-Partner absprechen. Sie hegten die

Befürchtung, ohne Erlaubnis ihrer Expartner durch ein Interview Verrat an ihnen zu begehen.

Als weiteres Problem, das ich erst am Ende Arbeit erkannte, stellte sich mein Alter als Forschende heraus. Mit sechzig Jahren verfügen die meisten Menschen in der Regel über einen Kenntnisstand, der sich vielfach nicht mehr auf seinen Ursprung zurückverfolgen lässt. So gehört das Wissen über Kategorien aus dem Bereich der Kommunikationswissenschaften zu meinem langjährigen Handwerkszeug. Ähnliches gilt für das Thema der Alterssegmentierung. M.a.W.: Die Zitierbarkeit ist aufgrund von nicht mehr nachvollziehbarem Vorwissen zu berücksichtigen.

4 „Ungleiche" Paare in der Geschichte

Wenn von „ungleichen" Paaren in der Geschichte die Rede ist, dürfen wir keine systematische Darstellung erwarten, denn es gab weder ein Problembewusstsein, noch den soziologischen Blick, geschweige Methoden für eine angemessene Untersuchung. Um ein altes Bild „ungleicher" Paare entwerfen zu können, sind wir auf Fragmente angewiesen. „Ungleiche" Paare wurden nicht als eigenständiges Thema bearbeitet, sondern lediglich im Kontext historischer Beschreibungen von Arbeit, Lebensalltag oder Heiratsverhalten erwähnt. Das erklärt, warum wir blinde Flecken in der Geschichte vorfinden. Nachfolgend wird versucht, Heiratsverhalten und Altersdifferenz im Kontext der jeweiligen Epoche, eingeschränkt auf unseren Kulturkreis und die Zeit seit dem Mittelalter, zu skizzieren.

4.1 Mittelalter

Auch wenn Liebe und persönliche Motive für eine Verehelichung nicht ausgeschlossen werden dürfen, gaben in erster Linie externe Beweggründe den Ausschlag für eine Heirat. Praktisches Kalkül, oft per Gesetz gestützt, leiteten die Ehen in allen Schichten ein. So trieben Nützlichkeitsüberlegungen die Heiratspolitik der Fürsten voran, wenn es galt Land zu gewinnen und es abzusichern. Dabei spielte der Altersunterschied des Fürstenpaares keine Rolle. Die Staatsraison bestimmte für den sechzehnjährigen Ottokar aus Böhmen die Heirat mit der zweiundvierzigjährigen Margarete Babenberger, und Maria Tudor heiratete den um zehn Jahre jüngeren Philipp II. von Spanien. Es wurde toleriert, dass Liebe und Sexualität außerehelich gelebt wurden.[6]

---

[6] Als Kontrast zu arrangierten Heiraten erhoben im 12. und 13. Jahrhundert Minnesänger die Verehrung einer älteren Frau zur Kunstform. Die jungen Knappen stammten oft aus niedrigerem Stand. Sie besangen die reine unerreichbare, weil verheiratete Frau. Diese Liebe war losgelöst von der Aussicht auf Erfüllung. Sie blieb unerfüllt und unerwidert. Aber auch arrangierte Ehen blieben von Schmährufen nicht verschont, wenn die Frau älter war als der Mann. Der Historiker Golo Mann zitiert in seiner Biografie über Wallenstein einen Chronisten, der die um vier bis fünf Jahre ältere Frau Wallensteins als „geile Antiquität" bezeichnet.

Auch in den Schichten der Handwerker und Bauern regelten Nützlichkeitsüberlegungen ab dem Mittelalter deren Eheschließungen. Nach Ehmer (Ehmer, 1991) lässt sich jedoch die Entstehung der Heiratsbeschränkungen für Handwerksgesellen nicht genau feststellen. Die Befunde sind widersprüchlich, da es durchaus auch verheiratete Gesellen gab. Erst in der frühen Neuzeit wurde die Heirat der Handwerksgesellen erschwert. Die Beschränkungen galten auch eher für das Kleingewerbe. So waren z. B. die hoch qualifizierten Bauhandwerker von den Heiratsbeschränkungen ausgeschlossen. Regional lassen sich ebenfalls unterschiedliche Regelungen feststellen. Die Gründe für Heiratsbeschränkungen lagen in der Kontrolle der Meister über die Löhne und Mobilität der Gesellen. Mit der (erzwungenen) Bindung an das Haus hielt der Meister seine Gesellen in Autoritäts- und Abhängigkeitsverhältnissen. Mitterauer führt aus, dass Heiratsbeschränkungen den Meisterbetrieb durch niedrige Löhne stützten und die Isolation im Haus des Meisters unliebsame Zusammenschlüsse mit anderen Gesellen verhinderte. (Mitterauer, 1991)

4.2 Vorindustrielle Zeit des 17. bis 18. Jh.

4.2.1 Bäuerliches Heiratsverhalten
Hier fällt in vorindustrieller Zeit die große Zahl jener Ehen auf, in denen die Lebensphasen der beiden Ehegatten aufgrund bedeutender Altersunterschiede nicht synchron verliefen. Es handelt sich dabei einerseits um "Versorgungsehen" verwitweter Frauen im Handwerk und Handel, andererseits um Wiederverehelichung im ländlich-bäuerlichen Bereich." (Mitterauer, 1991, S. 157) Besonders für Zweit- oder Mehrfachgeborene bot die Einheirat in eine Zunft oder auf einen Bauernhof oft die einzige Möglichkeit zur Selbständigkeit. Handwerkerwitwen und Bäuerinnen galten als gute Partie. Dieses Heiratsverhalten hielt sich bis zur Industrialisierung und wird im Folgenden näher ausgeführt. Auch bäuerliche Heiratsstrategien zielten – ähnlich wie in Adelskreisen – auf Vermehrung von Grund und Boden ab. Darüber hinaus mussten die Frauen gesund sein und kräftig anpacken können. Lt. Rosenbaum (Rosenbaum, 1996) hatte für den Bauern bei der Wahl seiner Frau deren Mitgift, ihre Gesundheit und Arbeitsfähigkeit oberste Priorität.

Die Frauen bekleideten eine überlebensnotwendige Position im Bauernleben, die in erster Linie darin bestand, für ausreichend Nahrung zu sorgen. Mehrung und Sicherung der Lebensgrundlagen begründete daher das Zweckbündnis zwischen dem Bauern und seiner Frau. Dieses Abkommen galt für beide Ehegatten gleichermaßen. Starb der Bauer, heiratete die Witwe nicht selten einen jüngeren Bauern.[7] Ein schwäbisches Sprichwort sagt: „Drum prüfe wer sich ewig bindet, ob sich die Wies' zum Acker findet." Liebe zwischen dem Bauern und der Bäuerin war zwar nicht ausgeschlossen, jedoch sicher nicht handlungsleitend für die Eheschließung. Einheiraten in Höfe galten als legitimer Grund zur Eheschließung des jungen Bauern mit einer gut ausgestatteten Bäuerin. Diese Form des Zusammenlebens war gesellschaftlich akzeptiert. Hinausheiraten hätte jedoch den Status des Mannes erheblich gemindert. Mit dem Einheiraten änderte sich auch das Autoritätsgefüge zwischen der Bäuerin und dem Bauern. Je größer der Anteil der Frau am gemeinsamen Besitz ausfiel, desto geringer geriet die Autorität des Mannes: „Wer zahlt, schafft an."

Aufgrund der hohen Sterblichkeitsrate von Bäuerinnen, musste der Bauer nach dem Tod seiner Frau diese Lücke unverzüglich schließen. Ökonomische Überlegungen regelten auch weiterhin das Heiratsverhalten, und da beide Rollen, die des Bauers und die der Bäuerin, stets besetzt bleiben mussten, war ein erhebliches Altersgefälle in beide Richtungen keine Seltenheit.

Es wird deutlich, dass Verehelichungen bzw. deren Verbot eng mit Besitz und Beruf verbunden waren. Nur wer gesicherte Lebensgrundlagen nachweisen konnte, durfte auch heiraten. Arme Leute unterlagen dem Heiratsverbot. Dieses Heiratsverbot geht auf das 16. Jh. zurück und wurde zum ersten Mal von Josef II. in Österreich aufgehoben, aber später wieder eingeführt. Als Grund für die Heiratsbeschränkungen galt das Interesse der besitzenden Klassen, hierdurch Gesinde und Gesellen an sich zu binden. (Vgl. Mitterauer, 1991) Arme Leute und deren Nachkommen sollten darüber hinaus nicht der Allgemeinheit „zur Last" fallen.

4.2.2 Handwerkerehen
Pragmatismus bildete auch bei vielen Handwerkern das Motiv für die Ehe zwischen einer Handwerkerwitwe und dem jüngeren Gesellen. Starb der Meister, bestand die einzige Möglichkeit zur Weiterführung des Betriebes in der Eheschließung mit einem Gesellen. In der Stadt war der Status des Handwerkers durch seine Mitgliedschaft in der Zunft bestimmt. Die Zunft als einflussreicher Berufsverband der Handwerker behielt sich auch weit reichende Eingriffe in die Privatsphäre vor. Rechtliche, private und gesellschaftliche Belange, kurzum der Lebenswandel, wurden von den Zünften kontrolliert und beeinflusst. Ehmer führt aus, dass nicht nur die Kontrolle durch die Meister ein Grund für die Heiratsbeschränkungen gewesen seien, sondern nationalökonomische Über-

---

[7] Der hohe Anteil unverheiratet Zusammenlebender bleibt unberücksichtigt. Oft lebten Söhne und Töchter als Knechte und Mägde auf dem elterlichen Hof zusammen. Da Heirat an Besitz gebunden war, blieb den nicht erbberechtigten Kindern oft keine andere Wahl, als in „wilder" Ehe zu leben.

legungen eine Rolle gespielt haben. Er ortet einen Zusammenhang zwischen ökonomisch günstigen Verhältnissen und Heiratsverhalten. Demnach fußten gesetzliche Ehebeschränkungen u. a. auf der Angst vor Überbevölkerung (vgl. Ehmer, 1991. S. 38 ff). Als weiterer Grund wird der Arbeitskräftemangel nach dem dreißigjährigen Krieg angeführt, der Bindungen an das Haus erforderte. Nave-Herz ergänzt, dass der Begriff „Junggeselle" bedeutete, nicht Inhaber einer Vollstelle zu sein, die notwendig gewesen wäre, um die Ernährung der Familie zu gewährleisten. Eine Vollstelle konnte nur ererbt oder erheiratet, nicht aber durch Fleiß und Leistung erworben werden. Gesellen, die sich über Heiratsbeschränkungen hinweg setzten, mussten mit sozialer Ächtung rechnen und schlimmstenfalls sogar die Stadt verlassen.

Die Exklusivität ihrer Mitglieder bildete ein wichtiges Regulativ für die Handwerker. Damit sicherten die Zünfte ihre Mitglieder gegen Konkurrenz ab und versorgten sie über das berufliche und ökonomische Maß hinaus. Im 18. Jh. erreichten die Zünfte durch die so genannte „Schließung" eine Kontrolle über ihre Mitglieder. Diese Kontrolle betraf auch die Privatsphäre, welche eng mit der beruflichen verbunden war. Dazu gehörte u. a. die Versorgung der Meisterwitwe. Starb der Meister, musste seine Witwe innerhalb einer bestimmten Frist, die von Handwerk zu Handwerk verschieden war und zwischen einem und drei Jahren lag, einen Handwerksgesellen „vom Fach" ehelichen oder aber das Gewerbe zurücklegen. Wenn die Zeit drängte, konnte das Trauerjahr oft nicht eingehalten werden. Da mit der Heirat auch die Frau in die Zunft aufgenommen wurde, musste sie sich ebenfalls den Regeln der Zunft beugen.

Der Zunft oblagen u. a. die Bestimmungen für die Selbständigwerdung der Gesellen. Diese Zunftregelungen privilegierten junge Gesellen, wenn sie eine Meisterwitwe heiraten wollten. Diese Privilegien gingen so weit, dass die Zünfte heiratswillige Gesellen auch finanziell unterstützten und ihnen etliche Vergünstigungen zukommen ließen. Hochzeit, Selbständigkeit, das Meisterstück und das Meisteressen waren kostspielig und verschlangen u. U. ein ganzes Jahreseinkommen des Gesellen. Stand eine Hochzeit mit der Meisterwitwe bevor, griff die Zunft dem Gesellen unter die Arme und finanzierte seine Hochzeit. Damit war allen Beteiligten gedient, denn der Geselle konnte den Meisterbetrieb weiterführen, damit die Witwe und allfällige Waisen versorgen und darüber hinaus die Zunftkassen entlasten. Diese Mehrfach-Ehen führten oft dazu, dass die Witwe wesentlich älter war als ihr (neuer) Mann. „So wird von einem Zirkelschmiedegesellen in Königsberg berichtet, der, um Meister zu werden, 1701 eine 74-jährige Witwe heiratet, mit der er immerhin noch 7 Jahr verheiratet war." (Kessler nach Rosenbaum, 1982, S. 151)

„In den städtischen Unterschichten, vor allem bei Tagelöhnern und weniger angesehenen gewerblichen Berufen, wie Maurer, Zimmerleuten, Steinbrechern, etc. finden sich ebenfalls große Altersunterschiede zwischen den Ehegatten. Mehr als die Hälfte aller Frauen von Zimmerleuten in Salzburg waren im Jahr 1794 zum Teil wesentlich älter als ihre Männer." (Mitterauer, 1991, S. 157) Anfang des 18. Jh. waren lt. Kessler in Deutschland 28,8% aller Frauen älter als ihre Männer. Zwischen 1751 und 1780 lag die Quote bei 30,8 % (auch Nichthandwerker). Es ist allerdings nicht ersichtlich, wie groß die Altersschere in Jahren war. Obwohl die Zünfte auch als moralische Instanz galten und außereheliche Beziehungen bis zum Ausschluss des Meisters führen konnten, drückte man doch ein Auge zu, wenn sich der junge Meister aufgrund des Altersunterschiedes zu seiner Frau außer Haus vergnügte.[8]

4.3 Ehen zur Zeit der Industrialisierung

Bildete der Gesellenstatus in der vorindustriellen Zeit nur eine Übergangsphase bis zum Meisterstatus, so war es mit der Auflösung des „Ganzen Hauses" möglich, lebenslang Geselle zu bleiben. Begünstigt wurde die neue berufliche Entwicklung der Gesellen, da die Zünfte ihre Heiratsbeschränkungen inzwischen aufgehoben hatten. Die Gebundenheit der Verehelichung an Besitz wurde aufgelöst. Mit der Aufhebung des Heiratsverbots für Gesellen entfielen gleichzeitig auch ökonomische Heiratsbarrieren. Diese Lockerungen setzten eine Heiratsdynamik für Handwerker und Arbeiter in Gang. Da Frauen in den unteren Schichten traditionell auf dem Arbeitsmarkt vertreten waren, konnten auch sie durch Sparsamkeit ihren Teil zur Hausstandgründung beitragen.

Parallel zur Auflösung des „Ganzen Hauses" und dem Wegfall von Heiratsrestriktionen für Handwerksgesellen und Arbeiter, setzte das aufkeimende Bürgertum biedermeierliche Marksteine. Es entstand allmählich ein neuer Familientypus, der nicht allein auf einem Zweckbündnis gegründet war, sondern Geborgenheit und Häuslichkeit versprach. An die Stelle von Reglementierungen durch Zweckorientierung traten neue Werte, wie sexuelle und emotionale Attraktivität, persönliches Glück und Intimität. Nave-Herz führt aus, dass sich durch die Trennung von Erwerbsarbeit und Familienbereich auch zwei psychische Sphären bildeten, die wechselseitige Spannungen ausglichen.

---

[8] Eine differenzierte Darstellung von Heiratsverhalten in der Formationsphase des Kapitalismus wurde von Josef Ehmer erarbeitet. Er erklärt den Einfluss von Sozialstruktur und ökonomischem Wandel auf das Heiratsverhalten in verschiedenen Regionen Mitteleuropas und Englands (Vgl. „Heiratsverhalten, Sozialstruktur, ökonomischer Wandel", Ehmer 1991).

Häuslicher Friede bot einerseits Geborgenheit von Konflikten am Arbeitsplatz und andererseits konnten familiäre Probleme im Berufsleben kompensiert werden (Vgl. Nave-Herz, 2004). Unterstützt wurde der Wandel durch meinungsbildende Medien, wie z. B. „Moralische Wochenschriften und Familienzeitschriften." Auch Strömungen aufgrund protestantisch-pietistischer Überlegungen förderten neue Werte. Dazu trug die Trennung von Wohn- und Arbeitsplatz bei, denn nun galt „my home is my castle." **Der Rückzug in die Intimität und in den Frieden des Privatlebens trat einen langen Siegeszug an.** Dieses bürgerliche Ideal bildete die Norm für die Etablierung neuer Eheformen. Einzig der Adel und die Bauern heirateten nach wie vor sachorientiert zur Absicherung und Vermehrung ihrer Pfründe.

4.4 Bürgerliche Partnerwahl in der 2. Hälfte des 18. Jh.

Eine Vertiefung des neuen Familienleitbildes setzte in der zweiten Hälfte des 18. Jh. ein. Die Überschätzung materieller Vorzüge der Partner wurde durch individuelle Vorlieben ersetzt. Die Partner sah man nicht mehr in einer Funktion oder in Rollen, sondern man wollte genau „diese eine Person." Freude, Interesse am Anderen, die Wahrnehmung des Menschen an seiner Seite, wurden Motive für die Partnerwahl. Die neue Privatheit war auf Gefühl und Intimität ausgerichtet. Es begann die Zeit der „romantic love". Nave-Herz erklärt hierzu: „Romantische Liebe bedeutet heute eine Einheit von affektiver Zuneigung und sexueller Leidenschaft; die Liebenden glauben an die Dauerhaftigkeit ihres Gefühls, die Beziehung wird als einmalig, als exklusiv empfunden, was Treue zwangsläufig erscheinen lässt." (Nave-Herz, S. 144)

4.5 Individuelle Partnerwahl im ausgehenden 18. Jh.

Im ausgehenden 18. Jh. setzte ein erneuter Wandel des Familientyps in England und Frankreich ein, der etwas später auch Deutschland erfasste: Die Entstehung eines neuen kapitalistischen Bürgertums. Während in England und Frankreich der Schwerpunkt auf kapitalistischer Elitebildung lag, bildete in Deutschland das „Bildungsbürgertum" ein neues Ideal. Ihm gehörten Literaten, hohe Beamte und Akademiker an. Eine aufkeimende Orientierung an Leistung und Tüchtigkeit erforderte die Pflege persönlicher Anlagen. Die Weiterentwicklung individueller Ressourcen im Hinblick zum beruflichen Aufstieg führte zur Lockerung ständischer Einschränkungen. Das sich neu entwickelnde Bürgertum hatte noch keinen traditionellen Platz in der Gesellschaft und musste sich erst formieren. Folge dieses fehlenden Konzepts war eine Verunsicherung nach Außen, die zum verstärkten inneren Zusammenschluss der Familie führte.

Anders gestaltete sich die Partnerwahl im Künstlermilieu. Hier nahmen sich Männer und Frauen neue Freiheiten. „Romantic love" in Paarbeziehungen und gegenseitige Inspiration belebten die Kunstszenen, in denen exzentrisches Verhalten zum unverzichtbaren Stilelement gehörte. Die „romantic love"[9], gekennzeichnet durch das Einssein von sinnlicher und seelischer Anziehung, beseelte berühmte Paare der Bohème. Der junge Balzac setzte seiner um vierundzwanzig Jahre älteren Geliebten mit seinem autobiografischen Roman „Die Lilien im Tale" ein Denkmal. George Sand und Frederic Chopin trennte sechs Jahre. Nach ihrer Liaison mit Chopin verliebte sich George Sand in ihren wesentlich jüngeren Sekretär Alexandre-Daniel Manceau. Die Ehe, die fünfzehn Jahre bis zum Tod ihres Mannes dauerte, erregtes großes Aufsehen. George Sand setzte sich nicht zuletzt aufgrund ihrer materiellen Unabhängigkeit darüber hinweg. Caroline Michaelis, Ehefrau von Schlegel, verliebte sich in den zwölf Jahre jüngeren Friedrich Wilhelm Joseph Schelling. Auch diese Liebesheirat hielt bis zum Tod.

Berta von Suttner, frei im Geiste und materiell unabhängig, wenn auch nicht wohlhabend, verliebte sich in ihren sieben Jahre jüngeren Schützling. Sie gab nach langem Ringen Alfred Nobel einen Korb, um schließlich den jungen von Suttner zu heiraten. Die Eltern von Suttner goutierten diese Mesalliance keineswegs und brachen den Kontakt zum Sohn ab. Ende des 19. Jh. waren „ungleiche" Paare in Adelskreisen und im gehobenen Bürgertum noch unüblich, denn Berta von Suttner berichtete in ihren Memoiren von dem Kampf, den sie und ihr sieben Jahre jüngerer Mann gegen den Widerstand seiner Familie führten. „Berta von Suttner betonte immer wieder, wie standfest ihre ertrotzte Liebe war"(Hamann, S. 68). Als die Eltern von Suttners sahen, wie tapfer sie ihre Liebe und ihr Leben verteidigt hatten, lenkten sie schließlich ein und akzeptierten die Wahl ihres Sohnes. Es waren freigeistige Männer und Frauen, die den Schritt gegen die Konvention und für ihre Liebe wagten. Finanzielle Unabhängigkeit der Frauen dürfte deren Hinwendung zum Mann ihrer Wahl unterstützt haben.

Im Zuge neuer Berufsbilder für das Bürgertum wandelte sich auch das Heiratsverhalten. Die Männer heirateten in der Regel erst mit ca. dreißig Jahren,

---

[9] Die „romantic love" des 18. Jh, welche die Vorstellung von Lebbarkeit beinhaltet, muss von der romantischen Liebe in Mythen und Märchen unterschieden werden. Das Ideal der romantischen Lieben zieht sich seit Jahrtausenden durch die Geschichte und Geschichten unterschiedlicher Kulturen. Tragik und Schwierigkeiten der Paare enden nicht selten mit dem Tod einer Figur oder beider Figuren. Hierzu zählen z. B. Shakespeares „Romeo und Julia oder der Mythos von Tristan und Isolde. Geht die Geschichte gut aus, lautet die tröstliche Formel: „und wenn sie nicht gestorben sind, dann leben sie noch heute.

da sie sich zuerst beruflich und wirtschaftlich etablieren mussten, ehe sie an eine Heirat denken konnten. Für die Frauen war eine Ehe meistens die einzige Möglichkeit der Lebensführung. Trotz gegenseitiger Zuneigung musste auch die materielle Versorgung gewährleistet sein. „Vernünftige Liebe" bedeutete daher auf der Grundlage materieller Sicherheit auch emotionale Zugewandtheit der Partner. Die lange Ausbildung der Männer bei gleichzeitigem Verharren der jungen Frauen im Elternhaus führte nun zu einer Schere in der Altersdifferenz. Die Frauen waren jetzt durchschnittlich zehn und mehr Jahre jünger als ihre Männer. Ende des 18. Jh. vergrößerte sich der Altersunterschied zwischen Mann und Frau abermals und konnte bis zu einer Generation reichen. Diese Asymmetrie verschaffte den Männern einen enormen Autoritätsvorsprung. Hier könnte der Schlüssel für die noch immer gültige Vorrangstellung großen männlichen Altersvorsprungs bei gleichzeitiger Abwehr des weiblichen Altersvorsprungs liegen.

Die Berufsausbildung junger Männer des Bürgertums steuerte die Familiengründung. Das Heiratsalter der bürgerlichen Frauen stieg allmählich auf Mitte zwanzig, denn die jungen Damen mussten auf „ihn" warten. Die Altersdifferenz zwischen Mann und Frau sank auf fünf bis sechs Jahre. Eheschließungen waren trotz gegenseitiger Zuneigung auch durch zweckdienliche Überlegungen begünstigt. Es fand in bürgerlichen Kreisen ein Austausch zur Erreichung von Statusgleichheit zwischen der Bildung des Mannes und der Mitgift der Frau statt (s. Kap. 9. Homogamiethese). Die „Gute Partie" wurde salonfähig, und standesgemäß zu heiraten, war von beiden Seiten erwünscht. So stieg z. B. die Kreditwürdigkeit des Mannes erheblich, wenn er eine Frau aus angesehener, gut situierter Familie heiratete.

Der strukturelle Wandel in Arbeits- und Lebensformen ließ den aus der vorindustriellen Zeit bekannten Altersvorsprung vieler Frauen verschwinden. Die Witwen waren im 19. Jh. deutlich jünger als in der vorindustriellen Zeit und überstiegen die Zahl der Witwer. Der Grund lag weniger in der höheren Lebenserwartung von Frauen, sondern im Altersunterschied, denn nun war in der Regel die Frau bei der Heirat deutlich jünger als der Mann. Das Heiratsalter der Arbeiter hingegen pendelte sich aufgrund fehlender Ausbildung bei dreißig Jahren ein.

4.6 Alterdifferenz im 20. Jahrhundert

Im Jahr 1871 fielen die Heiratsbeschränkungen für alle Bevölkerungsgruppen und leiteten damit die Lebensform der Ehe für **alle** Bevölkerungsschichten ein. Ausnahmen, wie z. B. die österreichischen Bundesländer Tirol und Vorarlberg, referiert Ehmer. (vgl. Ehmer, 1991) Die unter Punkt 4.5. dieses Buches beschriebenen Standards behielten ihre Gültigkeit bis zum zweiten Weltkrieg. Unter den Wirren und Notwendigkeiten des zweiten Weltkrieges gerieten für wenige Jahre die tradierten Geschlechterrollen in Turbulenzen. Frauen mussten der Not gehorchend Männertätigkeiten ausüben. So gab es z.b. etliche Flakhelferinnen, die genauso wie männliche Soldaten einen Blutzoll errichteten.

Durch die allgemeine schlechtere Ausbildung der Frauen, sowie der Erleichterung, ihren Doppelbelastungen zu entgehen, konnten die Männer nach Kriegsende wieder ihre Führungsrollen übernehmen.

Nach den sozialen Umwälzungen der 68er Jahre handelten Frauen und Männer ihre Rollen neu aus. Diese waren nun weder von der Kirche noch von der Gesellschaft festgelegt. Die Wahlfreiheit der Rollenausgestaltung hinterließ auch in den Paarbeziehungen deutliche Spuren. Die Rollenverteilung musste neu diskutiert und umgesetzt werden. Nicht zuletzt durch die „Pille" erlebte eine von Gefühlen getragene Bindung eine Renaissance. Einen erheblichen Einfluss auf die Ausgestaltung neuer Rollen von Frauen und Männern verdanken wir der zweiten Frauenbewegung. Im Zuge der Frauenbewegung wurden Mitte der 70er Jahre in Deutschland und Österreich Gesetze verankert, die Frauen aus der Kontrolle des „Haushaltsvorstandes" entlässt. Es konnte sich die Herrin im eigenen Haus etablieren.

Auch gesellschaftliche Normen des Zusammenlebens splitteten sich in Vielfalt auf. Neu waren Wohngemeinschaften, häufig wechselnde Beziehungen und Homo-Ehen. Paarbeziehung wurde als Liebesbeziehung definiert. Auch das Wort „Beziehung" fand Eingang in unseren alltäglichen Sprachgebrauch. Damit war eine auf Liebe gegründete Partnerschaft zwischen Mann und Frau gemeint, die durch Wechselhaftigkeit, unterschiedliche Dauer und variable Lebensformen gekennzeichnet ist. Eine Pluralisierung von Lebensformen bricht sich Bahn. Ab etwa 1990 begann sich das Rollenverhalten zwischen Mann und Frau anzugleichen. Die die ersten Hausmänner bildeten den Gegenpol zur Hausfrau, konnten sich langfristig aber nicht etablieren. Die Frauen forderten von ihren Partnern Halbe – Halbe und meinten damit eine gerechte Teilung der Verantwortung für den gemeinsamen Haushalt und für die Kinder. Das Aushandeln der Rollen setzte alte Leitbilder außer Kraft und machte einer neuen Beziehungsethik Platz.

5 Darstellung „ungleicher" Paare in den Medien

Den Begriff „Medien" verwende ich in dieser Arbeit im Sinne eines Vermittlers von Informationen verschiedener Art. Damit können literarische Werke, aber auch Kino- und Fernsehfilme zur Skizzierung des Bildes „ungleicher" Paare herangezogen. werden. Merkmal des Begriffs „Medien" in dieser Arbeit ist, dass der Sender dem Empfänger den spezifischen sozialen Tatbestand „Frau mit jüngerem Mann" zu vermitteln versucht. Untersuchungseinheit sind Sätze und Textpassagen mit dem Inhalt „Frau älter als Mann" bzw. „Mann jünger als Frau", aber auch bildnerische Darstellungen zum Thema. Es hat sich im Laufe der Arbeit herausgestellt, dass die Medien ein bedeutendes Konstruktionselement für das Verständnis der Problematik „Frau mit jüngerem Mann" liefern. Je nach Sender- und Empfängerstruktur wurden zur Darstellung der Rolle „Frau mit jüngerem Mann" folgende Medien herangezogen:

1. Belletristik   - phantasiebetont
2. Filme/Fernsehen   - phantasiebetont
3. Internetforen   - meinungsbetont
4. Magazine   - Mischung aus tatsachen- , meinungsbetont, informierend

Der hohe Subjektivitätsgehalt der ersten drei Kategorien ist unbestritten; Punkt vier beinhaltet Mischformen. Bei den untersuchten Magazinen konnten zwei Kategorien der Berichterstattung gebildet werden, wie an späterer Stelle weiter ausgeführt wird.[10]

5.1 Darstellung „ungleicher" Paare in der Literatur

Das Thema „Ältere Frau – jüngerer Mann" finden wir seit dem Ende des 19. Jh. gelegentlich in der Belletristik. Einen Logenplatz wird es in der Literaturgeschichte nicht einnehmen. Auch literaturwissenschaftlich könnte daher dieses

---

[10] Wie bereits unter den Methodenproblemen ausgeführt wurde, lassen sich nicht mehr alle Quellen zurückverfolgen. Die angegebenen vier Kategorien gehörten zum Handwerkszeug des Studiums der Publizistik- und Kommunikationswissenschaften

Niemandsland „Frau mit jüngerem Mann" bearbeitet werden. Die Sichtung literarischer Werke zum Thema diente zunächst lediglich einer Spurensuche. Es wurde keine gezielte Auswahl getroffen. Um die selektive Wahrnehmung als Einschränkung außer Kraft zu setzen, wurde auf eine systematisch geordnete Materialauswahl verzichtet, sondern gelesen, was sich zum Thema anbot: Biografien, Romane und Erzählungen. Der Soziologe Horst Herrmann schlägt in seiner Einführung zur „Soziologie der Partnerschaft" vor, einen dürftigen Forschungsstand mit Befunden aus der Belletristik anzureichern. Er meint, dass Schriftstellerinnen und Schriftsteller einen besonders sensiblen Zugang in Liebesfragen hätten und sie mit ihrer scharfen Beobachtungsgabe so manch hilfreiche Hinweise geben könnten (vgl. Herrmann, 2005).

Die Geschichten über „ungleiche" Paare an sich standen gleichberechtigt neben der Art und Weise, wie die Autoren und Autorinnen ihre Helden und Heldinnen modellierten. Zitate, bezogen auf den Altersunterschied, ergaben ein Sittenbild, das sich über das gesamte zwanzigste Jahrhundert spannt. Bücher und Erzählungen von Autoren und Autorinnen aus unterschiedlichen Kulturkreisen wurden herangezogen. Die ausgewählte Literatur kann vor dem Hintergrund der gesellschaftlichen und historischen Bedingungen der Entstehungszeiten betrachtet werden.

Als literarische Quelle zum Bild „ungleicher" Paare durch die Jahrhunderte, wird daher zuerst der Mythos von Ishtar und Tammuz vorgestellt, sowie das Libretto des „Rosenkavalier". Die relevanten Passagen aus den Romanen der Französin Maren Sell „Der letzte Liebhaber" und der Engländerin Doris Lessing „Der Sommer vor der Dunkelheit" werden herausgegriffen. Beide Romane zeigen ein Bild „ungleicher" Paare in der zweiten Hälfte des vorigen Jahrhunderts. Die Romane der Französin Colette, „Cherie," „Cheries Ende", der Roman der in Österreich lebenden Spanierin Elia Barceló „Das Rätsel der Masken" und das Werk des deutschen Autors Gernot Gricksch „Robert Zimmermann wundert sich über die Liebe" geben ebenfalls ein griffiges Rollenbild quer durch das zwanzigste Jahrhundert wieder. Die Inhalte dieser Quellen werden zusammengefasst, relevante Textpassagen im Sinne einer Themenanalyse zitiert und interpretiert.

5.1.1 Der Mythos von Ishtar und Tammuz (Frühling und Tod)
In ihrem Buch „Beziehungsphantasien oder wie Götter sich in Menschen spiegeln" stellt Verena Kast den Mythos von Ishtar und Tammuz vor. Der Ishtar-Tammuz-Mythos entstand vermutlich in der sumerischen Frühgeschichte um zweitausendachthundert v. Chr. Ishtar gilt als eine der frühesten Mutter- und Fruchtbarkeitsgöttinnen in der frühen matriarchalischen Gesellschaft der Sumerer, und sie ist gleichzeitig Beschützerin der babylonischen Könige, die in

Tammuz personifiziert sind. Tammuz steht für das Vitale, das Leben. Er ist Beschützer der Leben erhaltenden Herden (vgl. Kast, 1984).

Ishtar, eine etwa fünfundvierzigjährige Frau, gefeiert und umworben von gleichaltrigen Männern, verliebt sich in den neunzehnjährigen unerfahrenen Jüngling Tammuz. Für sie verkörpert er die ungestüme Jugend. Sie kann ihn an sich fesseln, noch einmal ihre weibliche Macht auskosten und über alle Maßen aktiv sein. Tammuz sieht in Ishtar die Liebesgöttin, die ihn fördert und verwöhnt. Ishtar und Tammuz lieben sich und sind glücklich miteinander, aber Ishtar kommt immer mehr zu Bewusstsein, dass diese Liebe nur den Übergang vom Sommer zum Herbst des Lebens darstellt. Tammuz zieht es wieder in seine Jugendwelt zurück. Er lässt Ishtar zum Beginn ihres Lebensherbstes allein.

Der Ishtar-Tammuz-Mythos erzählt die Geschichte der Ablösung des Sohnes von seiner geliebten Mutter und seiner fortwährenden Abhängigkeit von ihrer Liebe und Güte. Es wird erzählt, dass Tammuz dann hinab in die Unterwelt muss, wenn die Sonne im Sommer die Erde verbrennt. Ishtar ist verzweifelt über den Verlust des Geliebten und sucht ihn in der Unterwelt. Während der Dürre in der Oberwelt sammeln die Menschen Wasser und schicken es Ishtar in die Unterwelt, aus der sie zurückkehrt, um das Land der Sumerer wieder fruchtbar zu machen. Sie lässt Tammuz auferstehen und später in die Oberwelt nachkommen, wo sie ihn mit ihrem Lebenswasser abermals zum Leben erweckt. Sie feiert mit ihm erneut Hochzeit als Symbol der Erneuerung und des Lebens. Ishtar verfügt über das Wasser des Lebens, damit sie lebendig in der Oberwelt weiterwirken kann. Tammuz hingegen ist davon abhängig, dass Ishtar ihm das Wasser des Lebens zuteilt.

„Dieser Mythos steht hinter der Beziehungsphantasie der älteren Frau mit dem jungen Mann, einer Beziehungsphantasie, die vor allem Frauen haben. Sie sehen sich dann in der Phantasie als eine der Liebes- und Muttergöttin ähnliche Frau, fühlen sich in ihrem Frausein sehr bestätigt, und sie sehen den jungen Geliebten als einen jungen Gott, der noch einmal den Frühling der Liebe ins Leben hineinbringt, dem auch sie den Frühling der Liebe bringen können. Und wie im Mythos ist das Wissen um die Vergänglichkeit dieser Art von Liebe sehr groß." (Kast, 1984, S. 74)

Zwei Aspekte, deren Konstanz sich an späterer Stelle noch zeigen wird, fallen ins Auge: **die Macht der Frau über materielle Ressourcen und das mit Wehmut begleitete Wissen über die Endlichkeit der Liebe.**

5.1.2 Brantome: „Junge Herren mit galanten Damen" (ab 1568)

Der französische Schriftsteller Pierre de Brantome (1540 – 1614) schrieb ab 1568 an seinem Buch „Das Leben der galanten Damen", einer farbenreichen Darstellung seiner Zeit, über eine ältere Dame und meinte, dass eine schöne Frau von der Taille abwärts niemals altere. Brantome war davon überzeugt, dass es hinreichend junge Männer gibt, die reife Frauen wohl zu schätzen wissen und verglich diese mit Pferden: Ältere wüssten genau, was sie zu tun hätten. (vgl. Belotti)

5.1.3 Colette „Chérie"(1920) und „Chéries Ende"(1926)

Léa, eine Dame der Pariser Gesellschaft, Ende vierzig, ist mit dem neunzehnjährigen Edmée, einem jungen Herrn aus gutem Hause liiert. Sie lieben sich aufrichtig, aber Edmée muss der Konvention seiner Zeit folgen und eine passende junge Frau heiraten.

„Mein Lieber, ich gebe zu, wenn da nicht die Frage des Alters gewesen wäre. Aber da war eben diese Frage des Alters. Eine solche Frau endet nicht in den Armen eines alten Mannes. Eine solche Frau, die das Glück gehabt hat, ihre Hände und ihren Mund niemals an einem verwelkten Geschöpf zu beschmutzen! Ja, da steht er, der „Vampir", der nur frisches Fleisch will... Sie rief sich die flüchtigen Randfiguren und Liebhaber ihrer vor Greisen bewahrten Jugend wieder in Erinnerung und fand sich rein und stolz, seit dreißig Jahren nur strahlenden Jünglingen und zerbrechlichen Halbwüchsigen ergeben. Und dieses frische Fleisch verdankt mir eine ganze Menge. Wie viele verdanken mir ihre Gesundheit, ihre Schönheit, einen heilsamen Kummer oder Eiermilch gegen ihre Erkältungen und die Gewohnheit, ohne Nachlässigkeit und ohne Monotonie zu lieben. Und ich soll mir jetzt, um in meinem Bett nichts zu entbehren, einen alten Herrn beschaffen von... von..." Sie überlegte und entschied mit würdevoller Leichtfertigkeit: „Einen alten Herrn von vierzig Jahren?" (Colette, 1920, S. 95)

Edmées Braut zu ihm: „ Du denkst nur an diese alte Frau! Deine Neigungen sind krank, sind abartig, sind.... Du liebst mich nicht! Warum, frage ich mich, warum hast du mich geheiratet?" (Colette, 1920, S. 85)

„Sie rieb ihre langen, wohlgeformten Hände aneinander und wandte sich angewidert ab: „Pfui Teufel" Da entsage ich lieber allem, das ist anständiger. Ich werde mir Spielkarten kaufen, guten Wein, Bridgemarken, Stricknadeln, all den Trödelkram, den man braucht, um ein großes Loch zu stopfen, alles, was man braucht, um das Ungeheuer zu verbergen – die alte Frau...." (Colette, 1926, S. 120).

Edmée hat die junge „passende" Frau geheiratet, liebt aber immer noch Léa. In Colettes Roman bringt Edmée sich schließlich aus unerfüllter Liebe zu Léa um.

5.1.4 Hugo von Hofmannsthal „Rosenkavalier" (1909 – 1911)

„Leicht will ich's machen dir und mir; leicht muss man sein, mit leichtem Herz und leichten Händen halten und nehmen, halten und lassen." (Die Marschallin im „Rosenkavalier")

Ähnlich wie bei Colette finden wir in Hofmannsthals „Rosenkavalier" das Motiv des „erotischen Identitätsschwindels." Er wird durch die Marschallin Werdenberg und Octavian (junger Herr aus gutem Haus) inszeniert. Die Marschallin liebt Octavian und auch er ist seiner reifen Herzdame zugeneigt. Die reife, erfahrende Frau weiß, dass Octavian nur eine Leihgabe des Lebens an sie ist. Wehmut und Abschied von der Jugend, von der Liebe und ihrem Leben als schöne begehrenswerte Frau begleiten die Beziehung. Als Octavian eine junge „passende" Frau heiratet, markiert der Verzicht auf den jungen Geliebten einen Wendepunkt ihres Lebens hin zum Alter und zur Dunkelheit.

„Der Rosenkavalier" und „Chérie" entstanden in einer Epoche, in der niemand Anstoß daran nahm, wenn junge Herren der guten Gesellschaft und des Adels eine Maitresse hatten. Übersetzt heißt Maitresse „Meisterin", und dieser Stand kam den Damen der Gesellschaft durchaus zu, wenn sie junge Herren aus gutem Haus in die Kunst der Liebe einweihten. Die reife ältere Frau führte als Liebesgöttin Regie im Spiel der Liebe und der Erotik. Diese Liebschaften auf Zeit waren gesellschaftlich erwünscht, denn wo sonst konnten die jungen Herren ihre Erfahrungen für die Ehe sammeln? Ihre zukünftigen Bräute mussten jungfräulich in die Ehe gehen, denn Ehe auf Probe war erst eine Erscheinung späterer Zeit. Hofmannsthal und Colette beschreiben in ihren Werken Figuren, die nicht allein auf ihre Funktion als Lehrmeisterin und Liebeslehrling reduziert werden dürfen. Beide, der junge Mann und die reife Gesellschaftsdame, liebten sich aufrichtig. Die Zeit ihrer Liebe war abgelaufen, wenn der junge Mann seiner vorbestimmten Ehelaufbahn folgen musste. Schweren Herzens trennte er sich von seiner reifen Geliebten, um standes- und altersgemäß zu heiraten. Für die Frauen bedeutete die Heirat des Jüngeren gleichzeitig Abschied von ihrer Jugend und der weiblichen Anziehungskraft. Den Jüngling an eine Frau passenden Alters zu verlieren, ließ die reife Geliebte ihren Eintritt in den Herbst des Lebens deutlich werden. Die galanten Überlegungen des Mannes Brantome kreuzen sich mit dem bitteren Roman „Chérie" von Colette aus dem Frankreich zu Beginn des zwanzigsten Jahrhunderts.

5.1.5 Gernot Gricksch „ Robert Zimmermann wundert sich über die Liebe" (2005)

Der siebenundzwanzigjährige Robert lernt die zweiundvierzigjährige Monika kennen und lieben. Monika äußert ihre massiven Bedenken zu der amour fou, die Robert mit den Worten zu zerstreuen versucht:

Robert (zu sich selbst): „Warum wollte ich diese mir völlig unbekannte Frau partout beeindrucken?" (Gricksch, S. 17)

"Noch nie hat sich jemand so um mich bemüht. Noch nie habe ich mit so... so begehrenswert gefühlt". Sie schluckte. „Aber du und ich – das geht einfach nicht. Das ist doch blanker Wahnsinn, flüsterte Monika noch einmal." (Gricksch, S. 139)

„Ich möchte das nicht", sagte sie. „Ich gehe langsam aus dem Leim". (Gricksch, S. 142)

„Nats Existenz (Monikas Sohn) war natürlich nicht zu leugnen. Und gleichzeitig wurde mir bewusst, dass ich - sofern ich mit Monika zusammenbleiben würde – vermutlich nie ein eigenes Baby im Arm halten würde. Dafür war sie schon zu alt." (Gricksch, S. 159)

„Wir waren ein richtiges Paar geworden. Das Einzige, was wir in stillschweigendem Einvernehmen für eine ganze Weile ausgeklammert hatten, war, einander unseren Freunden vorzustellen. Obwohl keiner von uns es aussprach, hatten wir beide Angst davor, wie die anderen auf unsere Liebe reagieren würden. Wir waren ja nicht blöd. Wir wussten durchaus, dass wir ein ziemlich ungewöhnliches Team bildeten. (Gricksch, S. 98)

„Die Kette habe ich beim legendären Rockpalast-Festival auf der Loreley gekauft." Er musterte mich kurz. „Das war vor deiner Zeit", sagte der dann und kassierte von Inge einen giftigen Blick. Offenbar hatte sie ihrem Mann zuvor einzubläuen versucht, keine Bemerkungen über Monikas und meinen Altersunterschied zu machen." (Gricksch, S. 192)

„Hast du noch nie darüber nachgedacht, was in ein paar Jahren sein wird?". Eberhard hatte sich nun mir zugewandt: „Wenn du vierzig bist – und mit vierzig sind Männer im Allgemeinen am attraktivsten – dann ist deine Monika bereits eine Oma. Da wirst du doch zweifelsohne wildern gehen. „Merkst du nicht, wie mich alle hier anschauen? Die finden mich doch alle peinlich" (Gricksch, S. 200.)

„Was willst du mit so einer alten Frau? Findest du keine in deinem eigenen Alter? Er stupste mich mit dem Zeigefinger. Bist du irgendwie pervers oder so? Oder lässt du dich von ihr aushalten." (Gricksch, S. 346)

Gricksch schildert sehr anschaulich die Stereotype der Bedenken seiner Protagonistin Monika. Er bildet Situationen der Peinlichkeit wegen des Altersunterschiedes und die Frage nach gemeinsamen Kindern ab. Einwände von Freunden pariert der junge Mann durch Beharrlichkeit zur Frau seiner Träume. Nach etlichen Schleudergängen von Gefühlen, von Rückzug und Nähe gibt es ein Happyend. Monika, ihr Sohn Nat und Robert Zimmermann beschließen, eine Familie zu sein.

Können wir etwa ein Jahrhundert nach Hofmannsthal und Colette feststellen, dass ein „ungleiches" Paar im öffentlichen Bewusstsein noch immer eine Mesalliance bildet, die der Rede wert ist? Vermutlich wird sich heute kein junger Mann mehr aus unerfüllbarer Liebe zu seiner reiferen Geliebten umbringen. Er beweist vielmehr seiner Geliebten, dass er sich von langlebigen gesellschaftlichen Konventionen nicht einschüchtern lässt, sondern er bündelt seine Überzeugungskraft, um seine Freundin und sein Umfeld von der Ernsthaftigkeit seiner Gefühle zu überzeugen.

5.1.6   Maren Sell „Der letzte Liebhaber" (1996)

Die Protagonistin im Roman der Französin Maren Sell verliebt sich in einen Freund ihres Sohnes. Der junge Mann geht bei der Familie seines Freundes ein und aus, nimmt dessen Mutter jedoch nicht als attraktive Frau wahr. Sie leidet an unerfüllter Liebe zum jungen Freund ihres Sohnes – und mit ihr auch der Ehemann, dem die Obsession seiner Frau nicht verborgen bleibt. Er behandelt sie wie eine Kranke im Fieberwahn und sieht diesen Zustand als einen vorübergehenden an.

„Maren Sell schreibt die Geschichte einer zärtlichen, aufwühlenden und schamlosen Leidenschaft. Die Geschichte einer verbotenen Liebe, denn was einem Mann „in gewissen Jahren" noch stets verziehen wird, ist für eine Frau unschicklich, geschmacklos und unmöglich." (Klappentext)

Der Klappentext zu Maren Sells Roman „Der letzte Liebhaber" zeigt, dass nicht nur die Wirklichkeit, sondern auch Phantasien und Fiktionen von Autoren und Autorinnen zum Thema als skandalös wahrgenommen werden, und Le Monde des livres kommentiert: „Maren Sells „Der letzte Liebhaber" lässt auch jene im Schock zurück, für die alles erlaubt und alles möglich ist, die sich aber dennoch der Wahrheit nicht mit derselben Schamlosigkeit zu stellen gewagt hätten wie Maren Sell." Der Klappentext reicht über eine inhaltliche Zusammenfassung des Romans hinaus, wenn die Thematisierung der Normverletzung durch die Autorin als mutig gewertet wird. Dahinter kann eine gesellschaftliche Praxis vermutet werden, in der „ungleiche" Paare auch im als amourös liberal geltenden Paris skandalöse Außenseiter sind.

5.1.7 Elia Barceló „Das Rätsel der Masken (2005)

Ein aktuelles belletristisches Werk ist der Roman von Elia Barceló „Das Rätsel der Masken". Hier wurden Überlegungen zu kulturellen Unterschieden zum Thema angeregt, denn die Autorin Elia Barceló ist Spanierin, lebt in Österreich, der Roman spielt in Paris, und die Akteure sind eine Französin und ein Deutscher. Es sei an dieser Stelle die Überlegung erlaubt, Zitate aus dem Roman als Hinweis heranzuziehen, dass „ungleiche" Paare - zumindest in Westeuropa - auf ähnliche Probleme treffen.

Zum Inhalt: Der deutsche Wissenschaftsjournalist Ari reist nach Paris, um Recherchen für seine Biografie über den Schriftsteller Raoul de la Torre anzustellen. Er sucht in Paris Amelia, die Witwe des verstorbenen Schriftstellers, auf. Amelia, die wie Ari aus dem kreativen Milieu stammt und der Pariser Bohème zugeordnet werden kann, ist zwanzig Jahre älter als Ari. Elia Barceló phantasiert:

„Jedes Mal, wenn er sie sah, dachte er, wie schön sie als junge Frau gewesen sein musste, wenn sie mit über sechzig dieses Bauchkribbeln beim ihm auslöste, das er selbst nicht verstand und ihn fürchten ließ, sie könnte ihn ertappen, wie er sie anstarrte, weswegen er seinen Blick immer sofort wieder von ihr abwandte." (Barceló, S. 198)

„Amelia war zwanzig Jahre älter als er, das entsprach fast dem Altersunterschied, der zwischen Raul und Hervé bestanden hatte. Sie war eine alte Frau." (Barceló, S. 261)

„Welche Absicht hatte Amelia mit ihrer berühmten Soirée à la Raul verfolgt? Hatte sie für eine paar Stunden ihre Jugend zurückgewinnen wollen und ihn als Ersatz für ihren Mann benutzt?" (Barceló, S. 285)

„... dass er zwei Tage vergeblich auf einen Anruf Amelias gewartet hatte und irgendwann ohne rechten Plan zu ihrem Haus spaziert war, doch dann hatte er doch nicht den Mut gehabt zu klingeln: wie ein pubertierender Junge". (Barceló, S. 286)

„Er war ein erwachsener Mann. Aber warum war er dann so wütend geworden. Warum wollte er unbedingt verbergen, dass er ein Verhältnis mit einer sehr viel älteren Frau hatte?" (Barceló, S. 293)

„Bestimmt bereute er bereits, was zwischen ihnen geschehen war." (Barceló, S. 295)

„Nadine (eine junge Frau) kam nicht in Frage, weil er außer Sympathie und freundschaftlicher Zuneigung nichts für sie empfand... und Amelia kam erst recht nicht in Frage. Warum eigentlich nicht? Fragte er sich. Wegen ihres Alters? Weil er sich außerstande fühlte, mit einer Frau zusammen zu sein, die seine Mutter sein könnte, wie der Volksmund sagte. Mit Amelia fühlte er sich so jung..." (Barceló, S. 30)

„Sie fand es beschämend, so an einen Mann zu denken, der ihr Sohn sein könnte, so dümmlich und trivial der Vergleich auch war. Sie wollte nicht wie Raul enden und ein Jüngelchen anschmachten, das sein ganzes Leben noch vor sich hatte." (Barceló, S. 354)

"... zu seiner Überraschung – und auch zu seiner Bestürzung – waren seine Gefühle Amelia vorbehalten, die Nadine – mit Ausnahme von deren Jugend – in allem Lichtjahre voraus war." (Barceló, S. 396)

„Warum musste alles so schwierig sein? Warum benahm sie sich mit ihren fast vierundsechzig Jahren wie ein dummes kleines Mädchen, das sich ziert, als erste anzurufen, damit er nur nicht denken würde, sie bräuchte ihn?" (Barceló, S. 443)

Amelia stirbt wenige Monate nach der Begegnung mit Ari an Krebs. Welchen Verlauf hätte die Geschichte nehmen können, wenn die Autorin in eine andere Richtung phantasiert hätte?

5.2 Fiktion oder Wirklichkeit?

Schaut man sich die ausgewählten Zitate an, so sind sie den aus dem Leben gegriffenen Äußerungen des Kapitels 6. „Zitat-Sammlungen" sehr ähnlich und treffen auf die Wirklichkeit. Der Roman von Gernot Gricksch erschien 2005; die Protagonisten sind noch relativ jung, nämlich zweiundvierzig und siebenundzwanzig Jahre alt. In einigen Punkten gibt es Parallelen zum Roman „Rätsel der Masken". Hier fällt auf, dass beide Akteure erhebliche Bedenken haben, sich auf die auf Beziehung einzulassen. Amelia verlässt nach der ersten gemeinsam verbrachten Nacht noch in der Dunkelheit die Wohnung, um dem Jüngeren ihren - ungeschminkten – Anblick zu ersparen und sich somit nicht selbst durch seine - vorweg genommene vermutete - Reaktion zu beschädigen.

Auch Doris Lessing erzählt in ihren Romanen „Der Sommer vor der Dunkelheit" und „Und wieder die Liebe" Geschichten von Frauen, die auf die Erfüllung ihrer Liebe zum jüngeren Männern verzichten. Die Protagonistin in „Sommer vor der Dunkelheit" lebt als Gattin (Frau an seiner Seite) eines bekannten Chirurgen in England. Sie ist das Bild einer idealen Gattin, der perfekten Gastgeberin und Mutter, ausgestattet mit attraktiven Attributen wie schönen Kleidern, einer Villa und gesellschaftlichem Status durch den Mann. Zufällig bekommt sie die Chance, auf einem Kongress in der Türkei zu dolmetschen. Dort lernt sie einen jungen Kollegen kennen und verliebt sich in ihn. Sie brennt mit ihm nach Spanien durch und erkennt, dass diese Liebe auf Dauer nicht lebbar ist. Geläutert kehrt sie nach England zurück, nicht ohne sich vorher in einer Wohngemeinschaft von der Lieblichkeit ihrer Gattinnengestalt gelöst zu haben. Sie lässt ihre grauen Haare zu, verzichtet auf Make-up und schockiert mit dem ungeschminkten Bild ihres Selbst ihre Umgebung. Sie ist bei sich angekommen (Ich kann so sein wie ich bin) und zugleich den anderen fremd geworden. Auch hier wird der Abschied von der Jugend drastisch durch den Verzicht auf den jungen Mann illustriert. Zusammenfassend lassen sich in den Romanen folgende Merkmale feststellen

1.) Erhebliche Bedenken der älteren Frau, sich auf die Beziehung einzulassen.
2.) Das Bemühen des jüngeren Mannes, diese Bedenken zu zerstreuen.
3.) Angst der Frauen vor dem Verfall weiblicher Attraktivität und Schönheit
4.) Furcht des Paares vor der Reaktion von Freunden
5.) Feststellung der Abweichung von der Norm
6.) Erleben von „blöden Bemerkungen."

Zur Untermauerung des Ergebnisses wurden folgende Romane unter dem Aspekt „ungleicher" Paare gelesen. Die hervorgehobenen Titel wurden als Beispiele vorgestellt und Textpassagen aus den mit * versehenen Titel zitiert.

Colette:	„Chérie" und"Chéries Ende" *
Doris Lessing:	„Der Sommer vor der Dunkelheit"
Doris Lessing:	„Und wieder die Liebe"
Maren Sell:	„Der letzte Liebhaber" * (Klappentext)
Thomas Mann:	„Die Betrogene" (Novelle)
Mario Vargas Llosa	„Tante Julia und der Kunstschreiber"
Bernhard Schlink	„Der Vorleser"
Vicki Baum	„Menschen im Hotel
Elia Barcelo	„Das Rätsel der Masken" *
Stephen Vizinskzey	„Wie ich lernte, die Frauen zu lieben"
Gernot Gricksch	„Robert Zimmermann wundert sich über die Liebe" *
William Wharton	„Die letzten Liebenden von Paris"

Im Rahmen der Interpretation fällt auf, dass männliche und weibliche Autoren in ihren Werken inhaltlich unterschiedliche Schwerpunkte setzen. Die Schriftstellerinnen Doris Lessing, Maren Sell, Vicki Baum, Elia Barceló und der homoerotische Thomas Mann beschreiben die Begegnung zwischen einer reifen Frau und einem jüngeren Mann als Streiflicht im Frauenleben. Ich verwende das Wort „Begegnung" anstatt „Beziehung", denn zu einer Beziehung im Sinne längerfristiger Paarbildung kommt es erst gar nicht. Diese Begegnungen sind ein letztes Aufflackern der Hoffnung auf Liebe und Jugend, dem mit dem Verzicht auf den jüngeren Mann ein schmerzvolles Ende folgt. Der Verzicht der Frauen hängt nicht zuletzt damit zusammen, in ihrer Funktion als Lehrmeisterin des jungen Mannes obsolet geworden zu sein. Die Frauen in den Romanen wählen diesen für sie schmerzvollen Verzicht, um sich noch größeres Leid zu ersparen. Sie fürchten, aufgrund ihres Alters ausgemustert zu werden und nehmen quasi einen Vorschuss auf Sorgen, die durch die gelebte Liebe zu einem jüngeren Mann möglicherweise hätten entstehen können.

Die Romane der männlichen Autoren sprechen eine andere Sprache. Sie lassen die Idee des Streiflichts in einer Frauenbiografie unbeachtet und betonen die Prägekraft der Begegnungen mit reiferen Frauen. Ihre Romane sind Würdigungen an die reife Frau, in denen sich die Männer um Überzeugung bemühen und um den Versuch, ihre Liebe gemeinsam mit ihrer reiferen Herzdame alltagstauglich zu gestalten. Das Bild, das männliche und weibliche Autoren in ihren Werken heraufbeschwören, ist nicht deckungsgleich. Demnach besteht Gemeinsamkeit zwischen männlichen und weiblichen Autoren nämlich dann, wenn man Happyend als das glückliche Ende einer Liebesbeziehung definiert. Wir finden in diesen Werken kaum ein Happyend, wenn das Bekenntnis zur Liebe und deren Lebensfähigkeit als Happyend gelten darf. Der autobiografische Gehalt der Werke kann nur vermutet werden. Eindeutig ist er bei dem kolumbianischen Autor Mario Vargas Llosa vorhanden, von dem bekannt ist, dass er mit seiner um sechzehn Jahre älteren Tante verheiratet war.

5.3 „Ungleiche" Paare im Film

Noch spärlicher als in der Belletristik, ist es um die Darstellung „ungleicher" Paare im Film bestellt. Rainer Werner Fassbinder griff mit seinem 1974 entstandenen Streifen „Angst essen Seele auf" die Problematik der ungleichen Partnerschaft auf und kombinierte sie mit der Ausländerfrage. Eine ähnliche Thematik finden wir in „Couchgeflüster". Ein jüdischer Jüngling in New York verliebt sich in eine ca. zehn Jahre ältere Karrierefrau. Meryl Streep in der Rolle der Mutter des jungen Mannes, Psychotherapeutin ausgerechnet der älteren Freundin des Sohnes, hört sich deren Liebesgeschichte an. Auch hier ist unklar, ob die Ursache für die Ablehnung der Freundin der Altersunterschied ist oder aber deren nicht-jüdischen Wurzeln.

Der amerikanische Streifen "Was das Herz begehrt" lässt den Liebling jüngerer Damen (Jack Nicholson) einen Geschmacksschwenk in Richtung Gleichaltrige vollziehen (nach dem ersten Herzinfarkt). Der behandelnde (jüngere) Arzt, dargestellt von Keanu Reeves, verliebt sich unterdessen in eine wesentlich ältere (sehr erfolgreiche) Bühnenautorin, gespielt von Diane Keaton, die ihn aber nach einer kurzen Affäre abblitzen lässt und sich dem geläuterten Jack Nicholson zuwendet.

5.3.1   „Angst essen Seele auf" (Rainer Werner Fassbinder)
Im Film „Angst" essen Seele auf" verliebt sich eine wesentlich ältere Putzfrau in einen jungen marokkanischen Gastarbeiter. Das Paar heiratet gegen der Widerstand der Umgebung. Eine Kostprobe von Dialogen, wie Familie, Freunde und Nachbarinnen die Liebe des Paares kommentieren, zeigt, dass sich in den vergangenen dreißig Jahren die Toleranzgrenze zur Akzeptanz von "Relativen" nicht deutlich verändert hat.

„Die schrecken vor nichts zurück. Keine Ehrfurcht vor dem Alter"
(tuscheln die Nachbarinnen im Hausflur über das ungleiche Paar).

„Bei uns wohnt eine, die ist mindestens fünfzig. Er ist viel jünger. Türke oder so. Mit der spricht keine mehr." (ebenda.)

„Deine Mutter hat nicht alle Tassen im Schrank. Das kann ja gar nicht gut gehen. Das ist unnatürlich." (Schwiegersohn zur Tochter)

Sie betritt die Werkstatt, um ihren Mann zu besuchen: „Ist das deine Großmutter aus Marokko?" (Seine Kollegen lachen)

Das Spießrutenlaufen überfordert beide. Letztlich scheitert die Ehe, wobei nicht klar ist, ob der Altersunterschied oder kulturelle Differenzen den Ausschlag für das Ende geben. Die Erschwernisse für diese Beziehung, nämlich Altersunterschied und Gastarbeiterstatus, erscheinen nahezu ausgewogen. Von Seiten des jüngeren Mannes dürfte jedoch die Peinlichkeit, mit einer älteren Frau verheiratet zu sein, zu überwiegen. Er geniert sich vor seinen Arbeitskollegen für seine Frau, die sich wiederum von seiner unverhohlenen Distanzierung verletzt fühlt. Auch schreckt ihre mütterliche Anhänglichkeit den Mann ab. Die Fürsorge, die er vorher so geschätzt hatte, wird ihm unter der Häme seiner Umgebung immer mehr zur Belastung.

5.3.2   „Probieren Sie's mit einem Jüngeren" (Fernsehfilm)
Aus dem Jahr 2000 stammt der Fernsehfilm „Probieren Sie's mit einem Jüngeren". Senta Berger spielt eine erfolgreiche Schriftstellerin, die für ihre Imagekampagne pro forma einen jüngeren Begleiter engagiert. Sie behandelt ihn wie einen Domestiken und gibt sich unnahbar, spröde und unfreundlich. Er reagiert zunächst mit Zurückhaltung. Im Laufe des Films entwickelt sich trotz lautstarker verbaler Attacken eine subtile Liebesgeschichte zwischen den beiden spröden Charakteren. Der jüngere Mann ergreift auch hier die Initiative, die vom weiblichen Part pariert wird. Signifikante Auszüge aus dem Dialog treffen auch hier auf Vorurteile und Vorbehalte, wie wir sie aus dem Profil der Literaturrecherche kennen:

„Jüngere Liebhaber haben keine Potenzprobleme." (Sie zu ihrer Freundin)
„Ich tröste Frauen, die von ihrer Vaterfigur nicht loskommen."
(Er zu Frau Norden – Senta Berger)

„Ich könnte Deine Mutter sein. Eine reiche Alte und ein Junger, das ist anrüchig. Ein reicher Alter und eine Junge, das ist okay." (Sie zu ihm – Senta Berger)

„Ich habe meine Vorbehalte gegenüber reichen alten Tanten, die sich junges Fleisch kaufen." (Er zu Frau Norden – Senta Berger) „Wie fühlt man sich als lebendiges Spielzeug?" (Ein Freund zu ihm)

„Würden sie Frau Norden lieben, wenn sie arm und unbedeutend wäre?" (PR-Managerin zu ihm)

Es bleibt offen, ob aus Frau Norden (Senta Berger) und ihrem Alibipartner ein Paar geworden wäre. Auch in diesem Film wiederholen sich die Positionen von Mann und Frau, wie sie bereits im Kapitel „Geschichte" und „Romane" geortet wurden, nämlich der höhere sozioökonomische Status der Frau im Vergleich zum Mann.

5.3.3 42plus

Im Kinofilm 42plus wird die Geschichte einer zweiundvierzigjährigen verheirateten Frau erzählt, die Urlaub mit Mann und Kind macht und sich während dessen in einen jungen ungebetenen Gast in ihrem Haus verliebt. Die Geschichte ist einfach erzählt, und auch die Dialoge besitzen nicht die vorurteilsbehaftete Prägnanz, wie wir diese aus „Angst essen Seele auf" und „Versuchen Sie's mit einem Jüngeren" kennen. Interessant ist im Zusammenhang mit dieser Arbeit jedoch das Motiv der Regisseurin Sabine Derflinger, den Stoff der Frau mit jüngerem Mann in Bilder umzusetzen. In einem Interview mit den Salzburger Nachrichten vom 19. März 2007 heißt es:

SN: „Ist dieses Verhältnis einer Frau zu einem jüngeren Mann immer noch ein Tabu?"

Derflinger: „ Es gibt ja viele Frauen, die mit jüngeren Männern eine glückliche Beziehung oder eine Affäre haben. Aber die gleiche Betrachtungsweise wie umgekehrt gibt's noch längst nicht. Warum das so ist? Das hat wahrscheinlich mit dem Frauenbild an sich zu tun. Dass Frauen, die älter werden, schön sind, kommt erst jetzt langsam in der Werbung vor, aber das war ja lang kein Thema. Das hat etwas mit Frauenrechten und mit Wertschätzung zu tun. Wenn ich eine früher als alt abstemple, hat sie weniger Zeit, zu ihrer Hochblüte zu kommen und dann kann sie auch weniger erreichen. Das sind ja ganz klare Mechanismen, die eng damit zusammenhängen."

In der Spanne von mehr als dreißig Jahren zwischen Fassbinders und Derflingers Filmen scheint die Problematisierung „ungleicher" Paare keine nennenswerte Bewegung erfahren haben. Die Handlungen spielen in unterschiedlichen Milieus: Das Milieu der Arbeiter und Gastarbeiter einerseits und auf der anderen Seite das der gut situierten Kreativen im bürgerlichen Umfeld. Dennoch weisen die Dialoge in dieselbe Richtung. Die statushöhere Frau „hält" sich einen Jüngeren. Liebe und Anziehung zwischen der Frau und dem jüngeren Man bleiben vom Umfeld unberücksichtigt. Einzig Geld und Status werden als Motive für die Beziehung angenommen.

5.4 Kommunikation „ungleicher" Paare im Internet

Die Frauenzeitschrift „Brigitte" hat unter Brigitte.de. community 2006 eine Internetplattform zum Thema Frau mit jüngerem Partner eingerichtet. In erster Linie äußern sich Frauen zu ihren Erfahrungen mit aktuellen oder vergangenen Beziehungen zu jüngeren Männern. Die Kommentare sind ernsthaft verfasst. Fast alle Frauen betonen, mit dem jüngeren Partner zum ersten Mal eine Liebe zu erleben, wie sie sie immer gewünscht, aber nicht für möglich gehalten hätten. Mit der Internetplattform können Interessierte ein Medium nutzen, in dem sie sich anonym über ihre Gefühle und ihre Alltagserfahrungen austauschen. Die gesellschaftliche Relevanz der Beziehungen von Frauen mit jüngeren Männern wird hier nicht erörtert.

Von gleichen Interessen, Harmonie und echtem Miteinander ist die Rede. Aber auch von dem beglückenden Gefühl, von einem jüngeren Mann „bemuttert" zu werden. Er achtet auf ihre Bedürfnisse. Die Frauen machen sich wenig Gedanken darüber, ob sie mit dem jüngeren Mann alt werden, sondern sie genießen ihre Partnerschaft solange es geht. Sie sind der Meinung, dass ein Mann mit traditionellem Hintergrund auch keine Garantie für eine dauernde Beziehung bietet. Die Frauen ermuntern die Leserschaft, es ihnen gleich zu tun und die Scheu vor einem jüngeren Partner abzulegen. Von Ablehnung oder Widerstand durch die Freunde oder die Familie ist nur in einem Beitrag die Rede. In den Kommentaren der jüngeren Männer kommen ausnahmslos positive Erfahrungen mit reifen Frauen zum Ausdruck. Sie nehmen den älteren Frauen die Scheu, ihren Körper mit den Spuren des Alters oder von Schwangerschaften zu zeigen und meinen, wenn ein Mann verliebt ist, spielten diese „Problemzonen" keine Rolle. Es fällt auch auf, dass der berufliche Status der Frauen in die Debatte um die Altersdifferenz einfloss. Wenn Frauen auf der Internetplattform ihre Situation schilderten und ihre Meinungen zur ungleichen Partnerschaft äußerten, gaben sie explizit ihre gesellschaftliche und berufliche Position und die des jüngeren Mannes an. Der sozioökonomische Status der Frauen war jeweils höher, als derjenige der jüngeren Partner.

5.5 Darstellung „ungleicher" Paare in Zeitschriften

5.5.1 Auswahl der Zeitschriften

Gezielt wurde in den Jahren 2006, 2007, bis Mitte 2008 die Wochenzeitschrift „Bunte" im Hinblick auf eine Berichterstattung über „ungleiche" Paare gelesen und alle erschienen Beiträge, die das Thema berühren, ausgewertet. „Bunte" gehört zum Genre der Gesellschaftsmagazine, die unterhaltend über Prominente und deren Leben informieren. Die Zeitschrift bildet berühmte und bekannte Leute ab und beschreibt gerne Skandale, Pannen aber auch besondere Glücksmomente ihrer Geschichtenlieferanten.

„Brigitte – Woman" erschien bis 2007 vierteljährlich und seit dem 1.1.2008 monatlich. Frauen über vierzig finden in dieser Zeitschrift Themen über den Lebensstil reiferer Frauen, Mode- und Reisetipps. Als Österreichs großes wöchentliches Frauen-Magazin ist „Madonna" auf dem Markt. „Bunte" und „Brigitte Woman" wurden gezielt im Hinblick auf Hinweise zur medialen Aufbereitung von „Frau mit jüngerem Mann" gelesen. Die Schlagzeile auf der Titelseite in „Madonna" entdeckte ich am Kiosk. Auf einen relevanten Artikel in „Spiegel spezial" machte mich meine Tochter aufmerksam. „Verliebt in einen jüngeren Mann. Vergnügen oder Dauerstress" lautet der Aufmacher in der Frauenzeitschrift „Brigitte – woman. Das Magazin für Frauen über 40."

Auf der Titelseite der „Bunte" vom 23. August 2007: „Katharina Schubert, 43. Ihr Bräutigam ist elf Jahre jünger." Am 11. November 2007 steht das Thema" Mein Mann ist 20 Jahre jünger" auf der Titelseite der österreichischen Zeitschrift „Madonna". Es folgt – ebenfalls in Bunte" am 15. November 2007: Caroline Beil, 41 und Pete Dwojak, 25. Verliebt! Er ist 16 Jahre jünger…!

Der Liebesgeschichte von Caroline Beil und Pete Dwojak ist das Editorial der Chefredakteurin Patricia Riekel gewidmet. Sie schreibt: „Caroline Beil und ihr neuer Freund sind das Paradebeispiel für einen neuen Trend: Immer mehr prominente Frauen teilen Leben und Bett mit einem deutlich jüngeren Partner. Die Gesellschaft bemüht sich das selbstverständlich zu finden, aber solche Beziehungen werden immer noch mit Skepsis betrachtet. In der Ausgabe vom 27.12.2007 werden redaktioneller Beitrag und Editorial in einem Leserbrief beantwortet. Der Verfasser des Leserbriefes bestätigt, dass das Editorial 1:1 auf seine Erfahrungen zutrifft. Er schreibt sinngemäß, dass Dauerhaftigkeit und Qualität der Beziehung „Frau mit jüngerem Mann" durch Skepsis des Umfeldes infrage gestellt würden.

5.5.2 Strukturen der Berichterstattung
Trotz ähnlicher Schlagzeilen scheiden sich die Geister bei der journalistischen Aufbereitung des Themas, denn je nach Genre des Magazins fallen hier zwei unterschiedliche Strukturen der Berichterstattung auf. Die Thematisierung des „ungleichen" Altersunterschiedes muss daher in zwei Kategorien gefasst und verglichen werden. Erstens wird der Altersunterschied in die Liebesgeschichte einer Prominenten verpackt. Der Fokus der Berichterstattung richtet sich ausnahmslos auf die ältere Frau, der jüngere Mann nimmt eine Statistenrolle ein. Der Neuigkeitswert liegt sowohl auf der Liebesgeschichte an sich, als auch auf dem Altersunterschied des Paares. Zweitens wird das Thema „Altersdifferenz" in den Vordergrund gestellt. Liebesgeschichten unbekannter Menschen werden ohne Ausnahme positiv dargestellt und durch Expertenmeinungen stabilisiert.

5.5.2.1 Integration von Liebesgeschichten
„Bunte" als Gesellschaftsmagazin berichtet vom Leben prominenter Menschen. Hier wird die Tatsache des „ungleichen" Paares, das eine Schlagzeile auf der Titelseite wert ist, in die Liebesgeschichte des neuen Paares integriert. Eine berühmte oder bekannte weibliche Person verliebt sich neu, und zwar in einen Jüngeren. Die neue Liebe sowie die Erwähnung des Altersunterschiedes werden zunächst auf der Titelseite dargestellt: „Caroline Beil. Verliebt! Er ist sechzehn Jahre jünger..." oder „TV-Star Katharina Schubert, 43, Ihr Bräutigam ist elf Jahre jünger." Im Blattinneren werden die Schlüsselbegriffe „Verliebt." „Bräutigam" mit dem Schlüsselbegriff „Altersunterschied" im Text verwoben. Fragen der Journalistinnen und Antworten des Paares beziehen sich auf ein mögliches Konfliktpotential, das der Altersunterschied heraufbeschwören könnte. Es wird über die Vorteile eines jüngeren Mannes im Vergleich zu einem älteren Mann resümiert. Hier findet eine Verschiebung des Themenschwerpunktes „Neue Liebe" in Richtung „Altersunterschied und seine Auswirkung" statt und gibt damit dem Bericht einen zusätzlichen Sensationsaspekt.

„Wie haben Ihre Freunde und Ihre Familie reagiert?" „ Sie fanden etwas jünger zunächst cool." Als Frau Beil den wahren Altersunterschied nannte, war die Reaktion: „...und das geht?" „Hatten Sie Bedenken wegen des Altersunterschieds" wurde in „Bunte" vom 15.11.2007 das Schauspielerpaar Caroline Beil und Pete Dwojak gefragt. Auch sie verneinen. Caroline Beil antwortete: „Ein jüngerer Mann hat definitiv mehr Energie und eine vorurteilsfreiere Sicht auf die Dinge! Ich bin eine Powerfrau und brauche jemanden, der energetisch mithalten kann."

Die Schauspielerin Katharine Schubert, auf ihre Heirat mit einem Jüngeren angesprochen und ob der Altersunterschied (11 Jahre) eine Rolle in ihrer Liebe spielen würde, meinte, es gäbe für keine Partnerschaft eine Garantie. Ihr Mann,

Lars Gärtner, antwortete auf eine ähnliche Frage, dass Vertrauen und gemeinsame Erlebnisse eine Frau für ihn - unabhängig vom Alter - attraktiv mache. Er schätzt an seiner Frau Frische und Tatendrang. (Bunte vom 23.08.2007, S. 26)

In einem Interview mit der Schauspielerin Susanne von Borsody kommt ebenfalls der Altersunterschied von elf Jahren zur Sprache. Bunte: „Frau von Borsody, ihr Freund Schniedenhahn ist elf Jahre jünger." Von Borsody: „Ja, warum? Alter hat doch nichts mit der Anzahl an Jahren zu tun, sondern mit der Einstellung zum Leben."

Durch die Nennung des Besonderen auf der Titelseite, nämlich prominente Frau mit (wesentlich) jüngerem Partner, wird die Neugierde der Leserschaft geweckt. Die Aufmachung der Schlagzeile bedeutet, dass die Geschichte dahinter nicht der Norm entspricht und wir als Leser etwas Neues erfahren werden. Die Geschichte mit dem Neuigkeitswert bewegt sich in jedem Fall über das Übliche hinaus. Die Erwähnung des Besonderen in der ohnehin neuen Liebesgeschichte birgt den Keim eines Skandals oder aber bereits die Möglichkeit des Scheiterns der Beziehung in sich.

Der Jahrgang 2007 von „Bunte" wies keine Berichte oder Kommentare zum umgekehrten Fall, nämlich „Mann (wesentlich) älter als Frau" auf. Einzig in „Bunte" Nr. 10 vom 28.2.2008 wird von einer neuen Liebe des 68-jährigen Schauspielers George Hamilton zu einer 35-jährigen deutschen Ärztin berichtet. Trotz des Altersunterschiedes von dreiunddreißig Jahren verzichtete „Bunte" auf eine Schlagzeile auf der Titelseite. Die Frage der Zeitschrift an George Hamilton, wie er mit dem Altersunterschied umgehe, antwortete er, die Altersfrage sei kein Thema - und weiter: „Ich kann mich gar nicht an mein Alter erinnern. Vielleicht 45? Womöglich ist Barbara zu alt für mich." Der umgekehrte Fall wurde kurz gestreift und im Vergleich zu den „ungleichen" Paaren von den Journalistinnen nicht näher hinterfragt.

Im Kontrast zu den oben skizzierten Fällen wird hier der „Klassiker" von George Hamilton gestreift, während sich im umgekehrten Fall die Fragen der Journalisten erstens zur neuen Liebe und zweitens zum Altersunterschied die Waage halten. Ob Caroline Beil und Katharina Schubert prominenter sind, als George Hamilton möchte ich aus subjektiver Sicht bezweifeln. Daher stellt sich im Vergleich die Frage: Was ist eine Schlagzeile auf der Titelseite wert: Die neue Liebe oder der Altersunterschied?

5.5.2.2 Altersunterschied als eigenständiges Thema
In der zweiten Kategorie fällt die Aufbereitung des Altersunterschiedes als eigenständiges Thema auf. In der journalistischen Kategorie des Reports sind Fragen und Antworten bezüglich des Altersunterschiedes nicht mehr in Liebesgeschichten verpackt, sondern es wird ihnen durch die kompakte Darstellung ein

eigenes Gewicht verliehen. Auch hier wird das Thema als zentrale Schlagzeile in Szene und auf die Titelseite gesetzt. Der Aufbau folgt dem Schema:

a) Schlagzeile auf der Titelseite
Bedenken zur „ungleichen" Partnerschaft sind bereits vorweggenommen, wenn man sich die Überschrift in der deutschen Zeitschrift „Brigitte woman" anschaut: Darf's ein bisschen jünger sein? Vergnügen oder Dauerstress? Das österreichische Frauenmagazin „Madonna" folgt mit der Schlagzeile „Mein Mann ist 20 Jahre jünger. Liebe, Lust und Leidenschaft: Warum immer mehr Frauen jüngere Männer lieben."

b) Einleitung und Schluss durch die Journalistin
Die Autorin entwirft in ihrer Einleitung das Bild der finanziell unabhängigen, attraktiven Frau, die selbstbewusst ihre eigenen Lebensweichen abseits konventioneller Vorgaben stellt. Als Kontrast wird der Klassiker „Mann mit (wesentlich) jüngerer Frau" zitiert, der der Tatkraft und Energie einer älteren Frau nicht mehr gewachsen ist und sich im Gegenteil davon auch bedroht fühlen kann.

c) Paare kommen zu Wort
Auswählte Paare erzählen ihre Liebesgeschichte und berichten über ihre Erfahrungen mit dem „ungleichen" Partner. Der Tenor ist ausnahmslos positiv und vermittelt den Eindruck, als habe das Paar keine Probleme miteinander, die nicht auch andere Paare teilen würden. „Glücklich mit einem Jüngeren. Die Lust der Frauen am Altersunterschied" (Madonna)

d) Expertenmeinung
Psychologinnen beschreiben das Modell „ungleicher" Paare aus psychologischer Sicht. Als Erklärung für die zunehmende Attraktivität „ungleicher" Partnerschaften werden die Schlagworte der wirtschaftlichen Unabhängigkeit, Lösung von männlicher Autorität und zunehmende Attraktivität reiferer Frauen herangezogen. Die Klammer zwischen dem Text aus der Feder der Journalistin und den Interviews mit Paaren bildet die Erklärung einer Psychologin. Hier wird die journalistische Arbeit mit fachlicher Kompetenz durch externe Berater unterfüttert und erhält dadurch einen quasi- wissenschaftlichen Anstrich. Es fällt auf, dass sich die Journalisten zur Unterstützung ihrer Arbeiten jeweils von Psychologinnen beraten ließen. Gesellschaftliche Einflussgrößen hingegen wurden nicht näher ausgeführt, obwohl Formulierungen, wie „finanziell unabhängig", in den Text einflossen. Laientheorien (personal constructs) dominieren dieses Thema. Sie beruhen auf vordergründig wahrgenommen Aspekten, die leserfreundlich verallgemeinert werden.

Ich habe mehrfach versucht, die Autorin des Reports in „Madonna" zu erreichen, um nach ihrem Motiv zur Themenwahl zu fragen. Gerade eine Antwort darauf wäre ein brauchbarer Hinweis zur gesellschaftlichen Relevanz meiner Forschungsfragen gewesen. Telefonate und ein e-Mail mit der Bitte um einen kurzen Kommentar wurde nicht beantwortet.

In den Reportagen der Zeitschriften, egal welcher Gattung sie angehören, lassen sich eindeutig eine Fortsetzung der bisher festgestellten augenfälligen Merkmale feststellen. Die an Jahren älteren Frauen sind auch hier den Männern statusmäßig überlegen. Neu ist hingegeben das Selbstbewusstsein der Frauen. Fragen der Autorinnen beinhalten zwar Aspekte des Zweifels und der Bedenken in Bezug auf die Dauerhaftigkeit der Liebe. Diese werden – anders als in den Romanen – von den Frauen und Männern selbst zerstreut.

Schaut man sich die mediale Aufbereitung „ungleicher" Paare aus der Meta-Ebene an, fällt auf, dass von der Männerseite offenbar keine Neugierde vorhanden ist. Es dürfte auch kein so genanntes Problembewusstsein auf der Männerseite vorliegen. „Frau mit jüngerem Partner" ist für sein kein nennenswerte Thema. Dreht man die Substantive um, ist eine gewisse Sperrigkeit im Ausdruck festzustellen. „Jüngerer Mann mit älterer Frau" scheint eine gewöhnungsbedürftige Formel zu sein. Fazit ist: Männern kümmern sich kaum um unser Thema. Wir stoßen weder auf Journalisten noch auf männliche Autoren entsprechender Ratgeberliteratur. Es gibt sie nicht.

5.5.3 Die soziale Rolle der Medien

„Indem die Medien aus der Vielzahl der Missstände einige aufgreifen, konstituieren sie unsere Vorstellungen von den Missständen". (Kepplinger et. al., S. 14)

Von Missständen in Bezug auf „Frau mit jüngerem Mann" zu sprechen, scheint überzogen zu sein. Dennoch fällt auf, dass Medien den Altersunterschied in einer Weise zur Sprache bringen, der Abweichung von der Norm und daraus folgende Werturteile zu Grunde liegen. Es hat sich in den Zeitschriften und Magazinen eine neue Gattung der soziologisierenden und psychologisierenden Reportage entwickelt. Neue gesellschaftliche Phänomene werden der Leserschaft durch öffentliche Darstellung näher gebracht. Führen wir uns die Funktion von Medien, in diesem Fall, von Gesellschafts- und Frauenmagazinen, vor Augen:

1. Herstellung und Bereitstellung von Themen
2. Meinungsmarkt bedienen
3. Neuigkeitsgehalt vermitteln

Die Positionierung des Themas auf den Titelseiten lässt vermuten, dass hier der Schein von Aktualität gegeben werden soll. Die Titel lesen sich spektakulär, so dass es der Leserschaft nicht auffällt, wenn der Neuigkeitsgehalt fragwürdig ist. Dass in unseren Beispielen nur glückliche Paare Rede und Antwort stehen, die einen ähnlichen Erfahrungsschatz haben, lässt vermuten, dass die Journalistinnen bei der Recherche bereits wissen, was am Ende herauskommen soll. Sie gehen von einer mehr oder minder unbewussten Vorliebe der Leserschaft für das Ergebnis aus und formulieren es im Verwertungszusammenhang mit der Auflage. Dennoch spielen auch bei einseitiger Bearbeitung des Themas die Journalistinnen eine wichtige Rolle zur Konstruktion und Veränderung gesellschaftlicher Tatbestände. Als Beobachterin nimmt die Journalistin eine spezielle Perspektive von Ereignissen ein, die sich von derjenigen der Betroffenen unterscheidet. Angeprangert werden von Journalistinnen negative Werturteile über „ungleiche" Paare. Indem man sie – die Paare – zu Wort kommen lässt, setzt die Journalistin den Werturteilen der Gesellschaft positive Erfahrungen entgegen. Durch die Öffentlichkeit wird zunächst vermutetes Interesse bedient und verfeinert und somit die Sensibilisierung der Leserschaft in Gang gesetzt. Was gestern noch ein Skandal war, ist heute vielleicht nicht mehr der Rede wert. Als Edith Piaf ihren um zwanzig Jahre jüngeren Mann Theo heiratete, war es ein Skandal. Heute wäre diese Heirat zwar kein Skandal mehr, aber von einer selbstverständlichen Akzeptanz scheinen wir noch deutlich entfernt zu sein.

Auch wenn die Beziehung „Frau mit jüngerem Mann" nicht mehr anrüchig ist, so scheint die Thematisierung in den Medien noch den Rest eines Skandals in sich zu bergen. Das Wesen des Skandals ist die Empörung über eine Normverletzung. Unangemessenheit macht betroffen. In diesem Sinne wird die Häufung der Berichte über „ungleiche" Paare durch die Publizierung glücklicher Beziehungen einer Verhaltensänderung Vorschub leisten können. Vorurteile werden entschärft und entkräftet, indem die gesammelten Aussagen und Expertenmeinungen Rechtfertigungen für die Stoßrichtung Normalität liefern. Medien wirken hier allein durch die Nennung „ungleicher" Paare als Verstärker des Problems. Sie problematisieren und bieten sich zugleich als Retter an. Die Medien wirken durch die kumulierte Bearbeitung des Themas erzieherisch den Abwertungen „ungleicher Paare" entgegen. Es sind hier die weiblichen Journalisten, welche die Beziehungsformen „Frau mit jüngerem Mann" auf die Titelseiten setzen. Frauen setzen das Thema in Szene und damit in Bewegung. Die neue Einflussnahme der Medien generiert neue Denkmuster. Die Medien zeigen vordergründig ein Doppelgesicht. Auf der einen Seite wird allein durch die Themenwahl der soziale Tatbestand „ungleicher" Paare problematisiert, auf der anderen Seite dann durch die Auswahl der Interviews und die positive Darstellung „ungleicher" Paare das Problem entschärft. Eben die Medien, die die

69

Individualisierung bewirken, bewirken auch die Standardisierung." (Beck, H., S. 59).

„2008 erschien in Spiegel Special „Das starke Geschlecht. Was Frauen erfolgreich macht". Die Ausgabe enthielt eine Reportage dem Titel „Er hält sie jung." Mich interessierten die Beweggründe der Journalistin, warum sie über „ungleiche" Paare schrieb. Die Autorin, Christina-Maria Berr, Redakteurin der „Süddeutschen Zeitung", erzählte mir, dass sie von den Herausgeberinnen des „Spiegel Special" um einen Beitrag gebeten worden sei und dieses gewählt habe. Sie ist der Meinung, dass das Klischee „ungleicher" Paare nicht der Wirklichkeit entspricht. Mit ihrem Beitrag wollte sie ein Abbild der Realität geben und somit ein Umdenken in Gang setzen.

5.5.4   Die bewegende Frau

Nachdem das Medienmaterial gesichtet, zusammengefasst und mehrfach überarbeitet worden war, nahm ich eine denk-würdige Bewegung wahr. Ich untersuchte eine Zweierbeziehung, die an die bestehenden Normen des „Klassikers" aneckt. Verbale Einschüchterungsversuche durch das Umfeld, Betonung der Andersartigkeit erleben Männer und Frauen in ihrer Paarbeziehung gleichermaßen. Kurzum, die Problematisierung der Beziehung geht beide Partner etwas an. Es war festzustellen, dass der jüngere Mann in der Binnenstruktur des Paares der Frau tapferen Beistand leistet, wann immer sie verunsichert ist. Geht es hingegen um tätiges Einwirken auf das Bild des Paares in der Gesellschaft, hält er sich bedeckt. Der Mann setzt zwar hinter dem Schleier autobiografischer Elemente in Romanen den Frauen ein Denkmal. Wenn es um direkte Aufklärungsarbeit zu einem neuen Rollenverständnis geht, tauchen keine Männernamen auf. Es sind die Frauen, deren emanzipatorische Anstrengungen um Gleichstellung mit Männern auch den Bereich der individuellen Partnerwahl erschließen. Weibliche Autoren und weibliche Journalisten leisten Aufklärungsarbeit. Sie sind es, die sich um die Abbildung der sozialen Wirklichkeit „ungleicher" Paare bemühen und deren Etablierung als Selbstverständlichkeit in unserer Gesellschaft vorantreiben.

Frauen werden tätig, wenn es darum geht, Tatsachen zu schaffen. Dass die Frage der Altersdifferenz aber nicht nur im deutschsprachigen Raum virulent ist, zeigt ein Blick über den Ärmelkanal. Unter dem Titel „Und ewig lockt das Milchgesicht" findet man im Magazin „Der Spiegel" eine kurze Notiz über eine neue Partnerbörse. Pionierarbeit leistet hier die fünfundvierzigjährige Britin Julia Macmillan. Im Februar 2007 schloss sie mit einer Partnerbörse für „ungleiche" Paare eine Marktlücke. Auf der Homepage von Julia Macmillan kann man erfahren, dass sich in den letzten fünfzig Jahren in Großbritannien die Zahl „ungleicher" Paare verdoppelt hat. 2004 bereits zu mehr als einem Viertel aller

Ehepaare die Männer jünger als ihre Frauen. Unter www.toyboywarehouse.com werden Kontakte zu Männern hergestellt, die mindestens ein Jahr jünger als die gewünschte Partnerin sind. Die gelisteten Männer vertreten die Ansicht, dass Frauen für sie nicht unbedingt frisch und jugendlich sein müssen. Sie wollen intelligente, unabhängige und selbstbewusste Frauen. „Never mind the gap", lautet daher die Aufforderung Macmillans, gesellschaftliche Akzeptanz „ungleicher" Paare durch konkretes Handels zu erreichen. Die Dating-Seite Macmillans ist seriös aufbereitet. Seit Februar 2007 haben sich mehr als 6000 Mitglieder registrieren lassen, und mehrere Zehntausend Klicks pro Woche belegen den Bedarf der Plattform.

„There are many rules to do with age in our society. We are told that we must look especially, are made to dread the milestone birthdays ending in a nought. We are young as we feel and encouraged to think young." (Homepage Macmillan)

Die Medien versuchen, die Lücke zwischen der sozialen Wirklichkeit „ungleicher" Paare und den Vorurteilen über sie zu schließen.

6 Das Gedächtnis der Gesellschaft – Zitate aus dem Alltagsleben

Sollten die in dieser Arbeit geführten und ausgewerteten Interviews der Akteure in und aus „ungleichen" Partnerschaften ein Bild aus der Binnensicht erhellen und ihre eigenen Erfahrungen im Lebensalltag wiedergeben, so dient die Zitatsammlung dazu, eine Sicht von Außen einzunehmen. Die Zitats-Lieferanten stammen aus unterschiedlichen Milieus, sie sind unterschiedlich alt, männlich und weiblich. In den Zitaten manifestiert sich meiner Meinung nach das „Gedächtnis" unserer Gesellschaft zur speziellen Problematik „ungleicher" Paare. Gerade die gedanken-lose Spontaneität der Äußerungen machen sie zu einem aussagekräftigen Indiz für gesellschaftliche Befindlichkeit. Wie bereits im Vorwort erwähnt, habe ich zum Teil durch die Nennung des Arbeitstitels bei Freunden, Bekannten und auch weniger Bekannten eine Reaktion zum Thema provoziert.

Die Wortmeldungen wurden spontan - quasi ohne Überlegensfrist - geäußert. Mit den reflexartigen Äußerungen kann ausgeschlossen werden, dass Formulierungen, die der Vermeidung des Verdachts von Vorurteilen dienen, die tatsächliche Meinung verwässern. Sie sind weitgehend frei von der Absicht sozialer Erwünschtheit und gelten damit als echt. Zitiert werden auch Passagen aus Büchern, die mir unabhängig von diesem Projekt in die Hände fielen. Der Zeitraum der Zitatsammlung ist - bis auf eine Ausnahme - die Erhebungsphase für diese Arbeit, nämlich die Jahre 2006 bis 2008. Dort wo es möglich ist, werden sie im Kontext formuliert. Alle Zitate wurden im Forschungstagebuch festgehalten. Ihre kommentarlose Aneinanderreihung ermöglicht eine aktuelle und kompakte Betrachtung „ungleicher" Paare aus der Alltagssicht unserer Gesellschaft.

„Warum Frauen sich jüngere Partner suchen? Weil sie jeden Blödsinn der Männer nachmachen wollen." (Dr. Sp., 66 Jahre, 2006) Herr Dr. Sp. bekleidet ein hohes politisches Amt mit den entsprechenden Insignien wie Dienstauto mit Chauffeur, akademischem Titel und dem Habitus eines einflussreichen Mannes. Seine Freundin dürfte ca. fünfzehn Jahre jünger sein als er.

„Männer zwischen 50 und 60 verlangen von uns Frauen, wir sollten alles tun, um jung, schlank, fit, schön zu bleiben. Sie selbst lassen sich gehen und schieben ihren Fettwanst vor sich her. Da spielen wir nicht mit und suchen uns lieber einen Jüngeren, der noch auf sich schaut." Trude S., 59 Jahre, 2006). Obwohl der Ehemann von Trude die eheliche Treue nicht erfunden hat, sichert er sich durch Abwertungen ihrer Weiblichkeit den Verbleib in der Ehe. Er manipuliert ihr Selbstwertgefühl, so dass es nicht ausreichend, um nach einem (anderen) Mann Ausschau zu halten, der sie und ihren Wert anerkennen könnte.
Die Psychologin Julia Onken bestätigt:

„Was dem Mann, gleich welchen Alters, selbstverständlich offen steht, wird für die Frau zur neuen Falle. Ein fünfzigjähriger Mann wird seinen Bauch mit größter Selbstverständlichkeit vor sich her tragen und sich bei dreißig Grad im Schatten in kurzen Hosen in der Öffentlichkeit präsentieren, ohne dabei Aufsehen zu erregen. Niemand kümmert sich um die nicht mehr makellose Jünglingsgestalt." Und weiter: „ Der reife Mann ist mit wichtigeren Unternehmungen als der Liebe beschäftigt. Seine Liebesglut ist weniger lebhaft als in seiner Jugend. Und da von ihm keine passiven Eigenschaften eines Objektes verlangen werden, tut die Veränderung seiner Züge und seines Körpers seinen Anziehungsmöglichkeiten keinen Abbruch…" (Onken, S. 32 f.)

Britta Zangen, Sachbuchautorin, hat ähnliche Beobachtungen gemacht:

„Attraktivität ist sexuelle Anziehungskraft und wird als vorwiegend weiblich definiert. Mit dem Verschwinden der Attraktivität ist das gleich bedeutend mit dem Verlust weiblicher Identität (als Frau). Dass ich ein beträchtliches Problem mit der äußeren Anziehungskraft von gleichaltrigen oder gar älteren Männern habe, liegt sicherlich (auch) daran, dass sich die wenigsten heterosexuellen Männer um die Fünfzig bemühen, attraktiv zu bleiben. Das wiederum liegt sicherlich zum Teil daran, dass sie es im Gegensatz zu uns (den Frauen) nicht müssen. So unattraktiv kann der unattraktive Mann gar nicht sein, dass er nicht eine Frau findet, die ihn haben will. Das hängt natürlich damit zusammen, dass uns anerzogen worden ist, jeder Mann sei besser als keiner (Zangen, S. 191)

„Äußeres und gefühltes Alter müssen zusammen kommen. Der Alterungsprozess sollte regelkonform verlaufen und nicht künstlich sein. Männer stagnieren, Frauen entwickeln sich weiter, bleiben dynamischer." (Willi B., 50, 2006) Willi führt eine glückliche Ehe mit einer sieben Jahre älteren Frau. Als Journalist kommt er viel herum und reflektiert die Veränderungen im Beziehungsgefüge.

„Der 30-jährige Professor, der eine 22-jährige angehende Volksschullehrerin heiratet, hat damit in den Augen der meisten eine ideale Ehe geschlossen. Die 30-jährige Professorin, die einen 22-jährigen angehenden Volksschullehrer heiratet, macht sich heute noch lächerlich." (Benard/Schlaffer, S. 136).

„Es ist einfach lächerlich, wenn ein alter Trottel eine Junge hat. Bitte, und jetzt wollen die Frauen das auch so machen. Ich sehe nicht, dass das weniger lächerlich sein soll". (Dr. Helmut Zilk in Benard/Schlaffer, 1999, S. 237). Dr. Helmut Zilk ist mit Dagmar Koller verheiratet. Sie trennt oder vereint ein Altersunterschied von zwölf Jahren.

„Junge, hast du denn gar keine sexuellen Ansprüche?" (Dr. Heinz K., 63, 2006, zu seinem Sohn, als der ihm mitteilte, eine neun Jahre ältere Frau heiraten zu wollen. (Die zukünftige Ehefrau bzw. Schwiegertochter war zu dem Zeitpunkt einundvierzig Jahre alt. Heinz K. hatte sich zuvor von seiner ersten jüngeren Frau scheiden lassen. Die Ehe ging trotz des „passenden" Altersunterschieds in die Brüche. Nach der Scheidung verliebte sich Heinz K. in seine neun Jahre ältere Frau, mit der er jetzt ein Kind hat).

„Ihr ahnt nicht, mit wem der W. jetzt ein Verhältnis hat. ...Die Witwe von X. Sie ist schon über siebzig, und 15 Jahre älter als W. Abartig". (Männlicher Bekannter, 2007, über eine gemeinsame Bekannte). Als ich nachfragte und der Bekannte merkte, dass ich dem Altersunterschied kein skandalöses Verhalten abgewinnen konnte, schwenkte er auf die „unmöglichen" Charaktereigenschaft der älteren Frau um und zog sich somit aus der Affäre.

„Ein alter Freund brachte seine neue Frau mit. Er war 32, sie 41. Wir haben ihn aufgezogen und gefragt, wo hast du da eigentlich hingeschaut? Jetzt ist das bei uns kein Thema mehr. Die beiden sind ein besonders harmonisches Paar." (Eva W. 61, 2007). Eva W. wohnt in den USA, wo, wie ich bereits mehrfach gehört habe, mehr Toleranz gegenüber „ungleichen" Paaren besteht. In den USA gilt es als unhöflich, Menschen mit Altersdifferenzen abzuwerten.

„Ich steh auf jüngere Männer. Allerdings, wenn er fünf Jahre jünger ist, schauen die Leute komisch. Ist er 15 Jahre jünger, sagen sie, die haben ja nicht alle Tassen im Schrank." (Die deutsche Kabarettistin Desirée Nick, 44 J, auf N-TV am 1. November 2007).

„Sie war ja wesentlich älter als er, 7 Jahre glaube ich, ..." Die TV-Moderatorin Klarissa Stadler in der Kultursendung „Lebens-Art "am 28. Januar 2008 zum Neffen von Oskar Kokoschka.[11]

Auf den Bestsellerlisten Deutschlands und Österreichs stand im Winter 2007/Frühjahr 2008 der Roman des Schweizer Autors Martin Suter „Der letzte Weynfeldt". Die Titelfigur, Dr. Weynfeldt, ist Kunstexperte, wohlhabend und pflegt den Lebensstil des behäbigen Schweizer Großbürgertums. Zu seinen wöchentlichen Ritualen zählt ein Diner mit der betagten vornehmen Freundin seiner Mutter, Mereth Widler. Suter schreibt:

„Sie (Frau Widler), die ihr Lebtag vergeblich versucht hatte, ihre Kreise zu schockieren, hatte es keine zwei Monate nach dem Tode ihres Mannes endlich dadurch geschafft, dass ein fünfzehn Jahre Jüngerer bei ihr einzog, mit dem sie, wie sie freimütig bekannte, seit über zehn Jahren eine Liaison pflegte." (Suter, 2008, S. 312)

Wir kennen die Hintergründe dieser Kommentare nicht. Wir wissen nicht, ob Sozialisation durch die Familie, die Medien oder aber andere Einflüsse, die wir(noch)nicht kennen, zu den spontanen Äußerungen der Zitatlieferanten geführt haben. Die unterschiedlichen Qualitäten der Aussagen, ebenso wie deren Entstehungszusammenhang, lassen keinen Zweifel daran, dass die Partnerschaft zwischen einer Frau und einem jüngeren Mann noch immer einen Sonderfall in der Vielfalt von Paarkonstellationen darstellt. Das Bild einer Frau mit dem jüngeren Mann irritiert, weil es an die Grenzen der geltenden Normen stößt und sie gar überschreitet. Dabei spielt die Höhe der Altersdifferenz eine untergeordnete Rolle. „Ungleiche" Paare werden auf den ersten Blick per se als „der Rede wert" empfunden. Abgesehen davon, dass der „ungleiche" Altersunterschied - unabhängig von der Differenz - an sich schon erwähnenswert ist, lassen sich in diesem Zusammenhang aus den o. g. Zitaten drei Kategorien identifizieren:

1. Die Paarkonstellation „Mann mit (wesentlich) jüngerer Frau" wird auch als „Blödsinn" bezeichnet. Die beiden Zitate hierzu stammen von Männern, die mit wesentlich jüngeren Frauen liiert sind.

---

[11]Kokoschka hatte in seiner obzessiven Liebe zu Alma Mahler-Werfel eine Puppe von ihr anfertigen lassen, die er stellvertretend für Alma stets an seiner Seite hatte. Alma Mahler-Werfel war 7 Jahre älter als Kokoschka.

2. „Wo hast du hingeschaut" und „hast du keine sexuellen Ansprüche" sind Aussagen, die die Frau in erster Linie auf der Ebene sexueller Attraktivität vermuten. Andere Qualitäten als sexuelle Anziehungskraft dürften als sekundär gelten.

3. Ein unterschiedliches Entwicklungstempo zwischen gleichaltrigen Männern und Frauen und die daraus resultierende Kluft in der Lebensgestaltung werden als Erklärung für die Tendenz mancher Frauen zu jüngeren Männern herangezogen.

Um trotz der belegbaren Tendenz zu „ungleichen" Paaren die Beharrlichkeit der Werturteile erklären zu können, muss die Frage gestellt werden, wer diese Urteile abgibt. Die Formel von „der Gesellschaft" greift sicher zu kurz. Wie sich später noch zeigen wird, liegt die Vermutung nahe, dass diese Äußerungen von Menschen stammen, welche die neuen Möglichkeiten der Partnerwahl - besonders die der Frauen - mit Argwohn betrachten. Neid auf erweiterte Optionen in der Partnerwahl und Angst, eine Vorrangstelle zu verlieren, könnten Motive dafür sein, „ungleiche" Partnerschaften weiterhin zu stigmatisieren.

7 Auswertung der Interviews

7.1 Der Blick von außen kontra Binnenstruktur

In den vorangegangenen Kapiteln 5 und 6 wurde ein Bild „ungleicher" Paare gezeigt, dass keinen Zweifel daran lässt, welche Monopolstellung der „Klassiker" als Typus im Variantenreichtum von Paarbeziehungen einnimmt. Ein Indiz dafür ist u. a. die Werbung von SAT 1 in der Frauenzeitschrift „Brigitte" vom 28. Februar 2008. In einer neuen Show des Fernsehsenders SAT 1 wird „Das Traumpaar" gesucht. Wie stellen sich die Marketingstrategen und Grafiker das „Traumpaar" vor und welches Bild vermitteln sie ihrem Publikum? Der jugendliche, muskelbepackte Tarzan schwingt sich von einer Liane zur nächsten und trägt die schwache Jane auf seinem Rücken durch die Gefahrenwelt des Urwaldes. Jane klammert sich an Tarzans Rücken, der als ihr Vehikel zu dienen scheint. Die bildnerische Darstellung des attraktiven jungen Paares wird unterstützt durch Tarzans bekannten Urwaldschrei „Ich Tarzan, Du Jane!"

Legen wir die Ergebnisse der Literaturrecherche, der Sichtung der genannten Filme, den Beiträgen aus den Printmedien und der Zitate wie eine Blaupause aufeinander, so sind in der Darstellung und Bewertung „ungleicher" Paare nur geringfügige Abweichungen zu erkennen. Geortet wird ein Problem in der Beziehung „Frau mit jüngerem Mann" oder „Mann mit älterer Frau." Wie reflektieren die Akteure ihre als problematisch etikettierte Beziehung und wie gehen sie damit um? Mit den Kommentaren von Personen und Medien werden gleichermaßen Gefühle geäußert und hervorgerufen: Durch negative Bemerkungen wird den Betroffenen die Grenze der gesellschaftlich akzeptierten Norm vor Augen geführt, die, wie drastische Formulierungen zeigen, in Richtung Obszönität weisen. Damit wird implizit das Idealbild einer „normalen" Paarbeziehung abgesichert und auf die Abwegigkeit einer anders modellierten Partnerschaft hingewiesen.

In den Interviews wurde deutlich, dass die Partnerschaft zwischen einem jüngeren Mann und einer an Jahren älteren Frau nur eine Variante innerhalb der jeweiligen individuellen Biografie ist und diese sich in seltenen Fällen durch das gesamte Ehe- und Partnerschaftsleben zieht. Die Akteure konnten Erfahrungen mit als „normal" geltenden Beziehungen im Hinblick auf eine Altersdifferenz vorweisen. Die (spätere) Abweichung von dieser Norm hat dem Paar allerdings einen Hauch Exklusivität verliehen, die letztlich genossen wurde.

„Im Freundeskreis waren wir das einzige Paar mit diesem Altersunterschied", merkte Irene nicht ohne Koketterie an.

Hierzu stellt Horst Hermann fest, dass die auf Ehe und Familiengründung ausgerichteten Lebensentwürfe mit Ewigkeitsanspruch einer Segmentierung von Lebensstilen und Partnerschaftsformen gewichen ist, denen er eine Art „Clubcharakter" zuschreibt. Diese „Clubzugehörigkeit" wird sowohl gewählt als auch aufgrund sozioökonomischer und ideeller Ähnlichkeiten und Vorlieben gewährt. Es ist eine Interessensgemeinschaft, in die man eintreten und austreten kann. (Vgl. Hermann, S. 143 f.) Vergleicht man nun die Erfahrungen der Akteure in den Interviews mit jenen in den Medien, ist deutlich festzustellen, dass bei den „ungleichen" Paaren nach wie vor offenbar eine geringere öffentliche Akzeptanz herrscht, als dies z. B. bei homosexuellen Paaren der Fall ist. Homosexuelle haben eine Lobby, die ihre Akzeptanz durch eine teils angestrebte, teils realisierte gesetzliche Verankerung ihrer Beziehung vorantreibt.

„Meine Umgebung hat schrecklich reagiert, weil mir jeder davon abgeraten hat. Meine Freundinnen haben gesagt, bitte mache nur ein Techtelmechtel, aber lasse es ja nie zu weit kommen. Es hat mir von meinem Bekanntenkreis jeder abgeraten." (Erika K.)

Diese Überlegungen sind durch entsprechende Aussagen der Gewährspersonen in den Kapiteln 7.2.2. Problemzone „ungleiches Paar" und 7.4. „ Bremsspur Vorurteil" belegt. „Ungleichen" Paaren wird vor Augen geführt, gegen Normen zu verstoßen und moralisch fragwürdig zu handeln. Welche Spur mit der sozialen Bewertung gezogen wird, inwieweit die Beziehung „ungleicher" Paare davon beeinflusst wird und welches Bild sich etabliert hat, zeigt die Auswertung der qualitativ geführten Interviews.

Es sei noch einmal ausdrücklich darauf hingewiesen, dass leider nicht bekannt ist, wie viele Beziehungen aufgrund von verinnerlichten Vorurteilen und Furcht vor gesellschaftlichen Konsequenzen gar nicht erst zustande gekommen sind und zustande kommen. In wie vielen Fällen mag die fehlende gesellschaftliche Akzeptanz von vornherein das Aus für eine mögliche Beziehung bedeuten? Es wäre aufschlussreich, in einem weiteren Forschungsschritt Menschen zu finden, die auf die Erfüllung ihrer Liebe verzichtet haben, weil sie sich den antizipierten Widerständen und Irritationen durch das gesellschaftliche Umfeld nicht gewachsen fühlten. Einen Hinweis auf innere Verzichtserklärungen liefern die in dieser Studie zitierten Passagen aus belletristischen Texten.

Dem in Kapitel 5 und 6 skizzierten Blick von Außen wird in der Auswertung der qualitativen Interviews die Sichtweise von Innen entgegen gesetzt. Dabei wird der Frage nachgegangen, ob Innen- und Außensicht kongruent sind bzw. in welchen Bereichen eine Kluft zwischen der erlebten Wirklichkeit und der gesellschaftlichen Vorstellung von „ungleichen" Paaren besteht.

In den Interviews wurde deutlich, dass die Beziehung zum „ungleichen" Partner, zur „ungleichen" Partnerin einen wichtigen Markstein in der Biografie bildet und bildete. Daher wird unter Punkt 7 methodisch die Narrationsanalyse zur Interpretation der Aussagen eingesetzt. „Narrationsanalysen sind zu den sequenziellen Analyseverfahren zu rechnen, d. h. einzelne Textsegmente werden vor allem im Zusammenhang des Kontextes untersucht, in dem sie geäußert wurden" (Seipel/Rieker, S. 202).

Texte, die sich zur Narrationsanalyse eignen, weisen ein handelndes Ich auf und beziehen sich auf konkret Erlebtes. Diese Voraussetzungen sind bei den Probanden und Probandinnen erfüllt. Bewertungen und Reflexionen der erzählenden Personen müssen als eigene Textsorte gesondert untersucht werden. Auf eine Abgrenzung der eigentlichen Geschichte zu Reflexionen, die einen unmittelbaren Bezug zur Geschichte haben und unbeabsichtigt in die Erzählungen einflossen, wurde jedoch aus Gründen der besseren Interpretierbarkeit verzichtet. Eine Trennung hätte noch einmal inhaltsanalytisch feines Werkzeug erfordert und den deskriptiven Ansatz dieser Arbeit behindert. Jedoch werden unter Kapitel 8 gesondert Reflexionen und Mutmaßungen über die Beziehung hinterfragt und interpretiert.

Entstehungs- und Verlaufsgeschichten, wie sie in den Interviews geschildert wurden, konnten während der Untersuchung in vorläufige Kategorien gefasst werden. Die Kategorien entsprechen den Etappen der Beziehung. Die Auswertung der Interviews folgt dem als normal geltenden Verlauf einer Paarbeziehung und damit einer inneren Logik. Zunächst wird die Phase des Kennenlernens auch im Hinblick auf Abgrenzung zum „Klassiker", untersucht.

Es hat sich gezeigt, dass bei den befragten Frauen die Rechtfertigung zur Entscheidung für einen jüngeren Partner mit einer differenzierten Reflexion vergangener Beziehungen zum Typus des „Klassikers" einhergeht. Zu ihrer Entlastung formulieren sie im Sinn eines Account[12] Überlegungen zu vergan-

---

[12] Garfinkel prägte den Begriff „Account." Darunter versteht man in der Soziologie den Rechenschaftsbericht eines Akteurs, in dem er sein abweichendes oder „unmögliches" Handeln erklärt. Er deutet eine für ihn emotional schwierige Situation so um, dass damit sein (positives) Selbstbild unangetastet bleibt.

genen „klassischen" Partnerschaften. Diese Gedanken und Formulierungen besaßen für die Frauen offenbar eine wichtige Entlastungsfunktion. Bis auf eine Ausnahme pflegten alle Frauen vorher Beziehungen zu älteren oder wesentlich älteren Männern mit einer Altersdifferenz zwischen zehn und vierundzwanzig Jahren. In der Regel blickten die Frauen auf Ehen mit „Klassikern" zurück.

Es wird der Frage nachgegangen, ob jüngere Männer ein so genannter Mutterkomplex in die Arme einer reiferen Frau treibt oder ob sich hier - im Gegenteil - besonders selbstbewusste Männer über Konventionen etablierter Muster hinwegsetzen. Wo stoßen „ungleiche" Paare an ihre Grenzen, wo setzen sie für sich Normen und wo befindet sich in Bezug auf den Altersunterschied ihre ganz individuelle Demarkationslinie? Die Beantwortung dieser Fragen markiert reflexive Einschränkungen der Probanden. Zirkuläre Fragen zu individuellen Meinungen der Probanden über ihre Rolle bezüglich der Tendenz zu „ungleichen" Partnerschaften und gesellschaftlichen Determinanten geben den Blick auf Optionen und deren Akzeptanz frei.

Die Feststellung einer Statusumkehr im Vergleich zum „Klassiker" (Kapital 7.5.) setzt in weiterer Folge Überlegungen zu einem geeigneten theoretischen Ansatz mit Blick auf die Partnerwahl in Gang. Entlang dem Verlauf der Paarbeziehung wird in der Folge das Rollenverhalten der Paare erhoben. Die vierzehn befragten Personen werden im Folgenden vorgestellt und ein kurzer Abriss ihrer Beziehung skizziert.

Karla F.
Direktorin an einem deutschen Gymnasium.
Alter zu Beginn der Beziehung - 32 Jahre
Alterstunterschied zum Partner - 12 Jahre
Dauer der Beziehung – 3 Jahre
Getrennte Wohnsitze

Karla F. lernte ihren Partner M. beim Paragleiten in Italien kennen. M. ist erfolgreich als Unternehmer tätig und hat aus einer früheren Beziehung ein Kind. Karla beschreibt ihn als sehr reif für sein Alter und bewundert ihn dafür, wie er sein Leben in die Hand nimmt. Karla ist ledig und denkt über Familiengründung nach. Aus Angst vor dem Gerede der Leute machte sie ihren Freund zunächst um fünf Jahre älter. Spöttische Bemerkungen blieben dennoch nicht aus. Karla hätte sich ein Leben mit M. gut vorstellen können. Beide waren berufsbedingt allerdings nicht mobil. Da der Beruf beiden sehr wichtig war, kam ein Ortswechsel für K. und M. nicht infrage. Aus diesem Grund trennte sich das Paar friedlich, weil die Distanz zwischen Westdeutschland und Italien auf die Dauer nicht zu bewältigen war. Karla betonte ihre Eigenständigkeit und ihren Status als Direktorin. Sie sagte, es käme für sie nicht infrage, das alles aufzugeben. Ihre Partnerschaft mit M. beschrieb sie als gleichberechtigt.

Dr. Lilli. H.
Psychotherapeutin/Psychologin aus Österreich
Alter zu Beginn der Beziehung – 47 Jahre
Altersunterschied zum Partner – 10 Jahre
Dauer der Beziehung – seit 10 Jahren fortlaufend
Getrennte Wohnsitze

Lilli lernte ihren Partner in den Ferien kennen. Sie war etwa ein halbes Jahr vorher von ihrem um fünf Jahren älteren Mann geschieden worden. Ihre Beziehung zu J. dauert mit kurzen Unterbrechungen seit zehn Jahren. Das Paar lebt ebenfalls berufsbedingt nicht zusammen. Sie lebt und arbeitet in Österreich, er in Deutschland. L und J. verbringen die Wochenenden und die Ferien miteinander. J. ist ledig, hat keine Kinder und war vor der Zeit mit Lilli mit einer zehn Jahre jüngeren Frau liiert. Lillis Jahre mit J. sind geprägt von vielen gemeinsamen Unternehmungen, vor allem im Bereich Sport und Freizeit. Sie haben gleiche Interessen und stehen sportlich und körperlich auf einem vergleichbar (hohen) Niveau. Es gibt in beide Richtungen einen problemfreien Familienanschluss. Sie wurde in seiner Familie herzlich aufgenommen, und ihre Kinder meinten zur neuen Liebe ihrer Mutter: „Hauptsache ihr seid glücklich, egal mit wem." Was nun die Unterbrechungen in dieser Beziehung angeht, meint Lilli, es sei nicht klar, ob dabei der Altersunterschied eine Rolle gespielt hat oder aber - wie sie meint - seine verkorkste Art.

Liesa C.
Drehbuchautorin/Schriftstellerin in einer deutschen Großstadt
Alter zu Beginn der Beziehung - 45 Jahre
Altersunterschied zum Partner - 8 Jahre
Dauer der Beziehung bei der Befragung 4 Jahre - fortlaufend
Getrennte Wohnsitze

Liesa und Arnold sind ein Paar. Sie ist Schriftstellerin und tritt auch manchmal als Kabarettistin auf in Deutschland und Österreich auf. Arnold lernte sie in dessen Lokal kennen, wo sie hin und wieder als Kabarettistin auftrat. Liesa lebt in einer WG mit einem Freund, der aber nicht Ihr Liebespartner ist. Sie hatte bereits eine frühere Beziehung zu einem dreizehn Jahren jüngeren Mann. Die Beziehung zu Arnold entwickelte sich langsam in einem Zeitraum von ca. zwei Jahren. Liesa war nie verheiratet, hat keine Kinder, wollte nie Kinder. Sie gilt als erfolgreich, materiell gut gestellt, tolerant und ist im Kreativenmilieu zu Hause.

Arnold B.
Gastwirt in einer deutschen Großstadt
Alter zu Beginn der Beziehung - 37 Jahre
Altersunterschied zur Partnerin – 8 Jahre
Dauer der Beziehung bei der Befragung 4 Jahre - fortlaufend
Getrennte Wohnsitze

Arnolds Beziehung zu Liesa entwickelte sich langsam. Er sagt, sie passe überhaupt nicht in sein Beuteschema der jungen bis ganz jungen Frauen. Die Liebe stellte sich ein, bevor er überhaupt merkte, was da vor sich ging. Trotz des Altersunterschieds sei Liesa die jüngste Frau, die er kenne, meint Arnold. Er ist Gastwirt und hat ein Kind aus einer früheren Beziehung.

Gerda L.
Journalistin in einer deutschen Großstadt
Alter zu Beginn der Beziehung – 32 Jahre
Altersunterschied zum Partner – 7 Jahre
Verheiratet mit Willi L., 1 Kind
Dauer der Beziehung 23 Jahre - fortlaufend
Gemeinsamer Wohnsitz

Gerda und Willi sind miteinander verheiratet (Der Heiratsantrag kam von ihr). Sie lernten sich in der Redaktion einer Zeitung kennen, in der sie als Redakteurin arbeitete. Als Volontär gehörte es zu Willis Aufgabe, Gerda in ihrer Arbeit zu unterstützen. Gerda war umschwärmt und besaß die Aura der erfolgreichen Medienfrau. Willi verliebte sich und himmelte sie aus der Entfernung an. Gerda und Willi siezten sich jahrelang. Als Gerda durch Mobbing psychisch sehr geschwächt war, schlug für Willi die Gunst der Stunde. Er kümmerte sich um Gerda, versorgte sie und blieb bei ihr, bis es ihr wieder besser ging. Er bemutterte sie. Willi war zu diesem Zeitpunkt zwar noch verheiratet; seine Ehe galt allerdings als „Pflegefall". Für Gerda blieb ein verheirateter Mann tabu, und es dauerte lange, bis er sie von sich überzeugt hatte. Da Willi und Gerda für das Kulturressort ihrer Zeitung Kulturkritiken verfassen mussten, gehörten gemeinsame Opern- und Theaterbesuche zu ihren täglichen Aufgaben. Ihr verliebtes Verhalten anlässlich der Oper- und Theateraufführungen bemerkten Außenstehende, noch bevor die Beiden sich ihre Verliebtheit eingestehen wollten. Für Gerda war es wichtig, dass Willi beruflich ihr Niveau erreichte. Sie hat ihn diskret gefördert und sich selbst zurück genommen. Gerda und Willi haben eine gemeinsame Tochter im Teenageralter.

Willi L.
Journalist in einer deutschen Großstadt
Alter zu Beginn der Beziehung – 25 Jahre
Altersunterschied zur Partnerin – 7 Jahre
Verheiratet mit Gerda L., 1 Kind
Dauer der Beziehung 23 Jahre – fortlaufend
Gemeinsamer Wohnsitz
s. oben.

Willi ist mit Gerda verheiratet. Seine Aussagen decken sich weitgehend mit denen seiner Frau. Ihre Schritte, seiner Karriere auf die Sprünge zu helfen, hat er hingegen nicht bemerkt.

Irene B.
Selbständige Buchhändlerin in einer deutschen Großstadt
Alter zu Beginn der Beziehung – 32 Jahre
Altersunterschied zum Partner – 10 Jahre
Verheiratet, 1 Kind
Dauer der Beziehung – 18 Jahre fortlaufend
Gemeinsamer Wohnsitz

Irene lernte ihren Mann im Autobus kennen. Es rührte sie, als er wie ein kleines Kind die Schneeflocken bestaunte. Der Impuls zum Kennen lernen ging von ihr aus. Seit dieser Busfahrt sind Irene und K. ein Paar. Irene wuchs in der ehemaligen DDR auf. Sie ist der Meinung, dass Menschen mit diesem Sozialisationshintergrund eine pragmatischere Lösung für nicht funktionierende Beziehungen hätten. Was nicht funktioniert, das lässt man bleiben. Im Vergleich hierzu stellte sie fest, dass Menschen mit BRD-Sozialisation eine romantischere Vorstellung von der Partnerschaft hätten und sie daher schnell enttäuscht sind. Irene war mit einem wesentlich älteren Mann verheiratet (vierundzwanzig Jahre älter) und hat ein Kind mit einem Mann aus einer anderen Beziehung (zwölf Jahre älter). Irene ist mit K. verheiratet; sie haben ein gemeinsames Kind. Der Lebensunterhalt wird hauptsächlich von Irenes Einnahmen aus ihrer Buchhandlung bestritten. K. arbeitet als freischaffender Künstler und lebt lt. Irene etwas in den Tag hinein. Sie zwingt ihn dazu, auch finanzielle Verantwortung für die Familie mit zu tragen. K. und Irene ergänzen sich: Er ist derjenige, der Empathie zeigt, warm und herzlich seinen Mitmenschen begegnet. Irene bezeichnet sich als eher kühle Rechnerin und Pragmatikerin. Es bedeutet ihr viel, von K.s Talenten zu lernen.

Gerlinde R.
Buchhalterin in einer österreichischen Großstadt
Alter zu Beginn der Beziehung – 49 Jahre
Altersunterschied zum Partner – 10 Jahre
Dauer der Beziehung – 4 Jahre fortlaufend
Gemeinsamer Wohnsitz mit Udo

Gerlinde und Udo haben sich in einer geselligen Runde mit gemeinsamen Freunden in einem Lokal kennen gelernt. Sie stellten fest, die gleichen Vorlieben für Sport zu teilen und haben zunächst in Gesprächen versucht, sich erst einmal zu übertrumpfen, wer der Bessere sei. Gerlindes Freundeskreis bestand überwiegend aus Damen über fünfzig, die eher ein geruhsames Gattinnen-Dasein führten. Gerlinde war mit einem acht Jahre älteren Mann verheiratet, mit dem sie eine inzwischen erwachsene Tochter hat. Udo sagt, er habe überdurchschnittlich lange gebraucht, um Gerlinde von sich zu überzeugen.

Udo T.
Vertreter in einer österreichischen Großstadt
Alter zu Beginn der Beziehung – 39 Jahre
Altersunterschied zur Partnerin – 10 Jahre
Dauer der Beziehung – 4 Jahre fortlaufend

Udo war mit einer vier Jahre jüngeren Frau verheiratet. Er ist geschieden, hat keine Kinder und will auch keine Kinder. Entscheidungen treffen er und Gerlinde gemeinsam und setzen sie je nach Begabung und Vorlieben um.

Manfred R.
Gastwirt in einem österreichischen Dorf
Alter zu Beginn der Beziehung – 33 Jahre
Altersunterschied zur Partnerin – 10 Jahre
Dauer der Beziehung – 6 Jahre
Kein gemeinsamer Wohnsitz

Manfred R. lernte seine Freundin beim Tennisspielen kennen. Er sagte, sie sei eine atemberaubende Erscheinung gewesen und habe ihm die Sprache verschlagen. Durch ihren Beruf als Tänzerin war sie durchtrainiert und hat sehr jugendlich gewirkt. Manfred hatte sich mit einem Sportbetrieb etabliert. Seine

Freundin ging als Musicalstar oft auf Tournee. Anstehende Entscheidungen wurden gemeinsam getroffen. Die Freundin war nie verheiratet und hat keine Kinder. Ihre Beziehung ging nicht wegen des Altersunterschieds auseinander, sondern weil lt. Manfred bei seiner Freundin Charaktereigenschaften zum Vorschein kamen, die ein Zusammenleben unmöglich gemacht hätten. Manfred hat zwei Kinder aus erster Ehe und zwei Kinder aus zweiter Ehe. Er ist jetzt mit einer zehn Jahre jüngeren Frau verheiratet.

Erika K.
Bankkauffrau in einer österreichischen Kleinstadt
Alter zu Beginn der Beziehung – 36 Jahre
Altersunterschied zum Partner – 14 Jahre
Dauer der Beziehung – 17 Jahre – jetzt getrennt
Nicht verheiratet, 1 Kind
Früherer gemeinsamer Wohnsitz

Erika lernte Albrecht in einem Lokal kennen. Sie war zu dem Zeitpunkt verheiratet und hatte zwei Kinder. Albrecht verliebte sich in Erika und bemühte sich intensiv um sie. Als verheiratete Frau zeigte sie sich sehr spröde, wurde aber schließlich von der Ernsthaftigkeit seiner Gefühle überzeugt. Erika brach die Beziehung mehrmals ab, aber Albrecht blieb hartnäckig. Als Erikas Ehemann von der Beziehung erfuhr, reichte er die Scheidung ein. Nicht der Ehebruch war für ihn ausschlaggebend – den hätte er verziehen – sondern der Skandal, dass seine Frau einen Jüngeren hatte. Das Sorgerecht für die beiden Söhne wurde Erikas Ex-Mann zugesprochen.

Albrecht hatte damals gerade sein Jusstudium beendet und war praktisch mittellos. Er kümmerte sich in der schweren Scheidungsphase um Erika und ermunterte sie immer wieder, durch zu halten. Er war für sie da und tröstete sie. Erika und Albrecht gründeten einen gemeinsamen Haushalt und bekamen ein Kind. Die Beziehung zerbrach, als Erikas beste Freundin eine Affäre mit Albrecht anfing. Die Beziehung zu Albrecht war für Erika sehr beglückend. Sie denkt nur an schöne Zeiten zurück.

Angelika R.
Lehrerin in einem österreichischen Dorf
Alter zu Beginn der Beziehung – 33 Jahre
Altersunterschied zum Partner – 14 Jahre
Dauer der Beziehung 17 Jahre – jetzt getrennt
Damals gemeinsamer Wohnsitz

Als Angelika Michael kennen lernte, bahnte sich bei ihr bereits die Scheidung von ihrem ersten Mann (angesehener Arzt) an. Angelika lernte Michael beim Reiten kennen. Nach ihrer Scheidung wollte Angelika in ihrem Heimatort nicht mit Michael gesehen werden. Sie stammt aus dem gehobenen Mittelstand und fürchtete gesellschaftliches Nase-Rümpfen. Michael ist Handwerker und 14 Jahre jünger. Erst als sie einen Ortswechsel vorgenommen hatten, traten sie als Paar auf. Angelika beschreibt Michael als sunny boy, der sie aus einer bürgerlichen Betulichkeit in ein verrückteres Leben gebracht hätte.

Angelika spricht von der perfekten Rollenaufteilung in ihrer Beziehung, denn sie war die Planerin, Michael setzte es um. Im Interview beklagt Angelika lediglich, dass sich Michael nie für kulturelle Aktivitäten interessiert hatte. Angelika hat zwei erwachsene Kinder aus erster Ehe. Michael, war nie verheiratet und hat keine Kinder. Angelikas Kinder haben Michael als guten Kumpel erfahren und geliebt.

Trude Sch.
Direktorin an einer österreichischen Schule
Alter zu Beginn der Beziehung – 36 Jahre
Altersunterschied zum Partner – 8 Jahre
Dauer der Ehe 3 Jahre
geschieden
Damals gemeinsamer Wohnsitz

Trude war vor A. bereits mit einem angesehen österreichischen Universitätsprofessor verheiratet. Mit ihm hat sie zwei Kinder. Sie lernte A. in einer Studentenkneipe kennen. Man führte Schmäh - wie sie sagt - und fühlte sich in lockerer Stimmung wohl. A. beschreibt sie als einen sehr gebildeten und begabten, aber labilen Menschen, der möglicherweise in ihr eine Stütze gesehen hat. Sie hat ihn z. B. immer wieder daran erinnern müssen, seine Vorlesungen zu besuchen und Prüfungen abzulegen. Zu diesem Zeitpunkt war Trude bereits eine gestandene Pädagogin und Kommunalpolitikerin. Der Scheidung von A. ging eine Paartherapie voraus, in deren Verlauf ihr klar wurde, dass sie mit der wiederholten Unterstützung von verantwortungslosen Aktionen ihres Mannes ihren Kindern kein gutes Beispiel geben würde. Trude ließ sich scheiden und heiratete zum dritten Mal (wieder einen jüngeren Mann) A. hat nicht wieder geheiratet. Er blieb kinderlos.

August P.
Metzgermeister
Unternehmer in einer österreichischen Kleinstadt
Alter zu Beginn der Beziehung – 32 Jahre
Altersunterschied – 14 Jahre
Dauer der Beziehung – 4 Jahre
Seit einem Jahr getrennt
Getrennter Wohnsitz

August lernte seine Freundin beim Tanzen kennen. Er sagte, dass ihn immer nur ältere Frauen interessiert hätten. Er vermutet, dass seine erste Liebesbeziehung mit seiner Religionslehrerin ihn geprägt habe. August hat vier Kinder von drei Frauen, von denen eine sechs Jahre, die andere acht Jahre älter ist als er. Er bezeichnet sich als Wiederholungstäter. August leidet noch unter dem Bruch der Beziehung zu seiner vierzehn Jahre älteren Freundin. Sie hat ihn für einen Zweiundzwanzigjährigen verlassen. Dazu meinte er: „Die weiß halt genau, was sie will."

7.2 Absichtlose Begegnungen

Während der Recherche zu dieser Studie bin ich auf keine Plattform gestoßen, die eine Vermittlung „ungleicher" Paarbeziehungen in unserem Kulturkreis vorsieht oder ermöglicht. Nicole Schiller, Psychologin der Online-Partnerbörse Parship, antwortete auf die Frage, in welchem Umfang Männer ältere Partnerinnen per Internet suchen, dass es explizit keine Anfragen von Männern nach älteren Frauen gäbe. Auch würden Frauen umgekehrt keinen jüngeren Partner suchen; sie geben aber hin und wieder eine Altersspanne an, die geringfügig auch jüngere Männer berücksichtigt. Mit geringfügig sind ca. zwei Jahre gemeint. Stichproben in den Tageszeitungen „Süddeutsche" und „Salzburger Nachrichten" zeigten ebenfalls keine Nachfrage von Männern nach jahrgangsälteren Frauen und umgekehrt. M. a. W.: In unserem Kulturkreis gibt es keinen Partner Pool für Paare mit „verkehrtem" Altersunterschied. Eine Erwartungshaltung, jemanden kennen zu lernen, wurde in den Interviews nicht angesprochen. Alle Paare lernten sich zufällig kennen; Orte und Gelegenheiten zeigen eine gewisse Vielfalt.

„Wir haben uns in Italien beim Gleitschirmfliegen kennen gelernt" (Karla)

„Vor zehn Jahren etwa haben wir uns bei einer Selbsterfahrungsgruppe in der Schweiz kennen gelernt." (Lilli)

„Im Bus haben wir uns kennen gelernt. Er saß im Bus und guckte so verträumt aus dem Fenster auf die Schneeflocken." (Ilse)

„Wir haben uns im Lokal kennen gelernt. Bei einer Familienfeier." (Gerlinde)

„Ungezwungen in einem Lokal habe ich ihn kennen gelernt." (Erika)

Die Aussagen der Probanden und Probandinnen führen zu folgenden Überlegungen: Die Wörter „Partnerbörse" und „Heiratsmarkt" weisen umgangssprachlich darauf hin, dass wir die Anfangsphase des Kennen Lernens von Männern und Frauen durchaus unter dem Aspekt eines Marktgeschehens betrachten können. Die unverzichtbaren Bestandteile des Marktes sind Angebot, Nachfrage, die Verfügbarkeit der Ware und der Preis. Unbewusst geben rationale Parameter das Raster für die Partnersuche. Konkret ist festzustellen, dass z. B. Menschen, die sich auf Partnersuche befinden, auswählte Orte im Hinblick auf einen möglichen Partner aufsuchen und dass dieser Suche eine spezielle Vorbereitung vorangeht, wie etwa die Auswahl von Garderobe und Styling.

Es ist spürbar, wie sich das gefühlte Klima verändert, sobald ein als geeignetes Objekt identifizierter Mann oder eine Frau den Raum betreten. Hier gibt die Absicht auf eine mögliche Bekanntschaft mit einem potentiellen Partner, einer Partnerin ein Verhalten vor, das wir als „Werbeverhalten" bezeichnen und dessen Sinn und Zweck offenkundig ist. **In den Aussagen wird deutlich, dass dieses „Werbeverhalten" nicht in Gang gesetzt wird, wenn zwischen den anwesenden Männern und Frauen die größere Altersdifferenz in der Konstellation „Frau älter als Mann besteht".**

„G. war nicht mein klassisches Beuteschema. Da spielte das Alter eine Rolle."
„Da entwickeln sich Dinge, mit denen ich nicht gerechnet hatte." (Arnold)

„Wir haben uns fünf Jahre lang gesiezt." (Gerda L.)

Die Beteiligten scheinen sich aufgrund der noch immer nicht üblichen „verkehrten" Altersdifferenz außerhalb jeglicher Konkurrenzsituation zu befinden. **Man kam für einander auf den ersten Blick einfach nicht in Frage!** Unverkrampft und ohne Absicht, den Mann/die Frau fürs Leben zu finden, beginnt eine Annäherung ohne die Garnierungen üblichen Flirtverhaltens. Die neue Bekanntschaft hat daher gute Chancen, sich von Begegnungen mit gleichaltrigen bzw. passenden potentiellen Partnern/Partnerinnen abzuheben Weil sich in allen untersuchten Fällen keine Frauen und Männer „passenden „Alters kennen lernten, entfiel auch das bewusst oder unbewusst eingesetzte Werbeverhalten. Darüber hinaus bot die Situation des Kennenlernens kaum Anlass zu einem Blick in die Zukunft. Alle Befragten gaben an, nicht auf der Suche nach einer Partnerin, nach einem Partner, gewesen zu sein.

Bereits in der Anfangsphase der Beziehung zu einem jüngeren Mann, machten die Frauen neue - für sie angenehme - Erfahrungen. Frauen haben ihre Wahlfreiheit in Bezug auf Partnersuche verinnerlicht, die von gleichaltrigen Männern oft anders interpretiert werden und daher zu Missverständnissen führen kann. Ältere oder gleichaltrige Männer fühlen sich daher oft vom ersten Schritt einer Frau verunsichert oder werten ihn als Einladung zum Sex. Jüngeren Männern ist hingegen die traditionelle Anbahnung, bei der der Mann aktiv wird, mittlerweile weniger geläufig. Sie schätzen und kennen selbstbewusste Frauen, die sagen was sie wollen.

„Ich hab schon Kinder gehabt und wollte einfach Mordsgaudi." (Trude S.)

„Ich hab das sehr lustig gefunden, weil ich war ja zu der Zeit verheiratet, hatte zwei Kinder und wollte kein Techtelmechtel. Ich habe es lustig gefunden, mich mit ihm zu unterhalten." (Erika K.)

„Keiner hat vorher gebaggert. Das war gar nicht in meinem Fokus." (Gerlinde)

Die Situation der ersten Begegnung war völlig offen. Als einzige Gemeinsamkeit ist die Vorliebe beider für ein bestimmtes Milieu bzw. die Ortswahl anzunehmen. Kennzeichnend für die erste Begegnung war die absolute Absichtslosigkeit, in der diese stattfand. Der Gedanke, dass derjenige/diejenige als Partner/Partnerin ohnedies nicht in Frage kommen würde, sorgte für eine unaufgeregte und entspannte Situation. Die Männer waren vor allem von der ungekünstelten Natürlichkeit der älteren Frauen angetan. Männer schrecken vermutlich vor Frauen zurück, bei denen bereits zu Beginn deutlich ist, dass sie einfach geheiratet werden möchten.

7.2.1   Gleich und Gleich gesellt sich gerne
„Liebe ist die Fähigkeit, Ähnliches an Unähnlichem wahrzunehmen."
(Theodor W. Adorno)

Wo und wie lernen sich also „ungleiche" Paare kennen, wenn sie offenbar auf dem offiziellen Heirats- und Beziehungsmarkt nicht vertreten sind? Reiht man die klassischen Merkmale wählbarer Partner, wie Religion, Hautfarbe, ethnische Zugehörigkeit, Familienzugehörigkeit, sozioökonomischer Status und Erziehung an einander, fällt auf, dass der Altersunterschied als Kriterium bei der Partnerwahl nicht vorkommt. Diese Vernachlässigung der Altersfrage könnte sich daher positiv auf eine „absichtslose" Begegnung auswirken. Hier anknüpfend, setzt sich diese zunächst in gemeinsamer Freizeitgestaltung, vor allem in sportlichen Aktivitäten, fort.

„Wir haben versucht, uns mit den Sportarten, die wir machen, zu übertrumpfen. Das war eigentlich ganz lustig. Ich war nie die Alte (im Freundeskreis), weil ich ja immer mithalten konnte. Ich war sportlich und fit." (Gerlinde)

„Er hat an mir geschätzt, dass ich sportlich in die gleiche Richtung ging, dass ich sehr drahtig und jugendlich bin. Es hat ihm auch gefallen, wie ich in der Gruppe ankam. Ich war in der Sportgruppe Gleitschirmfliegen. (Karla)

„Es ist für mich schon sehr wichtig, dass meine Partnerin körperlich gut in Schuss ist. Aber das ist unabhängig vom Alter." (Udo)

„Ein paar Kilo mehr sind mir wurscht. Es geht nicht nur um rein optische Gründe, sondern du erkennst, dass viele gemeinsame Interessen da sein sollen. Mit G. kann ich alles machen: Tennisspielen, Radfahren, Skifahren. Wenn jemand extrem unsportlich wirkt oder übergewichtig ist, wird da nicht viel weitergehen." (Udo)

Niemand in den hier geführten Interviews lernte sich über eine Partnerbörse, eine Kontaktanzeige oder eine Heiratsvermittlung kennen. Nur ein Paar traf sich im Berufsleben. Der Volontär verliebte sich in seine Chefin, die monatelang ahnungslos blieb. Die übrigen Pobanden trafen sich beim Sport oder in einer geselligen Runde Die Probanden gaben an, sich ganz zwanglos - vor allem über Sport und andere Gemeinsamkeiten - ausgetauscht zu haben. Man verabredete sich – eher kumpelhaft – zu gemeinsamen Radtouren oder bestritt ein Tennismatch. Hatten die Frau und der jüngere Mann ihre ersten sportlichen Aktivitäten mit einander absolviert, war der jüngere Mann von der Aktivität und der Vitalität der älteren Frau beeindruckt. Dass sie, die erstens eine Frau und zweitens die ältere war, mit dem jungen Mann mühelos Schritt halten konnte, machte sie für ihn zu einer interessanten Freizeitpartnerin. Auch den Frauen erschloss sich oft erstmals die Möglichkeit, im jüngeren Mann einen Partner zu finden, mit dem sie gemeinsame Interessen im Sport und in der Freizeit auf Augenhöhe erleben konnte. So lernte Angelika ihren um vierzehn Jahre jüngeren Partner beim Reiten kennen, und sie beschreibt die ersten gemeinsamen Aktivitäten:

„Ich bin sehr viel allein geritten, und er war ein sehr, sehr guter Reiter, und hat mich eigentlich zum Reiten gebracht und mir sehr viel gezeigt. Das ist ganz langsam entstanden. Ich glaube, das ist von ihm aus gegangen. (Angelika)

„Wir haben uns beim Tennisspielen kennen gelernt." (Manfred)

„Die Frau war eine Herausforderung. Sie machten einen Eindruck, dass einem die Luft weg blieb. Durch ihren Tanz und ihren trainierten, sehr gut gebauten Körper hatte sie die Beweglichkeit einer Jüngeren, die war nicht alt oder sonst was. Sie konnte Spagat und war sehr beweglich. Dadurch fiel ihr Alter nicht auf. Sie wirkte jünger als Gleichaltrige. Sie war sportlich, körperlich eine Herausforderung. Ich musste aufpassen, dass ich bei ihr mitkomme. Sie war sehr dynamisch." (Manfred)

Eine ähnlich entspannte Situation bot das Kennen Lernen in einer geselligen Runde oder in einem Lokal. Die Befragten gaben an, viel gelacht und Schmäh geführt zu haben. Man hatte Spaß miteinander und zunächst überhaupt keine Absicht, die frische Bekanntschaft zu vertiefen.

„Ich war damals furchtbar agil und lebenslustig, " gibt Erika zu Protokoll.

Wenn ausgesagt wird, „es habe gepasst", darf die Wirkung des jüngeren Mannes auf die Frauen nicht aus den Augen gelassen werden. Die jüngeren Männer wurden von den Frauen unterschiedlich wahrgenommen. Auf die meisten Frauen wirkten die Männer gleich beim Kennen lernen ernster und gesetzter, als sie diese vom biografischen Alter her eingeschätzt hätten. Bald lernen die Frauen in der Beziehung die jüngeren Partner als ernst zu nehmende, gleichrangige Partner anzuerkennen. Vom Junior-Partner konnte keine Rede sein.

„Ich habe überdacht, ob es möglich wäre, mit so einem jüngeren Partner. Ich war so angetan von seiner Reife. Da habe ich mir schon überlegt, ob es möglich wäre, mit ihm alt zu werden." (Karla)

„Er hat alles geregelt, sein Umfeld, seine Autorität bei den Freunden. Ich war überrascht, dass junge Männer schon so reif sein könne." (Karla)

Wenn angenommen werden kann, dass allein stehende Männer und Frauen „passenden" Alters ihr Verhalten so steuern, dass im Gegenüber Interesse für die eigene Person geweckt werden soll, haben wir es hier offenbar mit einer Ausnahme bei der Partnerwahl zu tun. Neu ist, dass die Bekanntschaft nicht gezielt gesucht wird – umgangssprachlich ausgedrückt - nicht in einem vorstrukturierten Partner-Pool „gefischt" wird. Diese Männer und Frauen kommen auf den ersten Blick für einander nicht infrage, und daher entfällt offenbar auch eine die Illusion nährende Image-Bildung, welche in der Anfangsphase einer Paarbeziehung normalerweise eine Revision der Identität zur Folge hat.

Zusammenfassend lässt sich feststellen, dass weder Status noch Ansehen oder Alter das Interesse für einander geweckt haben. Erotisches Animierung und Neugierde spielte bei den meisten Akteuren nicht die wichtigste Rolle beim Kennen lernen. An anderer Stelle heißt es in einigen Interviews, die spätere Partnerin, der Partner, habe überhaupt nicht in das „Beuteschema" gepasst. In den überwiegenden Fällen ging die Initiative zu weiteren Treffen vom jüngeren Mann aus. **Keine der Frauen stellte bei sich Absichten fest, einen Lebenspartner zu finden, sondern sie betrachteten die jüngeren Männer zunächst als geeignete Freizeitpartner im Sport oder in lockerer Gesellschaft.** Die Werbephase der jüngeren Männer beobachten die Frauen vorsichtig und verhalten.

7.2.2 Problemzone „ungleiches" Paar
Nachdem sich das Paar auf „neutralem" Boden kennen gelernt hat und in die Phase gelangt, sich als Paar zu deklarieren und damit die Paarbeziehung öffentlich zu leben, stößt es an die Grenzen sozialer Akzeptanz. Es erfährt durch mehr oder weniger deutliche Zeichen des gesellschaftlichen und familiären Umfeldes, dass es mit seiner Paarbeziehung ein Tabu bricht. „Das Wort Tabu stammt aus dem Polynesischen (Tapu = das als außergewöhnlich Bezeichnete). Die tabuisierten Personen, Objekte oder Themen sind zentral für die jeweilige soziale Ordnung...; sie gelten als segensreich und gefährlich zugleich; die Haltung zu ihnen ist ambivalent. Es besteht also ein Hang zur T. verletzung. Die Sanktionierung einer solchen erfolgt automatisch; entweder auf übernatürlichem Wege oder durch Angst, Scham und Schuld des Übertreters. Die T.-vorstellung hängt also mit Moral und Recht zusammen." (Wörterbuch der Soziologie, S. 721). Wenn nicht Angst, so doch Bedenken, Schamgefühle und daraus folgende Handlungen in Form von Rückzug und Vermeidung peinlicher Situationen finden bei den Gewährspersonen ihren Niederschlag. Auszüge aus den Interviews belegen deutlich die Irritationen des Umfeldes auf den „Tabubruch" des Paares.

„Es gibt ja so viele Unterschiede zwischen Mann und Frau. Schwarz oder weiß, Größenunterschiede. Wenn wir umarmt durch die Straßen gingen, haben die Leute blöd geguckt. Was so aus einem vertrauten Muster raus fällt, da gucken die Leute. Kai hatte damit kein Problem." (Irene)

„Es war schon komisch, als ich das erste Mal mit ihm zum Frauenschuh (Kaffeehaus) gegangen bin. Peinlich wäre übertrieben, aber so selbstverständlich war es für mich nicht. In der Öffentlichkeit hat er mich besonders gern geherzt und geküsst. Das war mir nicht egal. Ich hatte Angst wegen dem Gerede der Leute. Aha, jetzt nimmt sie sich einen Jungen." (Lilli)

„Ich lernte in Griechenland ein deutsches Paar kennen, wo sie auch nur zehn Jahre älter war. Die waren schon zwanzig Jahre verheiratet. Ich konnte das fast nicht glauben. Das war so fremd für mich."(Gerlinde)

„Mir war der Altersunterschied egal. Nur G. hat gemeint, das geht nicht. Zu jung! Was soll der Freundeskreis denken? Ihre Mädels und so. Das ist der Grund, warum ich ihre Freunde erst nach und nach kennen gelernt habe." (Udo)

„Ich hätte mich nie getraut, ihn anzubaggern." (Lilli)

„Wenn ich gewusst hätte, wie alt er ist, hätte ich ihn sicher nie angesprochen." (Irene)

„Ich hatte Bedenken. Zehn Jahre Altersunterschied. Ich war damals siebenundvierzig, er ein siebenunddreißigjähriger Spund. Da hatte ich größte Bedenken. Es hat auch nicht gleich so funktioniert, weil ich mich gesperrt habe, weil er zu jung ist. (Gerlinde) und ihr Partner sagt: „Ich habe den Anfang gemacht, denn sie hat sich lange geziert. Genau wegen des Altersunterschieds." (Udo)

„Mir war es egal, was die Leute denken". (Angelika) (In späteren Aussagen widerspricht sich die Probandin und sagt, ihre Mutter sei sehr reserviert gewesen. Sie und ihr Freund sind erst nach einem Wohnsitzwechsel öffentlich als Paar aufgetreten)

„Ich dachte, er wäre älter. Sonst wäre ich vorsichtiger gewesen und hätte ihn vielleicht gar nicht kennen gelernt..." Erst ein paar Wochen später habe ich erfahren, dass er zwölf Jahre jünger ist. Dann habe ich erst einmal überlegt, ob das überhaupt Sinn hat. (Karla)

Karla F. gab an, ihren zwölf Jahre jüngeren Freund vor den Freunden und Verwandten älter gemacht zu haben, um dem Spott zu entgehen. „Ich habe ihn nur fünf Jahre jünger gemacht, und da haben sie schon gesagt, was willst du mit so einem Jungen." (Karla)

Aussagen über die Bedenken der Frauen beziehen sich sowohl auf Irritationen im eigenen Erleben, als auch auf einer vorurteilsgeleiteten Annahme über etwaige Bemerkungen und Reaktionen, über das was, die Leute denken oder sagen könnten. K. schilderte ihre Bedenken, machte den Freund um fünf Jahre jünger und sah ihre Bedenken dennoch in den Kommentaren des Umfelds bestätigt. Das Herunterspielen des Altersunterschiedes, Maßnahmen zur allmählichen Gewöhnung der Familie bzw. der Freunde an den jüngeren Mann bestätigten genau die befürchteten negativen Werturteile in Bezug auf die Paarbildung. Markant ist in diesem Zusammenhang, dass die Maßnahmen zur Verschleierung des Alters der Männer von den Frauen gesetzt wurden. Die jüngeren Männer hatten hingegen kein Problem damit, ihre Liebe zur älteren Frau öffentlich zu machen. Sie ließen sich bedenken-los auf die Beziehung ein. Wenn der Druck von außen auf den Frauen lastete, hielten die Männer dagegen, spielten Probleme herunter und trösteten ihre Partnerin.

„Wir sind lange nicht als Paar aufgetreten, weil er in der Nähe von mir gewohnt hat, und das war kurz nach meiner Scheidung etwas schwierig. Ich wollte es nicht. Als wir dann nach M. gezogen sind, sind wir als Paar aufgetreten. (Angelika)

Der Begriff „Schnittstelle" gibt Auskunft über zwei sich kreuzende Entwicklungen. In dieser Fragestellung trifft zu, dass die äußeren Bedingungen, die eine ungleiche" Partnerschaft begünstigen, auf die Trägheit der Revision innerer Disposition von Teilen in der Gesellschaft in Form von Vorurteilen treffen. Vorbehalte gegenüber „ungleichen" Paaren beeinflussen die Eingangsphase der Beziehung. Generell ist festzustellen, dass die Gegenströmung in der Realität einsetzte, bevor die innere Disposition der Mitglieder unserer Gesellschaft eine Anpassungsleistung an eine neue Paarkonstellation vollbracht hatten, die bislang weder abgeschlossen noch überwunden zu sein scheint.

Es ist noch nicht erklärbar, aus welchen Quellen die Vorbehalte und Bedenken der befragten Frauen stammen, denn an spezielle Einflüsse im Rahmen ihrer Sozialisation konnten sich weder die Männer noch die Frauen erinnern. Auch wussten sie nicht, unter welchen Umständen sie selbst Vorurteile zu Paaren mit dem „umgekehrten" Altersunterschied erfahren und gebildet hatten. Einige Probanden erinnerten sich daran, in der Verwandtschaft „ungleiche"

Paare erlebt zu haben, z. B. die Großeltern. Sie sagten aus, dies sei ihnen gar nicht aufgefallen; erst jetzt im Interview dachten sie wieder daran. Auch sei der Altersunterschied nicht ins Auge gefallen (selbst bei neun Jahren nicht) und der sei auch sicher kein Problem gewesen.

Mit Hinweisen, wie „das kann nicht gut gehen", oder „im Alter wird er sich eine Jüngere suchen", u. ä. warnen Mitglieder der Gesellschaft vor der Störanfälligkeit „ungleicher" Beziehungen. Es könnte sein, dass sie damit ihre nicht eingestandene moralische Entrüstung über das, in ihren Augen, „skandalöse" Betragen von Mann und Frau verschleiern. In diesem Kapitel lässt sich eindeutig eine große Ähnlichkeit zu den Ergebnissen der Literaturrecherche im Kapitel 5 feststellen. Auch hier führen Zweifel und Bedenken Regie.

Auf der Grundlage des statistischen Materials über den Zeitraum von fünfundzwanzig Jahren können wir zwar nicht von einem Trend sprechen, sicher aber von einer Tendenz, dass immer mehr Männer Partnerschaften mit nach Jahren älteren Frauen eingehen. Auch wenn die Statistik sich bei ca. 20 % einpendelt, spielt in unseren Fällen das Gefühl der Unangemessenheit eine Rolle bei der Bewertung „ungleicher" Paare. Diese gelten zwar nicht als anomal, was in den pathologischen Bereich fiele, aber dennoch als Ausnahmeerscheinung im Variantenreichtum von Paarbeziehungen.

Zusammenfassend lässt sich feststellen, dass es besonders für die Frauen schwierig gewesen ist, die Ebene soziokultureller Vorgaben zu durchbrechen. Die Verinnerlichung sozialer Standards in Bezug auf den Altersunterschied von Paaren machte in erster Linie ihnen zu schaffen. Nach ihren Aussagen wird und wurde die Partnerschaft mit einem jüngeren Mann als nicht gesellschaftsfähig degradiert. Sie fürchteten Hohn und Spott durch das Umfeld, wenn die Liebe zum jüngeren Mann öffentlich wurde. Sie empfanden es in der ersten Phase ihrer Liebesbeziehung als peinlich, mit dem jüngeren Mann gesehen zu werden. Maßgebend für ihr Gefühl der Unangemessenheit war die optische Erscheinung. Wenn der jüngere Mann älter und gesetzter wirkte, hatten die Frauen weniger Vorbehalte, als bei einem jüngeren Mann, der faktisch jung wirkte oder „bubenhaft" aussah. Bis auf eine Probandin hatten alle anderen weit reichende Bedenken wegen des Altersunterschiedes. Interessant könnte in diesem Zusammenhang sein, dass mit einer Ausnahme die Probandinnen in früheren Beziehungen mit älteren oder wesentlich älteren Männern liiert waren. Dieser Tatbestand dürfte Einfluss auf die Beziehung haben. Neugierde und Experimentierfreude, wie wohl die neue Beziehung lebbar sei, stellte nur eine Frau fest, wohl aber nach außen Angst vor Reaktionen des Umfeldes.

7.3 Vorurteil und Warteschleife

"Die Vorstellung von Normalität ist ein Spurenelement des sozialen Milieus, dem man selbst angehört." (Schulze, S. 414)

„Wie alt der junge Mann auch sein mag und welche gesellschaftliche Position er auch einnehmen mag, stets ergreift er die Initiative. Er macht der Frau den Hof, läuft ihr nach und belagert sie. Er besiegt ihre Vorbehalte und ihr Zögern mit entschlossener Beharrlichkeit." (Belotti, S. 123)

Wie bereits ausgeführt wurde, findet bei „ungleichen" Paaren keine Vorstrukturierung in einem Partnerpool statt, sondern Absichtslosigkeit im Rahmen einer Gelegenheitsstruktur ist der Türöffner für weiteres Interesse am anderen. Diesem Türöffner für eine neue Paarbeziehung „Frau mit jüngerem Mann" werden in unserer Gesellschaft Standards und Normen entgegengesetzt, die einen weit reichenden Einfluss auf die Anfangsphase der neuen Beziehung haben. Der Grad der Institutionalisierung einer Norm entscheidet darüber, ob sich eine Paarbeziehung innerhalb einer Norm entwickelt oder „außer-gewöhnlich ist." In diesem Zusammenhang wird deutlich, dass Frauen diese spezielle Beziehung nicht leichtsinnig eingehen. Ihnen fehlt die sicherere Orientierungshilfe des äußeren Bezugsrahmens, da die normativen Vorgaben für „ungleiche" Paare eher an einer Ablehnung dieser Beziehung orientiert sind. Die Standhaftigkeit der Männer hingegen nimmt den Frauen ihre Angst vor vermeintlichem Leichtsinn und auch davor, als unmoralisch zu gelten. In der Regel ergreift der jüngere Mann die Initiative zu einer Weiterführung und Vertiefung der Bekanntschaft. Der Werbeaufwand der Männer ist höher und dauert länger, als es die Frauen und die interessierten jüngeren Männer von ihren vorhergehenden Beziehungen gewohnt sind. Die Transformation von Bekanntschaft zur Beziehung dauerte – so die Erfahrung er Probanden - wesentlich länger als bei vorangegangen klassischen Beziehungen.

Der erhöhte Werbeaufwand des jüngeren Mannes verschafft der Frau die für sie nötige Sicherheit, nicht aufgrund ihres Alters zurück gewiesen zu werden. Zur Investition von mehr Zeit gesellt sich hier tätige Mithilfe der Männer in praktischen Belangen, sowie Unterstützung und „Da sein" für die Frau in einer für sie neuen und manchmal schwierigen Lebenslage. Für die jüngeren Männer begannen mit der Liebe zur älteren Freundin härtere Zeiten, denn aus allen Interviews ging hervor, dass die Werbephase durchschnittlich doppelt so lange gedauert hat, wie bei etwa gleichaltrigen früheren Freundinnen.

„Zwei, drei Monate hat sich Gelinde geziert. Vielleicht war sie einfach nur vorsichtig." (Udo)

„Ich habe größte Bedenken wegen des Altersunterschieds gehabt. Er hat gesagt, das mache ihm nichts aus. Er hatte immer ältere Freundinnen." (Gerda)

Eine weitere Erklärung für die im Vergleich zu „Klassikern" längere Werbephase des Mannes könnte sein, dass zu den Gesetzmäßigkeiten der Anbahnung die Angst vor dem Gesichtsverlust gehört. Abgewiesen zu werden, ist an sich bereits eine schmerzvolle Erfahrung. In der bislang unerfahrenen Situation der Altersdifferenz dürfte die Angst vor Zurückweisung noch verstärkt zum Tragen kommen. Die Gewöhnung an die neue Beziehung in „kleinen Dosen" ermöglicht eine Kontrolle der Situation und - wenn nötig - eine Kurskorrektur, wenn dem Alter der Spiegel vorgehalten wird. Die Frauen trauen vor allen seinen Gefühlen noch nicht. In den Interviews sagten die Männer allerdings aus, es sei immer Gefühl im Spiel gewesen, und da habe der Altersunterschied für sie keine Rolle gespielt. Dennoch musste erst eine gründliche „Überzeugungsarbeit" geleistet werden.

„Ich merkte, da kommen Gefühle, da ist mehr. Da entwickelten sich Dinge, mit denen ich nicht gerechnet hatte. Da spielte eigentlich das Alter auch keine Rolle mehr. Weil dann war ja die Liebe da." (Arnold)

„Die Frage, ob der Mann älter ist oder jünger, ist unerheblich. Es geht um Liebe, und die gibt es unabhängig vom Altersunterschied." (Willi)

Die Männer erachteten körperliche Attraktivität für wichtig, unterschieden aber hier zwischen der Ausstrahlung aufgrund von Vitalität und dem natürlichen Alterungsprozess. Sie meinten, dass ein paar Falten und Kilos mehr sie nicht stören würde, solange die Frau sich gut hielte und sich nicht gehen ließ. (Belege hierzu s. Kapitel 7.2.1)

„Ich hatte Bedenken und habe es auch angesprochen, aber es war für ihn kein Thema. Es hatte keine Bedeutung." (Angelika)[13]

---

[13] Hier zeigt sich ein Widerspruch in der Aussage, denn an anderer Stelle sagte Angelika aus, es sei ihr egal gewesen, was die Leute reden. Dem Gehalt der zweiten Aussage ist m. E. der Vorzug zu geben, weil er sich inhaltlich mehrfach wiederholt.

„Er hat gesagt, und wenn alle Leute dagegen sind, und nur meine Mutter und mein Freund wissen es bereits, und sagen, das ist ein Blödsinn. Alle wollen mir dreinreden. Es ist kein Blödsinn." (Erika)

„Kennen gelernt habe ich ihn vor meiner Scheidung. Er war dann schon eine große Stütze für mich. Es gab so vieles durchzuziehen. Und er hat mir das Gefühl gegeben, alles wird gut." (Angelika)

„Der war für mich wie ein Anker." (Lilli)

„Es ging mir sehr schlecht. Er fuhr mich nach Hause und ist den ganzen Tag bei mir geblieben. Er war einfach da." (Gerda)

Hier kreuzen sich die Vorbehalte und Bedenken der Frauen mit der (relativen) Vorurteilsfreiheit der Männer. Die Frauen neigen, verstärkt durch herrschende Vorurteile dazu, ihrer eigenen weiblichen Anziehungskraft nicht zu trauen. Sie fürchten nicht nur das Gerede der Leute, sondern auch die von ihnen selbst vermuteten körperlichen Unzulänglichkeiten im Urteil des Mannes. Das ist ein weiterer Grund, warum die jüngeren Männer einen langen Atem beweisen mussten, wenn sie ihre neue Liebe von der Ernsthaftigkeit ihrer Gefühle zu überzeugen wollen. Auch wenn die Zeit der Transformation von der Bekanntschaft zur Beziehung länger dauerte, kann es von Vorteil sein, dass auf der anderen Seite die zum Werbeverhalten gehörenden Garnierungen der Selbst- und Fremdtäuschung wegfallen und den Blick für das Wesen des anderen frei halten. Die Identität der Männer und Frauen bleibt ohne manipulierende Techniken der Anbahnung ursprünglich.

Alle männlichen Befragten sagten aus, die Bedenken ihrer Partnerinnen nicht geteilt zu haben, sondern im Gegenteil, alles daran gesetzt zu haben, deren Vorbehalte zu zerstreuen. Durch Übernahme von Verantwortung in schwierigen Lebenssituationen der Frauen überzeugten sie durch Standhaftigkeit und durch Fürsorge. Die Frauen zeigten sich überrascht von der der Teilnahme und Tatkraft der jüngeren Männer. Sie verglichen in diesem Zusammenhang ihre ehemaligen Partnerschaften klassischen Musters mit der aktuellen Beziehung und stellten fest, dass sie sich früher oft allein gelassen fühlten. Es überraschte die Frauen, wie partnerschaftlich der junge Mann handelte. Die Frauen fühlten sich gut aufgehoben und mitunter mütterlich betreut. Es ist anzunehmen, dass die Kameradschaftlichkeit der jüngeren Männer ein Ergebnis der Erziehung von doch überwiegend Frauen ist. Die zunehmende Berufstätigkeit ihrer Mütter erforderte die Gestaltung eines Familienlebens, in dem die klassische Rollenaufteilung zugunsten von Arbeitsteilung, in die auch die Kinder eingebunden waren, aufgegeben wurde. Ob die Männer einer „ungleichen" Paarbeziehung einen spezifischen Sozialisationshintergrund haben, müsste in einer weiteren Forschung vertieft werden. Bekräftigt wurden Bekenntnisse ihrer Zuneigung durch Tatkraft in schwierigen Lebenssituationen der Partnerin und durch Ermunterung, die ungewöhnliche Liebe anzunehmen.

„Ich habe im 83er Jahr einen schrecklichen Unfall gehabt. Mein Mann hat mir immer Vorwürfe gemacht. Aber er Junge hat gesagt, du wirst sehen, es wird alles gut. Er ist mit mir stundenlang spazieren gegangen und hat mich aufgebaut. Nicht mein Mann." (Erika)

Bis zu diesem Kapitel wird das Handeln der Probandinnen von den Vorstellungen über die Tabuisierung „ungleicher" Paare geleitet, die darin münden, in der Anfangsphase der Beziehung auf die Bremse zu steigen, um sich allmählich an die neue Situation gewöhnen zu können. Der Zögerlichkeit der Frauen setzten die männlichen Akteure ihre Unbekümmertheit und Kameradschaftlichkeit entgegen. **An dieser Stelle muss zwischen der erlebten Wirklichkeit bzw. den Erfahrungen der Paare und deren Annahmen darüber differenziert werden.** Ereignisse werden durch unsere Vorstellungen über sie form- und veränderbar. Dieser Mechanismus tritt bei den Frauen in dieser Studie deutlich zutage. Weder Frauen noch Männer hatten bisher Vorurteile zu Ihrer Paarbeziehung erlebt, sondern vorurteilsgeleitete Annahmen der Frauen über den „verkehrten" Altersunterschied erwiesen sich als Hemmschuh im Lauf ihrer Beziehung. Wenn die Akteure begannen, öffentlich als Paar aufzutreten, wurden sie mit Kommentaren und „blöden Bemerkungen" zu ihrer Partnerschaft konfrontiert.

„Es war erkennbar, dass meine Eltern das nicht goutiert haben. Auch in der Bürgerinitiative kamen Kommentare, wie so jung muss er ja auch nicht gerade sein. Das kam aber von den Männern, vielleicht, weil sie etwas eifersüchtig waren." (Lilli)

„Es gab schon derbe Kommentare. Ein Mitarbeiter sagte, er wollte eigentlich seine Mutter (in den Betrieb) mitnehmen. Aber jetzt, wo ich Jagd auf ältere Frauen mache, wolle er sie lieber nicht mitbringen."(Arnold)

„Es gab schon Bemerkungen, ist die nicht zu alt für dich oder so". (Manfred)

„Mein Mann hat gesagt, es ist eine Schande. Ich mit einem so viel jüngeren Mann. Er hat die Scheidungsklage eingereicht und durchgezogen. Der springende Punkt war nicht, dass ich fremdgegangen bin, sondern der Altersunterschied. Der Seitensprung hätte ihm nicht so viel ausgemacht." (Erika)

„Mir ist nichts aufgefallen." (Angelika)

„Jeder in meinem Bekanntenkreis hat mir abgeraten, bis auf eine, die wusste wie mein Mann mich behandelt. Die mir abrieten waren nur Frauen. Die haben gesagt, du wirst sehen, keine fünfzehn Jahre und du stehst alleine da." (Erika)

„Meine Freunde haben das belächelt und gesagt, ist das dein Drang nach Jugendlichkeit oder was?" (Karla)

„Seine Mutter hat mich erstmal sehr distanziert behandelt. Einmal hat sich mich gefragt, ob mir bewusst wäre, was es heißt, mit einem jüngeren Mann zu leben und eventuell noch ein Kind zu kriegen. (Erika)

„Seine Freunde nahmen das nicht ernst. Die meinten, das geht bald wieder vorbei. Ältere Frau, das ist interessant wegen Sex und Erotik. Und bei mir war: aha, jetzt gönnt sie sich einen jüngeren, gut aussehenden Lover." (Gerlinde)

Die Vorwegnahme negativer Reaktionen des Umfeldes und den daraus folgenden Bedenken wurden in der Regel mit der Sichtbarmachung des „ungleichen" Paares in der Öffentlichkeit bestätigt. Hier fielen eigene Vorstellungen von Normenverletzung mit den geäußerten Vorurteilen von Außenstehenden zusammen. Männer und Frauen bedienten sich unterschiedlicher Äußerungen zum „ungleichen" Paar. Während Männer überwiegend die sexuelle Ebene kommentierten, gaben Frauen den Stress zu bedenken, den sie sich nicht antun würden. Damit meinten sie, eine Frau, die älter sei als der Partner, müsse viel Energie für die Aufrechterhaltung von Frische, Jugend und Schönheit, kurzum für den „Verputz" aufwenden. Auch die Haltbarkeit und Dauer der Beziehung war Gegenstand von Zweifel und Skepsis. Die Tatsache, dass auch „Klassiker" eine hohe Scheidungsquote aufweisen, kam nicht zur Sprache. Den „ungleichen" Paaren wurde nur eine geringe Überlebenschance zugesprochen. Äußerungen, wie z. B. die Frau „halte" sich einen Jüngeren, waren keine Seltenheit und reduzierten den jüngeren Mann auf ein Objekt, in dem sich die Extravaganz der Älteren spiegelt.

„Ich habe einmal eine Lesung veranstaltet und da hat eine Kundin gefragt, ist das ihr Sohn? Da war ich erstmal schockiert." (Irene)

Es ist anzunehmen, dass die Bewertung „ungleicher" Paare eine Alters- und Generationenfrage ist. Wenn homosexuelle und lesbische Paare zunehmend an Akzeptanz gewinnen und „nicht mehr der Rede wert" sind, werden sich auch „ungleiche" Paare früher oder später ihren Platz in der Gesellschaft sichern. Nur zwei von vierzehn Personen gaben an, keine Kommentare zum Altersunterschied gehört zu haben. Von den vorurteilsgeleiteten Kommentaren waren sowohl Paare betroffen, die zum Zeitpunkt des Kennenlernens Ende vierzig und Ende dreißig waren, als auch jüngere Paare. Die Altersdifferenz zwischen der ältesten und der jüngsten Probandin betrug vierundzwanzig Jahre, m. a. W. es ist auch bei einem Abstand von einer Generation (ca. 25 Jahre) keine Änderung in der Wahrnehmung „ungleicher" Paare festzustellen. Die Befragten gaben an, dass die Bewertung des Umfelds zu keiner Verunsicherung geführt, sondern das Paar noch enger zusammengeschweißt habe. Das steht im Widerspruch zu den Aussagen und Reaktionen einiger Frauen im vorherigen Kapitel, wonach sie die Altersangabe ihrer jüngeren Partner hinauf schraubten. Vermutlich konnten sich die Frauen durch die Vorwegnahme der Vorurteile an die Situation gewöhnen, so dass sie schließlich den tatsächlich geäußerten Vorurteilen abgehärtet begegnen konnten. Dabei zeigte sich, dass das Paar sich gegenseitig schützend vor den anderen stellte und ihn gegen Angriffe von außen verteidigte.

Ein weiterer Widerspruch zu verbalen Äußerung, die Bewertungen des Umfeldes hätten keine Auswirkungen auf die Überlegungen des Paares gehabt, wird deutlich: Einige Paare gaben an, das Milieu gewechselt bzw. sich einen neuen Freundeskreis gesucht zu haben. Ein Paar wechselte den Wohnsitz, was berufsbedingt nicht notwendig gewesen wäre, und es trat erst in der neuen Wohngemeinde als Paar an die Öffentlichkeit.

Die Bedenken der Frauen, ihre Zögerlichkeit, finden auch in der Tatsache ihren Niederschlag, dass sie mit der Beziehung soziales Neuland betraten und keinen vorgelebten Handlungsrahmen vorfanden. Den muss sich das Paar erst schaffen, ohne auf Vorbilder zurückgreifen zu können. Dazu meint Kaufmann: „Gefühle sind nie grundlos, sie spielen eine wesentliche Rolle für die Steuerung des Handels. Ist eine Situation offen und nur schwach strukturiert, springen Gefühle ein, um die Schritte zu lenken oder einen normativen Rahmen aufzustellen. (Kaufmann, S. 99) Hier kommt wieder die auf ihrer Liebe gegründete „Wagenburg" ins Spiel.

Ich habe während der Interviews die Probanden nicht auf ihre widersprüchlichen Aussagen im Kontext angesprochen, um sie nicht zu verunsichern und das Gespräch im Fluss zu halten. Diese Widersprüche waren für die Interpretation der Aussagen allerdings wichtig, da angenommen werden kann, dass nicht die direkt geäußerte Antworte auf meine Fragen der Wahrheit entspricht, sondern die beiläufige Äußerung. Vermutlich leugneten die

Probanden unbewusst die erlebten Peinlichkeiten, um nicht an schmerzliche Situationen erinnert zu werden.

7.4 Neidgenossen

„Was ist denn Neid anderes, als eine zum Unglück verurteilte Form der Bewunderung." (Walser, S. 27)

Tritt das Paar nach anfänglicher Irritation und Abwehr von Skepsis schließlich immer häufiger selbstbewusst an die Öffentlichkeit, erfährt es eine weitere Variante externer Aufmerksamkeit: Den Neid. Dem Gefühl des Neides im Fall „ungleicher" Paare liegt die Vermutung außen Stehender zugrunde, dass hier ein Tauschgeschäft zwischen dem Paar getätigt wurde, von dem die Neider vermutlich auch gerne profitiert hätten, denn sowohl die Frau als auch der Mann ließen einen Menschen jenseits des gesellschaftlich Üblichen in ihr biografisches Lebensmuster hinein.

„Ich denke schon, dass die Leute neidisch waren Männer und Frauen, beide. Wenn man so die Blicke auffängt und die Reaktionen." (Lilli)

„Die Freundinnen waren neidisch, denn Alexander ist ein sehr, sehr fescher Mann. Von seiner Figur, von seiner Ausstrahlung, von seiner Art. Die Frauen haben mich beneidet und mir deshalb abgeraten". (Erika)

„Ich glaube, dass meine Freundinnen mir den Udo mies gemacht haben, weil sie neidisch waren. Ich erlebe durch ihn vielmehr als vorher." (Gerlinde)

„Meine Freundinnen erfahren, dass nach 30, 35 Ehe der Sex abebbt. Das spielt sich im Bett nichts mehr ab. Sie meinten neidisch, mit dem Jungen hast du ja jetzt kein Problem." (Gerlinde)

Was könnten Auslöser für Neidgefühle auf „ungleiche" Paare sein? In den Fallstudien dieser Arbeit weist die Frau einen höheren sozialen Status auf als der Mann. Dasselbe Phänomen ist bei prominenten Paaren zu beobachten. Trotz nachhaltiger Recherchen ist mir kein Paar bekannt, bei dem ein jüngerer - und vor allem - begüterter Mann eine Beziehung mit einer (wesentlich) älteren statusniedrigeren Frau eingegangen ist. Die statushöhere Frau trifft in ihrem Milieu eher auf gleichaltrige oder ältere Männer. Der jüngere Mann hingegen findet in seinem Umfeld jugendlichere Menschen mit weniger sozialem

Ansehen als dem der Frau vor. Sowohl der Mann, als auch die Frau, holen durch die Beziehung eine neue Qualität in ihren Kreis, die im jeweils anderen als Mangelerscheinung gelten mag: Geringerer sozialer Status des Mannes und Alter der Frau. Elemente aus beiden Zirkeln werden zusammengeführt und bilden auf den ersten Blick einen Ausgleich (Homogamiethese) in der neuen Paarbeziehung.

Verena Kast erklärt, dass vor allem dann Neid entsteht, wenn sich ein Neider in einer schlechteren sozioökonomischen Position als der des Neiderregers befindet. Damit wird ein Defizit angezeigt, das Auskunft über Unerledigtes im Leben des Neiders gibt. Man gönnt dem anderen nicht, was der andere mehr oder besser hat als man selbst und wenn keine Aussicht darauf besteht, an der Lage etwas zu ändern. Verletztes Selbstwertgefühl wird durch Abwertung der Leistung oder des Gutes des Neiderregers neu reguliert. Wenn man nicht dieselben Optionen hat und/oder keine Chance besteht, diese auch zu nutzen, reguliert eine Attacke auf das Selbstwertgefühl des Neiderregers das Selbstkonzept des Neiders. Diese Überlegungen treffen auf unsere Paare zu, wie im Folgenden dargelegt wird.

Mit dem Blick auf „ungleiche" Paare ist das Selbstwertgefühl der Neider aus der Balance geraten. Im Neid äußert sich uneingestandene Begehrlichkeit, dieses oder jenes auch haben, sein oder ändern zu wollen. Dass dieses destruktive Konzept bei unseren Paaren vorübergehend auf fruchtbaren Boden fällt, zeigen die Abwehrreaktionen der Probanden: Der Mann wird in der Öffentlichkeit um ein paar Jahre älter gemacht, man wechselt den Freundeskreis oder bildet einen neuen. Daran lässt sich ablesen, welch heimliche Macht die Neider über Neiderreger besitzen.

7.4.1   Der weibliche Neid
Nicht umsonst spricht der Volksmund vom „Neid der Besitzlosen." Wie kann dieses Sprichwort an die Neider der „ungleichen" Paare angelegt werden? Hier ist es notwendig, das frühere Milieu der Befragten noch einmal näher anzuschauen: Die Frauen haben in der Regel ihr Milieu, das nicht zuletzt auch vom älteren Partner geprägt worden war, durch die Erschließung neuer sozialer Kreise mit dem jüngeren Mann verlassen. Konkret bedeutet es die Trennung vom „klassischen" Partner, berufliche Eigenständigkeit und/oder Etablierung ohne Partner, eigene Leistungen, eigenes Geld. Selten wird mitgedacht, dass diese Herauslösung auch mit Unsicherheit und Lebensängsten verbunden sein kann. Die noch in diesem früheren Milieu etablierten Frauen, Freundinnen, Bekannten sehen in der „ungleichen" Partnerschaft die Vorteile neuer Optionen bei einer anderen Frau. Diese Optionen sind ihnen selbst verschlossen. Sie nehmen wahr, dass ihre Freundinnen und Bekannten sich ihre Privilegien selbst

geschaffen haben, können aber nur widerstrebend akzeptieren, dass sie selbst (noch) in ihren Beschränkungen verharren (müssen). Frauen mit erweiterten Wahlmöglichkeiten oder mit einem Leben als vermeintlicher „Paradiesvogel" führen den eher traditionell lebenden Frauen daher ihre bewusst oder unbewusst als mangelhaft empfundene Lage vor Augen.

Lippke erklärt, dass Neid nicht nur ein Gefühl, sondern ein Werkzeug sozialer Kontrolle ist. Demnach setzt Neid eine soziale Beziehung in einer Konkurrenzsituation voraus. Der Neider stellt einen Mangel im Vergleich zum Potenzial des Neiderregers fest. Durch Abwertungen des Neiderregers wird sowohl die soziale Balance wiederhergestellt, als auch das Selbstwertgefühl des vermeintlich Unterlegenen gesichert. Weitere Aspekte des Neidgefühls sind Mangel und Verlust sozialer Vorteile. (Vgl. Lippke, 1996) Verena Kast formuliert, dass das Gefühl des Neides darüber Auskunft gibt, was an Unerledigtem im Leben noch ansteht. „Neiderreger und Neiderregerinnen waren auf jeden Fall eine Herausforderung zu mehr Selbstverwirklichung." (Kast, 1998, S. 48)

Da die Äußerungen von Neidgefühlen überwiegend vom Milieu der Frau ausgehen, ist es verständlich, dass die selbstständige Frau mit ihrem jüngeren Partner den Kontakt zu alten Freunden abflauen lässt, um sich ihren Platz im toleranteren Freundeskreis des Manns zu suchen.

Aus den Antworten der Probandinnen und Probanden kann daher geschlossen werden, dass den Männern und Frauen des Umfeldes ihre zunehmend schwächere Position innerhalb ihres sozialen Kreises bewusst wird. Die verminderten Chancen in der Ausgestaltung und Wahl des partnerschaftlichen Lebensstils kann man so skizzieren, dass Männern durch das Herausleben der Frauen aus Kreis quantitativ nicht mehr die gewohnte Fülle möglichen Partnerinnen zur Verfügung steht. Die Frauen haben noch keine Handlungsoptionen zu mehr Wahlfreiheit im Partnerpool erkundet und entwickelt. Die Überlegungen zum Neidgefühl werden konkret, wenn wir die Aussagen der Befragten daran anlegen. Wenn Frauen bei ihren Geschlechtsgenossinnen massive Neidgefühle feststellten, bekundeten sie damit, dass die Verbindung mit einem jüngeren Mann gleichzeitig auch eine Bestätigung von Attraktivität, Jugendlichkeit und Schönheit ihrer Freundin/Bekannten war. Die jüngeren Männer bildeten den interessanten Gegenpol zu ihrem gewohnten „Klassiker". Die Frauen setzten die jüngeren Männer ihrer Freundin/Bekannten gleich mit prickelnder Erotik, Vitalität, Abenteuer und gönnten ihren Freundinnen nur sehr schwer die außergewöhnliche Wende in ihrem Leben.

Einige Männer meinten voller Stolz, ihre Partnerinnen seien sicher keine Durchschnittsfrauen. Durch ihr Auftreten, ihre Bildung und Attraktivität seien sie eine echte Herausforderung für sie(die Männer) gewesen. Sie mussten sich anstrengen, um die Aufmerksamkeit der Frauen auf sich zu ziehen. Die Männer waren es in der Regel auch, die stärker um die Frauen werben mussten, als im umgekehrten Fall. Konnten sie die Partnerin von sich überzeugen, hatten sie „es geschafft." Sie waren stolz, anderen Männern vorgezogen worden zu sein und die Neider hinter sich gelassen zu haben. Unter diesen Aspekten wird die Verurteilung der neuen Beziehung durch Freundinnen und Freunde plausibel.

7.4.2 Der männliche Neid

Aufgrund der Forschungen von Verena Kast zum Thema Neid lichtet sich der Nebel um die Frage, warum das Umfeld „ungleicher" Paare mit diskriminierenden Äußerungen auf diese Beziehung reagiert und - umgangssprachlich formuliert - vor allem der Frau „das Leben schwer macht". Die Interpretation der Aussagen zum Neid können durch die Zitate aus Kapitel 6 gestützt werden. War der weibliche Neid von der Warte „noch nicht" aus betrachtet, zeigt sich bei den Männern der Mangel an Wahlmöglichkeiten durch „nicht mehr."

„Aus der Bürgerinitiative kamen die Kommentare: Mein Gott, so jung muss er auch nicht gerade sein. Das kam aber eher von Männern, vielleicht, weil die sogar ein bisschen eifersüchtig waren." (Lilli)

„Ich kenne eine ganze Reihe von Männern, die gerne mit ihr befreundet oder liiert gewesen wären. Die haben es nicht geschafft. Und ich bin stolz, dass ausgerechnet ich es geschafft habe." (Willi)

„Es kamen sehr wohl Neidgefühle auf, und zwar von älteren Männern." (August)

Der Psychologe Wilhelm Johnen erklärt, dass patriarchalische Regeln und gesellschaftliche Normen Männer über mehrere Jahrtausende in der Annahme bestärkt hätten, dass ihre Frauen ein Teil ihres Besitzes seien. Mittlerweile sind Frauen in ihren Möglichkeiten und in ihrer Unabhängigkeit den Männer schon sehr nahe gekommen. Damit besitzen Frauen ein wesentlich umfangreicheres Repertoire an Handlungsmöglichkeiten als noch vor einer Generation. Verbale Diskreditierungen „ungleicher" Paare können daher als Abwehrreaktionen erklärt werden, wenn „Klassiker-Männer" entdecken, dass Frauen die Stärke besitzen, sich aus traditionellen patriarchalischen Autoritätsverhältnissen zu verabschieden. Mit rhetorischen Techniken wird die Orientierung des Paares in seiner Regelwidrigkeit angeprangert. Die neue soziale Wirklichkeit, in der Frauen autonom Partner und Lebensstil wählen, löst daher bei Männern traditionellen Typs Angst und Aggressionen aus.

Herrmann führt aus, dass sich Männer aufgrund des Reproduktionsvorteils der Frauen als Mängelwesen empfinden. Die Angst vor diesem Mangel kompensieren sie mit der Umdeutung weiblicher Vorteile in Minderbesitz. (Vgl. Hermann, 2005) Die Interpretation der Aussagen aus den Interviews sowie der Zitate (Kapitel 6), deckt sich mit den Forschungsergebnissen Hermanns. **Damit lässt sich u. a. die Abweisung des Modells „Frau älter als Mann" erklären, denn hier wird die Verletzung vormals männlichen Reviers radikal verdeutlicht.** Die alte Machtposition lässt sich angesichts veränderter sozialer Wirklichkeit nicht mehr aufrecht halten. Mit seinen verbalen Attacken versucht der „Klassiker-Mann" seine traditionelle Rolle zu rechtfertigen und gleichzeitig seine Rollenunsicherheit zu verschleiern. Abwertende Äußerungen zur „ungleichen" Partnerschaft sind daher Maßnahmen zur Besitzstandwahrung insbesondre derjenigen Männer, die zur selben Generation von Frauen gehören, welche sich aus der „klassischen" Beziehung verabschiedet haben. Es muss für statushöhere Männer sehr schmerzhaft sein zu erfahren, wenn sich Frauen „passenden" Alters statusniedrigeren jüngeren Männern zuwenden. Das gilt vor allem dann, wenn sich der Mann traditionell über seinen Status definiert. Männer befürchten mit dem Eindringen des jüngeren Mannes in ihr Partnerrevier einen Macht- und Bedeutungsverlust. Sie greifen auch nach bewährten Mitteln der Machterhaltung, wie z, B. Abwertungen der Frauen in Bezug auf ihr Äußeres, ihre Intelligenz und Tüchtigkeit.

Die Interpretation der Aussagen und Kenntnisse über Kontext und Lebenssituation der Probanden führt zu der Schlussfolgerung, dass Frauen mit jüngeren Partnern oft ihre Befreiung von überkommenden Rollen erstritten haben. Mit dem Einbruch in das Terrain des Mannes mit klassischem Selbstverständnis verunsichern die Frauen gleichaltrige oder ältere Männer, die mit Diskriminierungen auf das Entgleiten der Frauen aus dem für sie passenden Partnerpool reagieren. Hinzu kommt, dass der Vormarsch der Frauen, sich einen neuen, für sie individuellen Lebens- und Partnerstil anzueignen, für die traditionellen Männer einen beschneidenden Charakter hat. Sie müssen ihren Alleinvertretungsanspruch der Wahlfreiheit in der Paarbeziehung aufgeben. Es fehlt ihnen auch in der Regel die Routine, ihre Einstellungen zu Veränderungen in ihrem Lebenslauf flexibel zu gestalten. Anstatt ihre Grundannahmen über die veränderte Wirklichkeit zu überprüfen, entwickeln Männer Abwehrstrategien zur Sicherung ihres „wohl erworbenen" Rechtes der Machtausübung. Ihr Männerbild gerät ins Wanken, weil jetzt eine offensichtlich starke Frau selbst auswählt, und zwar den jüngeren Partner. Der etablierte Mann sieht sich einer Schwächung seiner Machtposition gegenüber. Männer, so ist auf der Info-Screen der Universität Salzburg zu lesen, mögen keine Machtverluste: „Das macht sie wütend." Aus dieser Wut können sich abwertende Bemerkungen der

Männer zu „ungleichen" Paaren ableiten lassen. Sie zielen darauf ab, den Jüngeren nicht als gleichwertigen „Gegner" oder gar als den Überlegenen anzuerkennen, sondern er wird als Muttersöhnchen, Schwächling oder Spielzeug der reiferen Partnerin diskreditiert. Damit stellt der autoritätsbewusste Mann den jüngeren auf die Stufe eines Mannes, der es nicht Wert ist, dass man sich mit ihm duelliert.

Um die Wirksamkeit dieser Abwehrstrategien zu erhöhen, wird gleichzeitig die reife Frau auf den Status des Sexualobjektes „mit Ablaufdatum" herabgewürdigt, wie der Spruch „Salat von gestern" bestätigt. Die Umdeutung der Gleichung: Frau älter = unattraktiv zielt bei den Frauen nicht ins Leere, wie die Verinnerlichung diskreditierender Äußerungen zeigt. Mit Verzögerung wird die Macht dieser verbalen Attacken zur Beziehung „ungleicher" Paare jedoch früher oder später außer Kraft gesetzt. Frauen leben heute eigenständig, eigenmächtig und anerkannt. Sie sind Herrin im eigenen Haus. Wenn daher in den Interviews berichtet wird, in welcher Weise Männer ihren Neid äußerten, lässt sich ablesen, dass die Neider es nicht geschafft hatten, die attraktive, interessante Frau für sich zu gewinnen und ihnen die „Felle davon schwimmen."

Als weiterer Aspekt des Neidgefühls in unserem Fall sei der jüngere Mann als Verdränger des älteren genannt. Männer mit starker Wettbewerbsorientierung müssen erkennen, dass sie als Verlierer die Arena verlassen müssen.

7.5 Rollenwechsel: „Können Sie meinen Sohn ernähren?

Jahrhunderte lang stellten Väter, wenn sie um die Hand ihrer Tochter gebeten wurden, dem zukünftigen Schwiegersohn die Frage: „Können Sie meine Tochter überhaupt ernähren?" Damit wurden die Bedürfnisse der jungen Frau auf Essen und Trinken reduziert. Es galt, die Tochter in erster Linie materiell versorgt zu wissen. Der Mann war der Ernährer, er brachte das Geld nach Hause und besaß damit die Verteilungs- und Entscheidungsmacht im Haus. Status und Rollen waren klar definiert. In Österreich kennt man das Sprichwort: „Wer zahlt, schafft an!" („Anschaffen" bedeutet im Österreichischen „befehlen, das Sagen haben"; in der deutschen Sprache hat das Wort eine andere Bedeutung)

Beim Entwurf des Interviewleitfadens und eines Faktenblattes mit den Daten über Einkommen, Bildung und Vermögen der Probanden ahnte ich noch nicht, welche Bedeutung die Frage nach Geld und Status „ungleicher" Paare erlangen würde. Um den Erklärungsbedarf der Statusfrage für die Paare einfach und übersichtlich zu halten, wurden die drei Statuskriterien Bildung, Einkommen und Vermögen zum Vergleich ausgewählt. Die Probanden gaben ihre

Schulbildung und die des Partners an. Die Höhe des Einkommens und des Vermögens wurde jeweils in Prozent im Vergleich zu Einkommen und Vermögen des Partners/der Partnerin genannt und zurück datiert in die Zeit des Kennenlernens. Der Status wurde durch den direkten Vergleich der Bildung/Ausbildung, der Höhe von Einkommen und Vermögen der Männer und Frauen ermittelt.

„Er war stolz auf mein Doktorat. Er hat mich immer vorgestellt, das ist Frau Dr. H. und so." (Lilli)

„Als ich W. kennen lernte, war alles (die Karriere) gelaufen. Ich hatte einen Chefposten. Darauf habe ich großen Wert gelegt. W. führte mit seiner ersten Frau eine Studenten-Ehe." (Gerda)

„Die jüngeren haben es schwerer, wenn ein gewisser Wohlstand dahinter steht." (Irene)

„Sie(die erste Frau) war vor ihm fertig. Das wollte ich nicht. Diesen Zustand wollte ich nicht. Ich wollte, dass er irgendwann gleichzieht." (Gerda)

„Ich hatte Schluss gemacht. Ich hatte zwei Kinder und er keinen ordentlichen Beruf. Er war nur Konzipient, und ich konnte mir nicht vorstellen, wie es weitergehen würde." (Erika)

„Er war gerade kein Lehrling mehr und ich eine gestandene Frau..."(Angelika)

„Kai könnte ohne mich finanziell nicht überleben. Statusmäßig hat sich für mich die Waagschale nach unten bewegt. Das ist für Kai schon manchmal schwierig."(Irene)

„Für mich war es immer wichtig, unabhängig zu sein. Auch in den Beziehungen zu meinen vorherigen Männern war ich immer finanziell unabhängig. Emotionale Abhängigkeit hat schon gereizt, aber finanziell ...– es war immer ein starker Wunsch, von keinem Mann finanziell abhängig zu sein." (Irene)

„Beruflich gesehen ist es schwierig, wenn die Frau den höheren Status hat. Sportlich ist er egal."(Karla)

„Diese Ehe war die reinste Versorgung. Wir haben hauptsächlich geheiratet, weil der kein Stipendium mehr gekriegt hat und damit nicht versichert war. Und

er hat wohl gespürt, dass ich so was wie einen Retterinstinkt in mir habe."
(Trude)

„Er hat immer aus dem Vollen geschöpft und was gefunden; man muss nichts einteilen: Essen, Wohnen, dafür war immer gesorgt." (Trude)

„Ich verdiene mehr als er. Ich zahle auch mehr als er. Er will es aber nicht. Im Urlaub z. B... Ich hätte damit keine Problem." (Liesa)

„Er hat sich sehr wohl gefühlt. Er war der einzige unter seinen Freunden mit einer älteren, attraktiven Frau, die sehr viel Erfahrung hat, die erfolgreich ist."
(Karla)

In allen hier untersuchten Fällen hatte die Frau eindeutig den höheren sozioökonomischen Status als der Mann. Dabei wurde der Vorsprung der Frauen, aufgrund des höheren Alters bereits Karriere gemacht zu haben, berücksichtigt. Auch wenn die Altersdifferenz als Karrierevorteil der älteren Frau zählte, war eine Laufbahn, die den jüngeren Mann in Richtung Statusgleichheit mit der Partnerin weisen könnte, von ihm nicht explizit angestrebt.

Es war den Frauen wichtig, in den Interviews ihren höheren Status im Vergleich zu dem des Mannes zu erwähnen. Erst hier wurde auch die Relevanz des Statusunterschieds für die Frauen deutlich. Männer, deren Lebensverhältnisse mir bekannt waren, schummelten sich ein wenig in Richtung Statusannäherung an die Frauen heran; dennoch blieb immer noch ein klarer Statusvorsprung der Frauen bestehen. Für einige Männer stellte der höhere soziale Status - nach ihren Aussagen - dennoch kein allzu großes Problem dar. Im Gegenteil, sie waren stolz auf ihre erfolgreichen Frauen, die wiederum ihrem eigenen Status mehr Glanz verliehen. Manche Frauen hingegen meinten, dass ihr höherer Status den Männer zu schaffen gemacht hätte.

Wenn wir Rückschau in die Geschichte „ungleicher" Paare halten, ist festzustellen, dass auch in der vorindustriellen Zeit die an Jahren älteren Frauen, zumindest in finanziellen Belangen, die Oberhand hatten. Der Austausch von Ressourcen bildete den Grund, die „ungleiche" Partnerschaft einzugehen. So fädelte 1608 der Pater Veit Pachter das „Heiratsgeschäft" zwischen Lucretia und Wallenstein ein. Sie hatte von ihrem ersten Mann ein Vermögen und Ländereien geerbt. Wallenstein besaß das Know how, es zu verwalten. Der Altersunterschied betrug ca. fünf oder sechs Jahre. (Vgl. Golo Mann, Wallenstein, ohne Angabe der Jahreszahl)

Auch ein Blick in die Regenbogenpresse zeigt eindeutig die Statusgewichtung prominenter „ungleicher" Paare: Die britische Designerin Vivianne

Westwood ist mit dem um fünfundzwanzig Jahre jüngeren Österreicher Andreas Kronberger verheiratet. Die beiden Designer gelten als kongeniales Paar. Die Popsängerinnen Tina Turner und Madonna sind mit jüngeren Männern liiert. Demi Moore sieht man mit einer Kaugummiblase vor dem Mund neben ihrem um fünfzehn Jahre jüngeren Ehemann sitzen. Zwischen der österreichischen Schauspielerin Christiane Hörbiger und ihrem Mann liegen ebenfalls neun Jahre. Die Liste ließe sich noch lange fortsetzen. Bei den prominenten Paaren fällt auf, dass die Frau im Scheinwerferlicht der Öffentlichkeit steht und der jüngere Partner zwar auch berufliche Erfolge aufweisen kann, diese jedoch selten an die seiner Partner anschließen. Er wird in der Regel erst durch die Beziehung mit seiner erfolgreichen Partnerin erwähnt. Der höhere Status der Frau ist in Relation zu dem ihres jüngeren Partners ein wesentliches Merkmal bei der Konstituierung „ungleicher" Paare.

Vor sechzig Jahren formulierte Simone de Beauvoir „Die Freiheit der Frau beginnt beim Geldbeutel." Mit einer provokanten Frage an einige Probanden habe ich versucht, deren Phantasie zur Wahlfreiheit der Frauen in Gang zu setzen. Die Frage lautete: „Können sie sich vorstellen, dass ein gut aussehender, wohlhabender Mittdreißiger sich in eine mittellose, durchschnittlich aussehende Mittfünfzigerin verliebt?"

„Ich kann mir vorstellen, dass sie sich in einander verlieben, aber ich glaube, dass es nach einem halben Jahr vorbei ist. Weil dann der Alltag sie einholt." (Trudi)

„Ich glaube, dass Attraktivität in unserer Gesellschaft bei Männern darauf gegründet ist, Geld zu haben. Wir leben in einer materialistischen Gesellschaft. Ich glaube, das Gros der Frauen findet es schon toll, wenn es viel Geld gibt. Tendenziell hat ein fünfzigjähriger Mann viel mehr Geld als ein fünfunddreißigjähriger Mann. Ich kann mir das mit der Frau schon vorstellen, auch wenn es selten passiert. Denn wenn die Frau eine sprühende, lebendige Persönlichkeit ist, und dieser Mann eine sprühende ältere Frau interessant findet. Es ist nur so gegen den Mainstream." (Liesa)

Simmel hat in seiner „Philosophie des Geldes" die Sozialdimension des Geldes hervorgehoben. Demnach hat Geld u. a. die Funktion, die individuelle Freiheit eines Menschen zu steuern und mitzubestimmen. In der Sozialdimension des Geldes zeigt sich, wer sich auf welche Weise mit Geld individuelle Optionen schaffen kann. Daraus folgen u. a. die Abwahl von Abhängigkeiten und die Erschließung neuer persönlicher Bindungen. Geld ermöglicht mannigfache

Handlungsziele, mit denen sich unabgängig vom Geschlecht, die Ermöglichung neuer Paarbeziehungen erklären lassen. (Vgl. Simmel, S. 390 ff)

Die Abnahme geschlechtsspezifischer Bildungs- und Arbeitsbeschränkungen bei den Frauen hat auch hier zunehmend emanzipatorische Auswirkungen. Erwerbsbiografien von Frauen gleichen sich mit zunehmender Verfügung über verbesserte Bildungs- und Erwerbschancen den männlichen Biografien an. „Sie hält sich einen Jüngeren..." begleitet z. Zt. noch Beziehungen, in der die Frau an Jahren älter ist und einen höheren sozioökonomischen Status als der Mann vorweisen kann. In der Binnenstruktur der Paare dürfte der Statusunterschied keine nennenswerte Rolle spielen.

In soziologischen Überlegungen und Forschungsfragen wurde der Aspekt der Statusumkehr von Mann und Frau bisher vernachlässigt. Nave-Herz führt hierzu aus: „Der Ehemann, dessen Berufsposition geringer ist als die seiner Frau, wird jedoch wohl kaum durch sie in der gesellschaftlichen Prestigeskala aufsteigen; eher sind – in diesen seltenen gegebenen Fällen – gesellschaftliche Unsicherheiten in der Positionszuordnung, vor allen auch bezüglich der Familie, zu erwarten."(Nave-Herz, S. 95). Auch Becker vertritt die Ansicht, dass die Berücksichtigung dieser Fälle als Untersuchungsgegenstand aufgrund des geringen Auftretens vernachlässigbar ist. (vgl. Blossfeld & Timm, 2003)

Vergleicht man die Ergebnisse aus Kapitel 5 (Medien) mit der Interpretation der Aussagen von Probanden und Probandinnen, sind sie nahezu deckungsgleich mit den Aussagen und deren Interpretation in diesem Kapitel. Zusammenfassend lässt sich feststellen, dass der Frage nach dem sozioökonomischen Status unserer Paare eine Schlüsselrolle zukommt. Eine gute Berufsposition der Frauen, verbunden mit einem entsprechenden Einkommen, erhöht deren Wahlfreiheit in jeder Beziehung. So wie Frauen i. d. R. nicht mehr die ausgemusterten Autos ihrer Ehemänner fahren, nehmen sie auch in ihrer Partnerschaft nicht mehr irgendwen, sondern sie suchen aus.

7.5.1 Förderprogramm

Für keine Paarbeziehung ist es auf die Dauer förderlich, wenn ein asymmetrischer Status das Gleichgewicht zwischen Mann und Frau stört. Es ist bekannt, dass die Macht in asymmetrischen Verhältnissen zugunsten desjenigen ausfällt, der über die ergiebigsten Ressourcen verfügt und diese in die Partnerschaft einbringt. Auf den ersten Blick sind persönliche Eigenschaften und Talente, die ein Partner in die Waagschale wirft, schwieriger zu erfassen, um die vordergründige Übermachtstellung materieller Ressourcen auszugleichen. Bei sozioökonomischen Gütern, wie Beruf, Einkommen und Bildung ist das Machtpotenzial sichtbar und daher direkt erfahrbar. Wenn Ausmaß und Qualität der zur Verfügung stehenden Güter stark auseinander driften, ist die Gleichwertigkeit der Partnerschaft gefährdet (Homogamiethese). Dieses Ungleichgewicht führt in der Regel zu Frustrationen bei demjenigen Partner, der glaubt, am meisten in die Beziehung zu investieren. Nicht selten wird diese Frustration in aggressives Verhalten gegenüber dem vermeintlich Schwächeren transformiert.

In der Reziprozitätsnorm streben die Partner nach Ausgleich. Sätze, wie „alles bleibt an mir hängen...," u. ä. sind ein Alarmzeichen, wenn der Ausgleich nicht oder nicht mehr funktioniert. Dies kann geschehen, wenn z. B. ein Partner Karriere macht, Einkommen und Lebensstandard steigen und er derjenige ist, der in die Beziehung die größeren Ressourcen einbringt. Welche bewussten oder unbewussten Maßnahmen ergriffen nun die Paare, um ihren Statusunterschied auszuräumen?

„Ich habe immer gesagt, du musst auf die Uni, und wann machst du diese oder jene Prüfungen? Ich habe ihn natürlich unterstützt. Irgendwann hat es ihn nicht mehr gefreut, und dann hat es mich auch nicht mehr gefreut." (Trude)

„Ich hätte gerne gehabt, dass er sich einfach weiterbildet. Das war... so wie ich es wollte, das hat er nicht gemacht. Wir hätten mehr Möglichkeiten gehabt, miteinander zu sprechen. Eine andere Gesprächsbasis. Wenn er vielleicht noch einmal die Schulbank gedrückt hätte. Ich habe auf einen Mann verzichtet, mit dem ich mich über viele andere Dinge hätte unterhalten können." (Angelika)

Zu den Aussagen von Trude und Angelika ist anzumerken, dass beide Frauen Lehrerinnen sind und sie ihren Beruf möglicherweise „mit nach Hause" genommen haben. Vielleicht trug der erhobene Zeigefinger mancher Frauen zur Verweigerungshaltung ihrer Partner bei. Einige Probandinnen fürchteten, dass der Druck auf die Männer so groß gewesen sein könnte, dass sie sich pflegeleichtere Freundinnen suchten. Auf der anderen Seite setzte die Fruchtlosigkeit ihrer Bemühungen um mehr Ehrgeiz zur Berufs- und Persönlichkeitsentwicklung auch den Frauen zu.

In den Interviews gaben Männer und Frauen gleichermaßen an, dass sich eine erfolgreiche Partnerschaft auf Augehöhe einpendeln sollte. Die Frauen wurden unterschiedlich aktiv: Während sich die Männer offenbar rasch an den Statusunterschied gewöhnt und in ihrer Partnerschaft damit eingerichtet hatten, bemühten sich die Frauen darum, „mehr" aus den jüngeren Männern zu machen. Sie waren bestrebt, ihre Partner zu fördern, damit sie auf gleicher Augenhöhe mit ihnen stehen konnten. Diese Bemühungen wurden von den Frauen entweder subtil eingesetzt, um dem Mann zu ersparen, seine Partnerin mit erhobenem Zeigefinger zu erleben, oder auch direkt, wenn feine Winke nichts fruchteten.

„Ich wollte, dass er irgendwann gleichzieht. Ich wollte nicht, dass er hinter mir herhinkt." (Gerda)

„Ich habe viel Wert darauf gelegt, dass er was wird." (Gerda)

Bei Gerda und Willi hat die Statusangleichung funktioniert. Die ehemalige Vorgesetzte konnte – auch nach einigen Widerständen – ihren Mann auf Augenhöhe etablieren. Sie hat die berufliche Weiterentwicklung ihres Mannes unauffällig in die Hand genommen.

„Wir hatten das gleiche Hobby. Er war italienischer Meister. Da habe ich mich nach ihm gerichtet. In anderen Bereichen wir gleichgestellt."(Karla)

Von außen betrachtet, liegt zwischen Klaudia und ihrem Freund ein erkennbarer Statusunterschied zu ihren Gunsten. Dennoch meint sie, mit ihm gleichgestellt gewesen zu sein. Er hatte sich bereits als Anfang Zwanzigjähriger erfolgreich die berufliche Selbständigkeit erkämpft. Sportlich war er ihr überlegen, und auch im Freundeskreis dürfte er als italienischer Meister in seiner Sportdisziplin eine prominente Stellung inne gehabt haben. Hier wird berufliche Etablierung mit überdurchschnittlichem sportlichen Erfolg kompensiert.

„Mit dem Jungen hatte ich zum ersten Mal einen Mann, der sagte, schau, was Dir wichtig ist." (Irene)

Die meisten Frauen hatten die Erfahrung gemacht, dass sie durch die Dominanz ihrer früheren Männer in ihrer Entwicklung eingeschränkt worden waren. Innerhalb der Beziehung zum jüngeren Mann versuchten sie nun, durch die Förderung des jungen Mannes ihren Autoritätsvorsprung, der sich in ihrem höheren sozioökonomischen Status manifestiert hatte, zu nivellieren. Dies zeigt, wie wichtig es für die Frauen ist, aufgrund ihrer eigenen Erfahrung mit autoritärem Verhalten, dem jüngeren Mann ihr Förderprogramm unauffällig und unaufdringlich zu vermitteln. Sie versuchten durch mehr oder minder direktes Einwirken seinen Status in der Partnerschaft nach Außen sichtbar zu erhöhen. Ich erinnere mich in diesem Zusammenhang an die Geschichte der Gräfin M. Sie war mit einem zwanzig Jahre jüngeren Mann aus so genannten „kleinen" Verhältnissen verheiratet und legte allergrößten Wert darauf, dass die Leute des Ortes ihn mit Graf R. titulierten, obwohl die Führung von Adelstiteln in Österreich bereits 1918 abgeschafft worden war.

Für das Förderprogramm der Männer durch ihre Partnerinnen werden zwei Motive deutlich: Mit der Angleichung an ihren Status wirkt die Frau der häufig geäußerten Vermutung entgegen, sie „hielte" sich einen Jüngeren. Nicht nur im Beruf, sondern auch in der Partnerschaft, etabliert sich mittlerweile ein typisch weiblicher Führungsstil. Analog zu einem weiblichen Führungsstil im Beruf verzichteten die Frauen auf ihre Demonstration von Autorität zugunsten einer partnerschaftlichen Balance. Es fällt auf, dass hier offenbar die Frauen versuchen, durch ihre Zurücknahme statusbedingter Autorität die Balance der Beziehung zu steuern. Die Männer wurden zwar von den Frauen zur Weiterbildung angeregt, aber es dürfte nicht zu ihren vordringlichen Anliegen gehört haben, berufs- und statusbedingt mit ihren Partnerinnen in einen Wettbewerb zu treten. Frauen wollen nicht mehr zu Männern aufschauen müssen, denn nicht nur bildlich gesprochen bedeutet es, dass der Mann dann auch auf sie herabschaut. Diese Praxis widerspricht der Einschätzung von „Klassikern", wonach die Unabhängigkeitsbestrebungen der Frauen eine Rollenkonfiguration anstreben, die den Status des Mannes schwächt.

Die meisten jüngeren Partner haben nicht die Ambitionen, mit ihren statushöheren Frauen beruflich und finanziell gleich zu ziehen. Es lassen sich auch keine Neidgefühle auf die Erfolge der Frau erkennen. Stolz und das Selbstbewusstsein, andere Qualitäten einzubringen, konstituieren die Balance der Beziehung. **Der Ausgleich, andere Qualitäten in die Waagschale zu werfen, ist ein für die Paarbeziehung wesentlicher Aspekt, um eine Statusinkonsistenz zwischen den Partnern auf Dauer zu verhindern.** Der Prestigeverlust des Höhergestellten durch den niedrigeren Status des Partners im Sinne eines Pygmalioneffektes könnte das Paar nachhaltig beeinträchtigen.

Hier ist zu vermuten, dass das Vorbild der Väter, sich oft über ihren Beruf zu definieren, abschreckend wirkt. Die jüngeren Männer sehen im höheren sozioökonomischen Status ihrer Partnerin kein Problem. In keinem der Interviews kamen Bedenken der jüngeren Männer in Bezug auf den höheren Status ihrer Partnerin zur Sprache. Die Männer wirkten souverän und selbstbewusst genug, um sich nicht als Junior-Partner der statushöheren Frau zu verstehen.

7.5.2 Märchenprinzen oder Lückenbüßer?
In der Einleitung wurde gefragt, ob „ungleiche" Paarbeziehungen frei gewählt sind oder der Not fehlender Alternativen gehorchen. Die bisherige Analyse des Materials zeigt, dass die Paare ausschließlich von Liebe, Gefühl und von ähnlichen Interessen als Klebstoff für ihre Beziehung sprechen. Wenn nun deutlich ist, dass in allen hier geschilderten Fällen, das gilt auch für die Medien- und Literaturrecherche die Frau einen höheren sozioökonomischen Status bekleidet als der Mann, soll eine Position vorgestellt werden, die ein neues Licht auf die Partnerwahl wirft.

Der Soziologe Hans-Peter Blossfeld von der Universität Bamberg stellte in einem aktuellen Forschungsprojekt fest, dass bei zunehmend höherem sozioökonomischen Status der Frau die Partnerwahl für diese zunehmend schwieriger wird. Demnach gilt noch immer das archaische Schema, dass Frauen Männer wählen, die ihnen durch ihre kräftige körperliche Erscheinung und ihren Status versichern, sie und die Kinder ernähren und beschützen zu können. Das Muster des überlegenen Mannes scheint sich genetisch so tief eingebrannt zu haben, dass es noch immer Wirkung zeigt. Wo finden erfolgreiche Frauen bindungswillige Männer, die ihnen statusmäßig gleichstellt oder gar überlegen sind?

Blossfeld beruft sich in seinen Überlegungen auf Forschungsergebnisse von Becker (1981). Demnach heiraten Männer und Frauen nicht nur aus Zuneigung, sondern auch wegen geschlechtsspezifischer Aufgabenteilung. Lt. Becker bestimmen Bildung und Einkommen des Mannes den sozialen Status der gesamten Familie. Frauen haben zwar ähnliche Eigenschaften wie ihre Männer, aber weniger Orientierung am Arbeitsmarkt. Frauen, die „hinunter" heiraten bzw. Männer, die „hinauf" heiraten, bilden eine Ausnahme in traditionellen Gesellschaften. Frauen, die einem Broterwerb nachgehen und mit abhängigen Männern liiert sind, bilden lt. Becker ein Risiko in der Gesellschaft. Sie werden von Freunden, etc. negativ beurteilt. Die Probanden in dieser Studie sind zwar materiell von ihren Partnerinnen nicht abhängig, ihnen aber dennoch unterlegen.

Welche Rolle könnte der „umgekehrte" Altersunterschied in Bezug auf den Status des Paares spielen? Wo findet der Austausch von Ressourcen statt, der bekanntlich eine Beziehung in ausgewogener Balance hält? Die Angleichung der Frauen an den Bildungs- und Ausbildungsstand der Männer kann dazu führen, dass sie innerhalb einer später geborenen Kohorte „abwärts" heiraten. Blossfeld sieht voraus, dass daher immer mehr weniger gebildete Männer besser gebildete und verdienende Frauen heiraten. Diese Frauen haben es schwer in einer Gesellschaft, in der der Mann noch immer als Versorger definiert ist. Die vorherrschende Norm in unserer Kultur ist die Frau als Zweitversorger(in). Sie verdient „dazu." Diese Norm hält sich und lässt andere Muster kaum gelten. (Vgl. Blossfeld/Timm, 2003)

Als problematisch wird demnach die Lage im Partner-Pool eingestuft, wenn gut ausgebildete Frauen mit einem hohen sozioökonomischen Status einen Heiratskandidaten suchen, der auf ihrem Niveau lebt und arbeitet. Wenn etwa gleichaltrige oder ältere Männer gesucht werden, ist der Partner-Pool nahezu leer gefischt, denn hier driften die Anforderungsprofile der Frauen mit der Verfügbarkeit passender Männer auseinander.

Nicole Schiller, Psychologin der Online-Partnerbörse Parship, bestätigte diese Tendenz. Sie meinte, dass sich gut ausgebildete Frauen, vielleicht in Führungspositionen mit entsprechendem Einkommen, einen Partner mit einem höheren Status als dem ihren wünschen; viele dieser Männer aber eher „abwärts" heirateten. Bei ihrer Online-Partnerbörse legt niemand so strenge Suchkriterien an, wie diese gut ausgebildeten Frauen. Mit ihren Beobachtungen bestätigt Nicole Schiller Blossfeld Untersuchungen, denn wenn mehr als die Hälfte aller Hochschulabsolventen weiblich ist und diese Frauen hinauf heiraten wollen, fehlt die entsprechende Zahl hoch qualifizierter Männer im Partnerpool.

Warum ist das so? Männer mit guter Berufsposition möchten i. d. R. auch noch eine Familie gründen und wählen daher lieber (gebildete) Frauen mit Familienorientierung. Berufsorientierte Frauen sind weniger bereit, Beruf, Status und Einkommen, ihre Selbständigkeit, zugunsten einer (größeren) Familie aufzugeben. Diese Überlegungen machen plausibel, warum statushöhere Frauen, wenn sie schon keinen Partner passenden Alters und gleichen bzw. höheren Status' finden, einen Jüngeren bevorzugen: Wenn schon Statusunterlegenheit, dann wenigstens zum Ausgleich Jugendlichkeit und Frische? Es kann daher vermutet werden, dass das jugendlichere Alter der Männer den Frauen unbewusst als Ausgleich für den geringeren sozioökonomischen Status ihrer Partner dient.

7.5.3   Ich kann so sein, wie ich bin...

Welcher Austausch von Ressourcen findet mehr oder weniger bewusst statt, wenn mehrheitlich ähnliche Aussagen der Probanden bei gleichzeitiger Betonung des Statusunterschiedes der Frauen geäußert werden? Kann die Jugend des Mannes im Vergleich zu derjenigen der Frau als einzige Ressource herangezogen werden?

Ungefragt, aber von Frauen immer wieder betont und von den Männern bestätigt, taucht in den Interviews der Satz auf: „Bei ihm (dem jüngeren Mann) kann/konnte ich so sein wie ich bin." „So sein, wie ich bin...." Die Tragweite dieser Aussage lässt sich nur im Kontrast zu vorangegangen Beziehungen/Ehen der Frauen herausarbeiten. Es scheint, als wäre vorher – wie bei Aschenputtel - der Fuß passend zum Schuh gemacht worden, m. a.W. die Frauen modellierten ihre Identität passend zu den Vorgaben ihrer Partner.

In Kontakt- und Heiratsannoncen formulieren Männer ihr Anforderungsprofil an die Wunschfrau nicht selten mit den Worten „vorzeigbar in Jeans und Abendkleid..." Sind Kontaktanzeigen so oder ähnlich formuliert, drängt sich die Vermutung auf, dass der Mann eine passende wechselnde Dekoration für seine Auftritte sucht. Die Partnerin wird nicht selten zur „trophy woman". Das ändert sich mit dem jüngeren Partner, für dessen Bereitschaft zur „ungleichen" Partnerschaft an späterer Stelle eine Erklärungsmöglichkeit skizziert wird.

„Ich hab studiert, und er war mein Professor. Und dieses Verhältnis hatten wir auch in der Ehe. Er konnte dieses Verhalten nicht ablegen. Bei allem machte er mir Vorschriften. Das ist auf Dauer mühsam. Unsere Ehe hat damit geendet, dass der Heinz auf der Couch gesessen ist und gesagt hat, wenn du nicht endlich deine Dissertation fertig machst und du dich nicht weiter entwickelst, dann lasse ich mich scheiden. Und dann habe ich nur gesagt: Wann?" (Trude)

„Bei den älteren war das immer so. Die hatten ihre fixen Vorstellungen, wie was zu sein hatte. Die haben immer Druck ausgeübt. Dieser Lebensweg ist vorgezeichnet. Und so und so musste ich ihn gehen." (Irene)

Der Kontrast zum ehemaligen traditionellen Partner lässt sich erst in der Rückschau herstellen, denn die Frauen steuerten nicht zielgerichtet auf einen jüngeren Partner zu, sondern „es passierte", „es hat sich so ergeben." Erst die Erfahrungen mit dem jüngeren Mann geben den Frauen Vergleichsmöglichkeiten. Hier kommt wiederum die Frage von Macht und Autorität ins Spiel: **Das Kontrastprogramm mit dem jüngeren Mann ist durch die Loslösung aus männlicher Autorität und Kontrolle lebbar geworden.** Die statusgebundene Autorität des ehemaligen Partners traditionellen Typs wird von der Frau nicht mehr anerkannt. Der (vermeintlich) sichere Hafen der traditionellen Paarbeziehung wird eingetauscht gegen eine Beziehung, für die bestenfalls Vorbilder im Prominenten-Milieu existieren, deren Brauchbarkeit für Normalpaare zunächst aber fragwürdig zu sein scheint.

Die Anpassungsleistung von Frauen in früheren Beziehungen mit gleichaltrigen oder älteren Männern verlief im Allgemeinen so, dass sich die Frau dem älteren Mann anpasste. Seiner Vorstellung, wie (s)eine Frau zu sein habe, hat sie sich gefügt und die Bildung ihrer Identität daran orientiert. Die Adaptierung des Frauenbildes nach dem Geschmack ihrer Partner hatte zur Folge, dass die Frauen - zumindest teilweise - die Entwicklung ihrer eigenen für sie passenden Identität zurückstellten, um damit mögliche Konflikte in der Partnerschaft zu entschärfen. Die Akzeptanz der Autorität des Mannes brachte und bringt Bemerkungen hervor, wie: „Mein Mann glaubt, mein Mann sagt, mein Mann meint...." Diese Überlegungen werden von Hohenester bestätigt, die sich auf Forschungen von Beck beruft. Demnach werden von den Männern Gleichheitsansprüche der Frauen nicht anerkannt. Männer verteidigen Ihre Privilegien und damit eine Ungleichheitsstruktur. Die Forderungen der Frauen blieben auf der Strecke und fördern eher ein Gegeneinander der Geschlechter. (Vgl. Hohenester, 2000, S. 33) Harmonie um den Preis, „die Faust in der Tasche zu ballen", wie es ein Proband formulierte, bildete einen Wert an sich. Die Frauen legten zugunsten einer fragilen Harmonie ihre unbearbeiteten Potenziale auf Eis und mussten erst lernen, ihrer eigenen Meinung Glauben zu schenken.

„Im Übrigen dürfte der Mann noch nicht geboren sein, der auf Dauer eine wesentlich erfolgreichere Partner (Berufstätigkeit, Einkommen, akademische Bildung, Promotion) neben sich erträgt. Auch wenn Lippenbekenntnisse anders lauten mögen und sich die Beziehung fürs erste harmonisch anlässt, sammelt sich Neid beim Unterlegenen an, nimmt die Abneigung gegen die Erfolgreiche zu, Minderwertigkeitskomplexe beim Partner werden von der Karrierefrau zunehmend mit Überlegenheitsstrategien kalkuliert." (Herrmann, S. 237 f)

Der sicherste Weg, sich der Zuneigung des Anderen in der Anfangsphase zu versichern, ist die die Aufgabe der Individualität, so Hermann. „Sage mir, welchen Mann/welche Frau du willst, und ich werde es für dich sein...". Bei unseren Paaren stellte sich das Gegenteil heraus. Keiner der Männer hatte den Wunsch geäußert, seine Partnerin „passend" zu erziehen. Sehen wir von den mehr oder weniger dezenten Versuchen der Frauen ab, ihre Partner mit ihrem Förderprogramm auf Augenhöhe zu positionieren, zeigt sich in der Respektierung zur Wahrung der individuellen Freiheit und der Bedürfnisse der Partner die Stärke „ungleicher" Paarbeziehungen.

Wir haben es im Fall „ungleicher" Paare offenbar mit einer Umkehr geschlechtspezifischer Ressourcen zu tun. Nach dem klassischen Muster hat der Partner mit den meisten Ressourcen die größere Macht. Der relative Statusvorsprung würde nach dem traditionellen Muster des „Klassikers" den Mann bevorzugen. Es muss noch einmal betont werden, dass das neue Rollenbild „ungleicher" Paare zeigt, dass hier die Frauen im Vergleich zu traditionellen Paarbeziehungen ihren sozioökonomischen Statusvorsprung nicht durch Machtperformance etablieren. Der jüngere Mann kommt offenbar mit ihrem höheren Status seiner Partnerin gut zu recht, ähnlich wie in klassischen Beziehungen die Frauen die Statusüberlegenheit ihrer Partner als selbstverständlich erachteten. Es wird jedoch deutlich, dass die Frauen in „ungleichen" Paarbeziehungen keinen Wert darauf legen, ihre Definitionsmacht zugunsten der partnerschaftlichen Balance auszuspielen. Die jüngeren Männer empfinden keine Neidgefühle und erleben in der Regel auch keine Verunsicherungen durch die statushöhere Frau. Diese begegnet weniger dem „Muttersöhnchen", als einem starken Mann, der souverän genug ist, um nicht vor ihrer statusbedingten Autorität in die Knie zu gehen. Im Gegenteil, Unterlegenheitsgefühle des jüngeren Mannes gegenüber seiner statushöheren Partnerin lassen sich nicht feststellen, sondern eher Stolz und Freude, eine besondere Frau erobert zu haben. Gerade die fehlende Autoritätsbindung und die damit einhergehende Lockerheit des jüngeren Partners bewerten die Frauen als neue Qualität in ihrer Beziehung.

Vorsichtig resümiert, haben jüngere Männer aufgrund ihrer Sozialisation mit dem Autoritätsvorsprung ihrer Partnerinnen kein Problem, denn als Kinder der 68er haben sie gelernt, Autorität nicht als per se gegeben anzuerkennen. Sie wurden von ihren Eltern angehalten, Autorität zu hinterfragen, zu differenzieren und diese nicht blind anzuerkennen. (Vgl. Nave-Herz, 2007, S. 58ff)

Bei der Gestaltung der Partnerschaften mit älteren und statushöheren Frauen erweist sich das Erlernen kritischer Distanz zur Autorität als Vorteil. Dieser Vorteil trifft mit der Erfahrung der statushöheren Frau zusammen, dass Dominanz und Machtausübung die partnerschaftliche Balance gefährden können. Obwohl Leistungen und Güter der Partner auch unter Berücksichtigung von Übergangsphasen, wie z. B. Studenten-Ehen, verglichen werden, ist hier die Reziprozitätsnorm nicht gefährdet.

„Macht braucht Kontrolle", lautete vor einigen Jahren die Wahlwerbung einer österreichischen Partei. Genau dieses Kontrollbedürfnis und auch die Kontrollinstanz durch den statushöheren Partner scheinen bei „ungleichen" Paaren nicht vorhanden zu sein. Die frühere Ausübung und Autoritätssicherung durch den älteren Mann empfanden Frauen für sich als Behinderung auf dem Weg zu ihrer individuellen Entwicklung. Sie möchten daher umgekehrt diesen Fehler bei ihrem jüngeren Partner nicht wiederholen. Die als repressionsfrei empfundene partnerschaftliche Offenheit wurde von den Paaren als Wert an sich geschätzt und die Andersartigkeit als neue Erfahrung, nicht aber als Bedrohung, gesehen. Damit können wir ein Abrücken von der gesellschaftlich vordefinierten Beziehungspraxis feststellen. Die Qualität der Beziehung steht im Vordergrund, unabhängig der normativen Vorgaben von Alter und Status.

Gerade die Entwicklung der dominanzreduzierten Identität und ihre Akzeptanz beim Partner binden die Paare in Freiheit an einander. Die Frage nach Anpassungsleistungen, welche für die Entstehung ihrer egalitären Partnerschaften erforderlich waren, benötigte eine längere Überlegenspause. Die Probanden sagten aus, dass, wenn der Anpassungsprozess stattgefunden habe, dieser unauffällig und ohne Machtspiele vonstatten gegangen sei. Nennenswerte Probleme wurden nicht erwähnt, und auch das Aushandeln der Rollen sei konfliktarm verlaufen. Antworten auf die Frage nach der Jugend des Mannes als Ressource ergaben, dass nicht die Jugend an sich als Ressource anerkannt wird, sondern die damit verbundenen Eigenschaften der Partnerschaftlichkeit auf Augenhöhe.

7.5.4 Täter-Opfer-Rolle

Mit den unter 7.5.3. diskutierten Aussagen der Probandinnen, wie: „Ich kann so sein...." kommen als so genannte „Nebenmenschen" die männlichen Expartner der Probandinnen ins Spiel. Es wird eine Täter-Opfer-Haltung bei den Frauen deutlich. Mit ihren Aussagen, wie oben zitiert, schreiben die Frauen den Männern aus ihren ehemals „klassischen" Beziehungen zu, sie dominiert, unterdrückt und in ihrer individuellen Entwicklung behindert zu haben. Es ist anzunehmen, dass die Opferrolle von den Frauen konstruiert wurde, um eine gewisse Hilflosigkeit im Rahmen ihrer traditionellen früheren Beziehung zu illustrieren. Die Frauen erlebten in ihrem früheren Beziehungsalltag mit einem patriarchalisch geprägten Partner, dass die Beziehung es nicht zuließ, so zu sein, wie sie waren oder gerne gewesen wären. Die geforderte Anpassung durch den Partner und der Versuch der Frauen, diesen Forderungen zu entsprechen, wurden als Beschneidung der eigenen Identität empfunden. Ein Proband formulierte: „Der patriarchalische Mann versucht, die Frau mit erhobenem Zeigefinger zu domestizieren, und sie antwortet mit der Faust in der Tasche." (Willi)

Die Interpretation der Aussagen wird von Hohenester gestützt. Hohenester greift auf Interviews der Central Pennsylvania Studien von Furstenberg/Spanier aus dem Jahr 1984 zurück: „Frauen, die in ihrer ersten Ehe mit älteren, dominanten Partnern verheiratet waren, entwickeln in der Phase des Alleinlebens nach gescheiterter Ehe neue Deutungs- und Konstruktionskompetenzen. Sie lassen einseitige Dominanzansprüche nicht mehr zu. (Hohenester, S. 251)

Ist es ist möglich, dass die Bürde des Autoritätsanspruches durch den patriarchalisch erzogenen Mann, so wie die Frauen sie empfunden und in den Interviews dargelegt haben, nun als Rechtfertigung für die Hinwendung zum jüngeren Mann herangezogen wird? Diese Rechtfertigung in Verbindung mit der Liebe zum jüngeren Mann wird erst in der Retrospektive konstruiert, denn diejenigen Frauen, die hier zu Wort gekommen sind, hatten sich mit einer Ausnahme bereits vor der Beziehung mit dem jüngeren Partner von ihren „klassischen" Beziehungen getrennt. D. h. sie hatten sich während der aufrechten „klassischen " Partnerschaft noch nicht mit dem Kontrastprogramm „jüngerer Partner" befasst. Im Fall der Probandin, die bereits vor ihrer Ehe eine außereheliche Beziehung zu einem jüngeren Mann einging, ließ sich der Ehemann scheiden. Der jüngere Partner war daher nicht ihr Scheidungsgrund. Die Konstruktion des „Account" hilft hier offenbar den Frauen, ihr Selbstbild vor dem gesellschaftlichen Skeptizismus zu schützen. Inwieweit erst nachträglich die Schuldzuweisung an den Expartner der Frauen einsetzte, ließ sich nicht feststellen.

Von den Männern in diesen Interviews wissen wir, dass sie in früheren Beziehungen oft mit erheblich jüngeren Partnerinnen liiert waren. Diese Tatsache wird von den Männern zwar erwähnt, aber nicht weiter erläutert. Keiner der Männer erklärte, was ihn an der jüngeren Partnerin gestört hatte. Im Vergleich zu den Frauen zogen die Männer keine unbefriedigende frühere Partnerschaft als Rechtfertigung für die Hinwendung zur neuen reiferen Partnerin heran. Sie ließen ihre Erfahrungen auf sich beruhen.

7.5.5 Sosein oder Stressbeziehung?

„Diesen Stress täte ich mir nie an...."und ähnliche Bemerkungen fielen im Freundes- und Bekanntenkreis der Probandinnen. Damit war gemeint, dass die Frauen nun besonders großen Wert auf Aussehen und Jugendlichkeit legen müssten. Die Beziehung mit einem an Jahren jüngeren Mann bedeutete demnach einen über das Übliche hinaus reichenden Mehraufwand an Disziplin zur Sicherung der Attraktivität. Das ist auf die Dauer mühsam! Der jüngere Mann wird von Außenstehenden als Stressfaktor für seine Partnerin gewertet. Ist eine Zweierbeziehung ohnedies schon durch etwa gleichaltrige Rivalinnen gefährdet, potenziert sich die Unsicherheit verlassen zu werden, noch durch die Altersklasse der jüngeren Frauen, die den Partner umschwärmen könnten - so die Annahme. Die äußere Attraktivität der Frau wird als Gradmesser für die Belastbarkeit und Dauerhaftigkeit der Beziehung herangezogen. Die Gleichung lautet: Je weniger die Frau ihre jugendliche Ausstrahlung aufrechterhalten kann, desto größer ist das Risiko, den Mann an eine jüngere Frau zu verlieren. Diese Meinung wird von Außenstehenden vielfach vertreten. Umgekehrt wird beim jüngeren Mann nicht infrage gestellt, ob er vielleicht seiner älteren Partnerin nicht mehr „genügen" könnte.

Es wird als selbstverständlich angenommen, dass die Frau aufgrund ihres Altersvorsprungs die schlechteren Karten gezogen hat und irgendwann die Verlassene sein wird. Die Jugendlichkeit des Mannes hingegen wird als gegebener Vorzug definiert, dem auch die Wahrscheinlichkeit innewohnt, dass er sich von der Frau trennen wird, sobald sie seinen Ansprüchen und Vorstellungen nicht mehr genügt. Umgekehrt sollte die Frau froh sein, einen jüngeren Mann in ihrem Leben zu haben, und sie muss sich tüchtig anstrengen, auf ihr Äußeres schauen und jugendlich bleiben, damit der jüngere Mann ihr eine Weile erhalten bleibt. Die Probanden und Probandinnen in dieser Studie vermitteln ein anderes Bild.

„Ich kannte einmal ein Paar, das war der Altersunterschied noch größer. Er hat sich von ihr getrennt, und das war für sie eine ganz schreckliche Geschichte. Sie war eine sehr schöne Frau, aber ihre Haare waren weiß. Er war sehr sichtbar, der Altersunterschied. Ich dachte, es ist für eine Trennung egal, wie groß der Altersunterschied ist. Diesen Kummer kann jeder haben." (Irene)

„Ich empfinde zwar jüngere Frauen als Rivalinnen, aber ich tu trotzdem nicht mehr für mein Äußeres."(Gerlinde)

„Ich durfte so sein, wie ich war Ich habe mich in der Zeit überhaupt nicht angestrengt, anders zu sein, als ich bin. Ich war damals einfach furchtbar agil und unternehmungslustig. Diese Beziehung hat mich so angetörnt, wie nichts vorher und nichts nachher. Es hat mich sehr aufgebaut. Er war in jeder Beziehung ein Jungbrunnen für mich." (Erika)

„Ich musste nie ein Blatt vor den Mund nehmen. Wir haben ausgefallene Sachen gemacht, wir haben geblödelt, wir haben alles ausprobiert. Das hätte ich mit meinem Exmann nie gemacht, da wäre ich mir blöd vorgekommen." (Erika)

Es sei noch einmal hervor gehoben, dass der Einwand, jüngere Männer müssten ein Stressfaktor sein, von Außenstehenden stammt. Vergleicht man die Vorgaben der patriarchalisch sozialisierten Expartner mit den autoritätsreduzierten Partnerschaftsvorstellungen der Jüngeren, fällt auf, dass es hier wiederum der Frau zugeschrieben wird, sich zu bewegen und sich dem Partner anzupassen. Sowohl in ihrer früheren traditionellen Beziehungsform, als auch in der aktuellen Beziehung mit einem jüngeren Mann, gehen Außenstehende davon aus, dass die Männer die Mittelpunkte sind, um die sich die Frauen drehen. Dass auch jüngere Männer die Verlassenen sein können, scheint – so die allgemein verbreitete Meinung - eher unwahrscheinlich zu sein. August P. gab an, seine vierzehn Jahre ältere Freundin habe sich wegen eines Zweiundzwanzigjährigen von ihm getrennt. Die Tatsache, für einen noch jüngeren Mann eingetauscht zu werden, machte ihm mehr zu schaffen, als die Trennung an sich. Die Annahme von Außenstehenden, jüngere Männer seien für die Frauen Stressfaktoren, wird durch die Erfahrungen der Paare außer Kraft gesetzt. Kehren wir zum Ausgangspunkt „Kennen lernen" zurück, zeigt sich, dass sich die Ungezwungenheit der ersten Begegnung fortsetzt. Die Vorstellung, ältere Frauen müssten sich jetzt besonders anstrengen, um den jüngeren Mann zu halten, wiesen die Probanden von sich. Alle Probanden gaben an, dass die anfängliche Unbekümmertheit beibehalten wurde. Keine der Frauen vollbrachte besondere Anstrengungen, um jünger und jugendlicher zu wirken. Einer Schönheitsoperation wollte sich keine der Frau unterziehen.

„Natürlich sehen jüngere Frauen anders aus. Er weiß, was er an mir hat, und wenn er das will, ist das OK. Ich schaue, dass ich mich halte. Das war's." (Angelika)

„Ich glaube, dass die Ausstrahlung, wenn eine Frau einen jüngeren Mann trifft, strahlt sie etwas anders aus...Sie provoziert ihn eigentlich." (Angelika)

Die jüngeren Männer reduzierten ihre Partnerinnen nicht auf äußere Attraktivität, sondern sie liebten sie mit all ihren „Lebenszeichen." Eine Probandin meinte, ihr Freund sei ein wahrer „Faltenkiller" gewesen. Grund hierfür war die Verliebtheit, und nicht etwa besondere kosmetische Anstrengungen. Verliebtheit, ihre Strahlkraft, ist an kein Alter gebunden und in beide Richtungen wahrnehmbar.

Es lässt sich feststellen, dass Bemerkungen über den Stressfaktor in einer „ungleichen" Beziehung immer nur die Frauen und deren äußere Erscheinung betreffen. Annahmen, wonach auch die jüngeren (männlichen) Partner Stress zur Aufrechterhaltung der Beziehung haben könnten, kommen nicht vor. Diesen, von außen an die Frauen heran getragenen Bedenken, widersprechen die Aussagen der Probandinnen, keine besonderen Vorkehrungen zu Bewahrung ihrer Jugendlichkeit getroffen und nichts unternommen zu haben, was sie nicht ohnedies getan hätten. Auch werden jüngere Frauen als Rivalinnen anerkannt, aber dasselbe trifft auch Beziehungen zu gleichaltrigen Männer zu und hat nichts mit der Jugend des Partners zu tun.

7.6 „Ungleiche" Paarbeziehungen im Kontext des Lebenslaufes

„Selbstbewusste Frauen holen sich jetzt auch die männliche Seite"
Mathias Horxx, Zukunftsforscher, 3.2.2008, ORF)

Im Gegensatz zur männlichen, stark auf das Erwerbsleben konzentrierten Biografie, ist auch heute noch die weibliche Normalbiografie von wechselnden Tätigkeiten, die einander zum Teil ablösen oder aber gleichberechtigt und gleichzeitig nebeneinander existieren oder einander überlappen, geprägt. Beruf, Ausbildung und Kindererziehung können gleichzeitig mehrere „Baustellen" in einem Frauenleben sein. Das Mischungsverhältnis verändert sich häufiger und führt dazu, dass Frauen sich immer wieder an neue Lebenslagen anpassen müssen, können und wollen. Ab etwa Mitte vierzig finden sich Frauen nicht mehr mit der Tatsache des „leeren Nestes" ab, sondern sie besitzen die Kraft und die Ideen, noch einmal neu durchzustarten. Nicht selten befinden sie sich dabei auf der Überholspur zu ihren Partnern. Das Vertrauen in die eigenen Fähigkeiten erhöht auch die Erwartungshaltungen und das Anspruchsniveau vieler Frauen in allen Lebensbereichen. Sie wollen daher im privaten und beruflichen Sektor keine Minimalforderungen mehr akzeptieren, sondern erwarten ein in beiden Bereichen erfülltes Leben.

„Ich habe sowieso kein Interesse an Leuten in meinem Alter." (Irene)

„Ich empfinde sehr oft, dass Männer über fünfzig sich aufgegeben haben. Ich nehme wahr, dass sehr viele Männer über fünfzig oder fünfundvierzig nicht mehr wollen. Also alles ist fest. Die forschen nicht mehr. Jetzt ist Forschen aber etwas ganz Elementares. Die meisten Männer über 50 haben tendenziell schon mit allem abgeschlossen. Ich finde Frauen 50+ auch viel spannender. Das hat wohl damit zu tun.., bei Frauen, die Familien haben, fängt ein neues Leben an. Die Kinder sind aus dem Haus. Es gibt eine neue Aufgabe, ein neues Ziel, und ich kenne sehr viele Frauen, die das wahrnehmen, die das wollen. Männer machen bis zur Pension immer das Gleiche." (Liesa)

„Ich hab was gegen so etablierte Männer. Das schlimmste sind die Siemens-Typen. Anzug, Krawatte, Aktenkoffer. Es gibt auch ältere Männer, die locker sind. Die gehen morgens aus dem Haus mit Ihrem Aktenkoffer, kommen nach Hause. Alles ist so mainstream-mässig. Auch das Denken ist dann für mich so. Auch die sechsfache Knete wäre mir wurscht. Ich möchte nicht als Gattin eines Siemens-Typen durch die Salzburger Festspiele rauschen. Ich gehe lieber als G. under dressed und bin selbst wer, kein Anhängsel und schon gar nicht die Frau Gattin." (Gerda)

„Männer stagnieren, Frauen entwickeln sich weiter, bleiben dynamischer." (Willi)

„Das mit einem Jüngeren ist lustiger. Lustiger, erlebnisreicher. Ich weiß nicht, wie ich das sagen soll: Aktiver. Es ist einfach so. Der F. (Ex-Mann) war auch ein aktiver Mensch, aber der war für sich nur aktiv. Ein Workaholic." (Gerlinde)

Die Normalbiografien von Männern und Frauen einer Alterskohorte verlaufen nicht synchron. Die männliche Normalbiografie zeichnet sich durch relative Konstanz und Kontinuität aus. Männer üben i. d. R. ihren Beruf meistens lebenslänglich in vorgegebenen Bahnen aus. Der junge Mann absolviert eine Berufsausbildung oder ein Studium und bleibt in seinem Beruf vom Einstieg in ein Erwerbsleben bis zu seiner Pensionierung. Familiäre Veränderungen, wie Heirat und Familiengründung, Kindererziehung, etc., verlaufen parallel zur Berufsbiografie und haben auf diese keinen nennenswerten Einfluss. Fragt man einen Mann, was er sei oder mache, wird er vermutlich nicht an erster Stelle antworten, er sei Vater, Kassier in einem Sportclub o. dgl., sondern er wird seinen Beruf nennen. Er definiert seine Person und seinen Status über den Beruf. Privatleben und Familienleben gelten eher als Nebenschauplätze in seiner Biografie, wenngleich auch die männliche Berufsbiografie durch den Strukturwandel der Arbeit heute diskontinuierlicher und fragmentarischer geworden ist. Wenn sich Rollen verschieben und der Wechsel zwischen verschiedenen Rollen notwendig wird, geraten die Männer in der Regel ins Hintertreffen. „Das Geschlecht, das wenig Erfahrung mit unterschiedlichen Rollen hat, wird durch plötzlichen Zwang zur Flexibilität verunsichert." (Johnen, S. 197)

Der Lebensverlauf ist ein Konglomerat aus Einzelereignissen, Prozessen und Statusübergängen. Hierzu zählen Bildungsbiografie, Berufsbiografie, Freizeit, Partnerschaft und Familie, sowie außerberufliche Tätigkeiten. Verfolgen wir die Linie dieser Arbeit und fragen nach Erklärungen der befragten Frauen, warum gerade jüngere Männer für sie interessant sind, dann betonen sie den Kontrast zu ihren früheren, im traditionellen Sinn sozialisierten Partnern. Hier machen wir einen Brückschlag zu den Fragen nach Autorität und Neid, denn die Frauen rechtfertigen u. a. ihre Hinwendung zum jüngeren Mann mit den sich unterschiedlich entwickelnden Tempi und Qualität ihrer Lebensgestaltung. Die Umdeutung früherer Paarbeziehungen mit etwa gleichaltrigen oder älteren Ex-Partnern hängt demnach nicht nur mit dem Herauslösen der Frauen aus patriarchalischen Verhältnissen zusammen, sondern auch mit unterschiedlichen Lebensverläufen der Männer und Frauen. Hier trifft das Schlagwort zu, man habe sich auseinander gelebt. Beck bestätigt diese Überlegungen, wenn er ausführt, dass Frauen heutzutage mehr Erwartungen in Partnerschaft, Beruf und Familie gesetzt hätten. Damit treffen sie auf gegenläufige Entwicklungen auf dem Arbeitsmarkt und im Verhalten ihrer Partner, die ihren Worten keine Taten folgen lassen. (Vgl. Beck, S. 141)

In der Regel sind Frauen, die die Wechselfälle des Lebens flexibel zu gestalten wissen, noch mit Männern ihrer Altersklasse liiert, die sich – so meinten einige Frauen – nur noch verwalten. Das ist den Frauen mittlerweile zu wenig. Gerade sie denken mit unguten Gefühlen an die Pensionierung, wenn beengtes Zusammensein die Kluft zwischen der eher statischen Lebensgestaltung der Männer und der flexiblen Einteilung der Frauen besonders deutlich hervortreten lässt. Die Aktivität der Frauen trifft mit ihren gleichaltrigen oder älteren Partnern – und da schließt sich der Kreis zur Attraktivität dieser Frauen für jüngere Männer – auf Männer, in deren berufliche Zwangsjacke die Frauen nicht(mehr) passen. Deutlich tritt eine biografische Unverträglichkeit zwischen Mann und Frau in traditionellen Rollen hervor und bildet u. a. eine Erklärung, warum Frauen zunehmend Gemeinschaft und Gemeinsamkeiten mit jüngeren Partnern finden.[14] In diesem Zusammenhang muss erwähnt werden, dass alle befragten Frauen vorher mit Männern liiert waren, die älter bzw. wesentlich älter (12 – 24 Jahre) als ihre Partnerinnen waren. Hier tritt der Kontrast zum jüngeren Mann naturgemäß besonders deutlich hervor. Die Frauen meinten allerdings, sie könnten sich auch eine Paarbeziehung mit einem älteren Mann vorstellen, sofern er ähnliche Eigenschaften wie die des Jüngeren besäße. Damit waren Aktivität, gemeinsames Erleben, Einfühlsamkeit und Verzicht auf Dominanzansprüche gemeint.

Die skizzierten biografischen Optionen und deren Mischungsverhältnisse - auch mit Blick auf die Berufstätigkeit der Frauen - erweitern den Horizont in Richtung Altersdifferenz. Rückt man vom strapazierten Begriff der Doppelbelastung der Frauen ab und ersetzt ihn durch den Begriff Doppelbereicherung, kann diese Erweiterung durchaus auch für die Optionen der Altersdifferenz angelegt werden. Weiterführende Überlegungen zu Segmentierung von Lebensläufen und ihren Einfluss auf die Bildung „ungleicher" Paare folgen an späterer Stelle.

Es ist beobachtbar, dass das Auseinanderleben eines traditionell sozialisierten Paares in der aktuellen Trennungssituation ein persönliches Scheitern bis zur Katastrophe bedeutet. Moderne Paare hingegen sind auf dem Weg, eine unterschiedliche Entwicklung der Partner nicht mehr als persönliches Scheitern auf der ganzen Linie zu sehen. Sie tendieren dazu, ohne anhaltende Schuldzuweisungen in Freundschaft getrennte Wege zu gehen. Auf frühere Partner „ungleicher" Paare bezogen, wurde in den Interviews deutlich, dass sich die Frauen eine Partnerschaft mit einem an Jahren älteren Mannes weiterhin sehr wohl vorstellen könnten, wenn dieser die Eigenschaften eines Jüngeren kultiviert.

---

[14] Nachdem diese Arbeit abgeschlossen war und nur Details korrigiert werden mussten, las ich in der Wochenzeitschrift „Der Spiegel" über eine Studie der Anthropologin Helen Fischer, der kanadischen Entwicklungspsychologin Susan Pinker, et.al. Ein Teilergebnis dieser Studie könnte ein neues Licht auf das oben diskutierte Kapitel werfen. Demnach spielen nicht nur soziale Bedingungen im Lebensverlauf von Männern und Frauen eine Rolle, sondern sie sind bis zu einem gewissen Grad biologisch determiniert. Mit Abnahme des Hormons Testosteron werden Männer ruhiger; ihre Kurve an Aktivität sinkt mit dem Alter und der Menge Testosteron, das ihr Körper produziert. Frauen hingegen gewinnen mit der Zunahme männlicher Hormone im Verlauf der Wechseljahre ab etwa Anfang vierzig an Durchsetzungsvermögen und „Power". Das Buch zur Studie: Pinker, Susan. Das Geschlechterparadox: über begabte Mädchen, schwierige Jungs und den wahren Unterschied zwischen Männern und Frauen, DVA, München.

7.7 Planungsfehler Liebe

"Und wenn die Liebe winkt, folge ihr...."(Kalil Gibran)

In der zentralen Fragestellung dieses Kapitels geht es darum, welche Bedeutung die Liebe heute in Paarbeziehungen einnimmt, welche Vorstellungen die Menschen damit verbinden bzw. was sie unter Liebe verstehen. Es wird der Frage nachgegangen, ob die Liebe bei „ungleichen" Paaren anders verstanden wird als in normalen Paarbeziehungen. Für den Versuch, diese Frage zu beantworten ist ein kurzer Blick in die Geschichte notwendig.

Wie bereits in Kapitel 4 erläutert, galt in vorindustrieller Zeit in unserem Kulturkreis Liebe als Luxusgut in der Ehe. Erst im 19. und 20. Jahrhundert entwickelte sich Liebe zu dem das die Ehe konstituierende Gefühl, welches mit dem Schlagwort der „romantischen" Liebe bedacht worden war. Diese entstand in literarischen Zirkeln der Romantik und suchte in der Verbindung zweier - als einzigartig angesehener Individuen - zu einer Synthese von sexueller Leidenschaft und affektiver Zuneigung zu gelangen. Neben dieser psychischen und erotischen Verschmelzung waren diese Zweierbeziehungen auf Dauerhaftigkeit und Exklusivität angelegt. Zudem galten Gleichwertigkeit von Mann und Frau als entscheidende Determinanten der romantischen Liebe.

„Romantische Liebe bedeutet heute eine Einheit von affektiver Zuneigung und sexueller Leidenschaft; die Liebenden glauben an die Dauerhaftigkeit ihres Gefühls; die Beziehung wird als einmalig, als exklusiv empfunden, was Treue zwangsläufig erscheinen lässt." (Nave-Herz, 2006, S. 144)

Von der literarischen Ebene als Vehikel romantischer Liebe, unterscheidet sich die Ebene gesellschaftlicher Wirklichkeit. Fußte das Ideal der romantischen Liebe u. a. auf Gleichwertigkeit der Geschlechter, trennt die bürgerliche Wirklichkeit Mann und Frau in zwei polare Sphären. Männer galten als aktiv und rational, Frauen hingegen als passiv, emotional und unvernünftig. Dieses Bild beeinflusste nachhaltig die Rollenverteilung der Geschlechter. Frauen waren für personenbezogene Versorgungs- und Betreuungstätigkeiten in der Familie zuständig. Männer fanden ihre Aufgaben in sachbezogenen und produktiven Bereichen von Politik, Wirtschaft und Wissenschaft. Trotz des Ideals der Liebesheirat wurden auch in bürgerlichen Kreisen weitgehend materielle Vor- und Nachteile einer Heirat ins Kalkül gezogen.

Die Geltungsdauer dieses bürgerlichen Familienleitbildes ist kürzer als allgemein angenommen wird, denn erst nach dem zweiten Weltkrieg gewann es, bedingt durch das Wirtschaftswachstum in den 1950 Jahren und einer Verbesserung des allgemeinen Lebensstandards, an Bedeutung. Politik und Kirche unterstützten dieses Familienleitbild, in dem der Mutter die Befriedigung emotionaler

Bedürfnisse innerhalb der Familie und dem Mann die Rolle des Ernährers und der Pflege von Außenbeziehungen zukommt.

Eine De-Institutionalisierung dieses bürgerlichen Familienmodells wurde durch einen Modernisierungsschub eingeleitet, der sich in der antiautoritären Studentenrevolte der späten 1960er Jahre ausdrückte. Darüber hinaus spielte die (zweite) neue Frauenbewegung und der daraus folgenden Bildungsexpansion, die nun zunehmend Mädchen und Frauen eine bessere Bildung sicherte, eine wesentliche Rolle im Erwerb neuer Freiheitsgrade für Frauen. Dadurch und durch die kritische Distanz zu überkommenen Geschlechterrollen folgte die Individualisierung und Pluralisierung neuer Lebens- und Beziehungsformen. (Vgl. Nave-Herz, 2006) Auch die in dieser Studie untersuchten „ungleichen" Paare können als mögliche Konsequenz der De-Institutionalisierung betrachtet werden. Welchen Stellenwert nimmt nun die Liebe ein? Bleibt noch etwas vom Ideal der romantischen Liebe übrig?

„Die Frage, ob der Mann älter ist oder jünger, ist unerheblich. Es geht um Liebe, und die gibt es unabhängig vom Altersunterschied. (Arnold)
„Es war schon Gefühl im Spiel. Und es ist was draus geworden". (Udo)

„Ich kann den riechen und habe den so gern. Ob er jetzt nach Schweiß riecht oder ungepflegt ist, wäre mir völlig egal gewesen. (Elfi)

„Einen Menschen muss man auch wirklich gut riechen können."(Gelinde)

Wir haben die Zeit verlassen, in der externe Faktoren, wie Versorgung und gesellschaftliche Reproduktion der Familiengründung, die Basis der Ehen bildete. Damit geht ein massiver Bedeutungsverlust des männlichen Autoritätsanspruches einher. Nützlichkeitsüberlegungen werden zugunsten von Emotionen zurück gestellt.

Liebe hat viele Gesichter. Sie wurde als eines der sechs Grundgefühle von Anthropologen identifiziert, die alle uns bekannten Gesellschaften teilen. Allein ihre Gestaltung ist kulturell modelliert und codiert. Damit unterliegt ihre soziale Ausgestaltung den jeweiligen Gesetzen von Zeit und Raum. Es stellt sich die Frage, inwieweit der Wandel des Liebescodes aufgrund allgegenwärtigen Warenkonsums und einem medialen Logenplatz auch auf „ungleiche" Paare zutrifft. Hier wird an die Forschungen der Soziologin Eva Illouz angeknüpft, die der Frage nachgegangen ist, wie in der postmodernen Konsumkultur Liebe und Ökonomie miteinander verbunden sind. Illouz konstatiert, dass Liebe als Grundrecht im demokratisch verfassten Wohlstand angesehen wird. Dieses Grundrecht impliziert individuelle Wahlfreiheit, was zu der Frage führt, wie diese Freiheit mit Warenkonsum und seiner Inszenierung in Beziehung steht. M. a W. welche Dinge benutzen oder was unternehmen Menschen, wenn sie lieben bzw. wie beeinflussen diese Gegenstände, Handlungen, ihrerseits das Gefühl? Hat die Liebe eine Chance, wenn die Insignien der romantischen Liebe, wie z. B. teure Abendessen, Reisen oder besonders aufwändige Garderobe, fehlen? Illouz untersucht zur Beantwortung dieser Fragen verschiedene Quellen: Beziehungsratgeber, Illustrierte und verschiedene Werbematerialien. Sie ergänzt diese durch ca. fünfzig Interviews mit Probanden und Probandinnen aus der amerikanischen Mittelschicht und oberen Mittelschicht. [15] In den Interviews wird der Frage nach Liebe, Erwartung und Enttäuschung nachgegangen. Illouz resümiert, dass Liebesbeziehungen zutiefst vom Markt durchdrungen sind. Sie sind eingebettet in Käufliches, wie Kosmetikprodukte, schöne Garderobe oder Blumen für die Angebetete. Ein gutes Essen, einsame Landpartien und kulturelle Köstlichkeiten gehören dazu. „Wenn das tatsächlich so ist, so können wir davon ausgehen, dass Kultur bei der Konstruktion, Interpretation und Funktionsweise von Emotionen eine wichtige Rolle spielt. Kultur fungiert dabei als Rahmen, innerhalb dessen emotionale Erfahrung organisiert, „etikettiert", klassifiziert und interpretiert wird. Kulturelle Rahmenbedingungen bezeichnen und bestimmen das Gefühl, begrenzen seine Intensität, spezifizieren die damit verbundenen Normen und Werte und liefern Symbole und kulturelle Szenarien, die das Gefühl gesellschaftlich kommunizierbar machen." (Illouz, S. 4)

Mit Bezug auf Bourdieu hält Illouz jedoch auch fest, dass ein vermeintlich freies Individuum meist seinesgleichen wählt und unbewusst darauf achtet, der/die Geliebte möge über das kulturelle Kapital und die Chancen für soziale Mobilität verfügen, welche der eigenen Ausstattung entsprechen. Der Sprengsatz hierbei sind die Frauen – sie wollen aufholen, und es soll von allem viel sein: Einkommen, Bildung, Originalität, Zuverlässigkeit. Falls kein Mann diese Vorgaben erfüllt, bleibt man lieber allein.

Von unseren „ungleichen" Paaren, wie auch von Paaren aus den Medien, sind keinerlei Aussagen vorhanden, die Illluz' Forschung und Interpretation stützen. Die Ergebnisse zeigen, dass die Liebe „ungleicher" Paare stark auf der Gefühlsebene funktioniert und der Beziehung keine rationale Entscheidung vorangeht. Es sind die auf das Du bezogenen Einstellungen und Handlungen, mit denen die Probanden ihre Liebe glaubwürdig an den Mann/an die Frau brachten. Gerade die Zweckfreiheit der Liebe löst Gebundenheit in strukturell begründeten Vorgaben ab. Auch die Abkopplung der Liebe von der Notwen-

---

[15] Es muss berücksichtigt werden, dass Illouzs Studien in den USA durchgeführt wurden, wo „persuit of happyness" als Grundrecht in der amerikanischen Verfassung verankert ist.

digkeit, sich fortzupflanzen muss bei den hier befragten Paaren berücksichtigt werden.

Der Paartherapeut Peter Lauster bestätigt, dass Liebe prinzipiell an kein Alter gebunden ist. Sein Ansatz fußt auf Liebe als einem Gefühl, dass man für den anderen hegt, ohne im Sinne des Marktgeschehens auf einen Ausgleich zu pochen. Er hebt die Freiwilligkeit als Merkmal von wahrer Liebe hervor. Lauster bezweifelt allerdings, dass Liebe ein auf Ewigkeit ausgelegtes schicksalhaftes Ereignis sei. Er vermutet, dass sich dem Gefühl der Liebe in Wahrheit oft Sicherheits- oder Besitzdenken der Akteure versteckt und plädiert dafür, dieses Denken aufzugeben. Wenn Lauster argumentiert, wer liebt, mache sich keine Gedanken über die Dauer der Liebe, treffen seine Überlegungen auf ähnlich lautende Aussagen der Probanden.

Darüber hinaus formuliert Lauster, dass Liebe keine Rücksicht auf Alter, Rasse oder Moralvorstellungen nimmt. Erst durch normative Vorgaben, wie Klasse, Rasse, Alter und Geschlecht würde die Liebe problematisiert. Damit wird ein Auswahlverfahren in Gang gesetzt, das die Liebe primär belastet. Lauster betont, und auch diese Überlegung deckt sich mit den Aussagen der Probanden, dass sich Liebe nur in Zwanglosigkeit entfalten kann. Die Liebe ist gefährdet, wenn Überlegungen zu Klasse, Alter oder gesellschaftlichen Regeln Raum greifen.

Der amerikanische Psychologe Robert A. Johnen setzt mit seiner Argumentation andere Akzente, kommt aber schließlich zu einem ähnlichen Ergebnis. Für Johnen ist die romantische Liebe westlicher Provenienz die größte Energiequelle für die menschliche Psyche. Er stellt fest, dass das Ideal der romantischen Liebe als dominierendes Wunschdenken nicht wirklich funktioniert, denn mit der Vorstellung von ihr bürden wir unseren Partnern Erwartungen auf, die auf Dauer nicht erfüllbar sind. Ansprüche, wie „du sollst mich glücklich" machen, sind Ausdruck eines Massenphänomens, das eine Dynamik von Heilserwartungen und Enttäuschungen in Gang setzt. Auch er resümiert, dass Liebe unabsichtlich entsteht. Die Liebe bestätigt die Person, wie sie ist und nicht wie sei sein sollte. Sie ist unbeeindruckt von illusionsgeleiteten Vorstellungen. Liebe legt keine unmöglichen Wertmaßstäbe an und überfordert die Partner nicht mit Projektionen des anderen. Die Belastungen der Partner durch ihre Vorstellungen von romantischer Liebe hat genau diese verhindert, denn die Bilder zeigen den Mann als makellosen Ritter ohne Furcht und Tadel. An seiner Seite lebt die schöne, sanfte Frau, die ihm den Rücken für wichtige Aufgaben seines Lebens frei hält. Unzulänglichkeiten des perfekten Paares werden mit einer Fülle von Ratgeber-Literatur zu Leibe gerückt.

Lauster und Johnen stützen ihre Aussagen auf eine jeweils langjährige Praxis als Paar- und Beziehungstherapeuten. Sie halten die romantische Liebe auf Dauer für nicht „funktionsfähig." Lauster bietet als Alternative an, von einem Liebesanspruch auf Gegenseitigkeit zu verzichten und stattdessen die eigene Liebesfähigkeit zu entwickeln. Die entmythologisierenden Positionen von Lauster und Johnen entlarven das Ideal der romantischen Liebe als unlebbar. In der Gegenkultur romantischer Liebe etablieren sich Paare, die um die Fragwürdigkeit vom idealen Partner wissen und einen beziehungsfähigen Menschen wählen.

Es ist zu erkennen, welche Anforderungen die Gleichsetzung von Ehe und Liebe an die Partner stellt. Die Frustrationsgrenze, wenn die Liebe nicht genügt oder verlischt, dürfte niedrig liegen. Was bleibt, um eine relative Zufriedenheit in der Ehe nicht zu gefährden, anderes übrig, als sich den Mythos von ewiger Liebe zu Recht zu legen? Die Gleichzeitigkeit von Ehe und Liebe entwickelte sich nicht zuletzt wegen des Heiratsversprechens, sich zu lieben und zu ehren, bis dass der Tod sie scheide, zur Norm des 19. und 20. Jahrhunderts. „Liebe ist dann jene eigentümliche Erregung, die man erfährt, wenn man merkt, dass man sich entschlossen hat zu heiraten." (Luhmann (1982, S. 159).

Ein allgemein längeres Leben und Zusammenleben der Paare, Entstigmatisierung von Scheidungen und Entzauberung ewiger Liebe durch die beobachtbare Wirklichkeit, geben den Blick für eine realistische Einsätzung der Dauerhaftigkeit frei. Die in den Medien dargestellten prominenten Paare, ebenso wie die „normalen" Probanden in dieser Untersuchung, gründen ihre Zweierbeziehung ausschließlich auf Gefühl. Die Liebe ist bestimmender Faktor für ihre Paarbeziehung. Wenn die Liebe als Bindemittel des Paares erlischt, trennt es sich meistens.

Die Umsetzung, sich aus toxischen Beziehungen zu lösen, wird durch die erfolgreiche Aufholjagd der Frauen nach einem eigenen verbesserten sozioökonomischen Status begünstigt. Die Realisierungschancen, jetzt mit einem jüngeren Partner eine Liebesbeziehung einzugehen, sehen gut aus. Von manchen Forschern werden darin Veränderungstendenzen in der Liebespraxis gesehen, eingeleitet durch die Übernahme typisch männlich codierter Lebensmuster durch die Frauen. Diese beschränken sich nicht mehr auf Verantwortlichkeit im Privatbereich. Sie übernehmen verstärkt das männliche Ideal der Unabhängigkeit, bedingt durch ihre bessere schulische und berufliche Qualifikation. Dadurch kommt es zu einer androgynen Erscheinungsform der Liebe, einem Muster, bei dem männliche Autonomien mit weiblicher Affektivität zusammenfließen. Der Zukunftsforscher Matthias Horxx formulierte in einem ORF-Interview ähnliche Beobachtungen. (Horxx, ORF-Interview am 3.2.2008).

Kann diese Studie über „ungleiche" Paare diese neue Erscheinungsform der Liebe bestätigen? Ich denke ja, denn wenn wir die Befunde aus der Literaturrecherche mit den Aussagen der Probanden vergleichen, wird deutlich, dass eine egalitäre Position der Partner der Liebe förderlich ist. Bei allen Paaren verlief die Begegnung völlig ungeplant. Es hat sie „erwischt", die „Chemie" stimmte. Dieses Phänomen werden auch „klassische" Paare bei sich feststellen. Dennoch stellen „ungleiche" Paare bei aller Bestrebung nach Normalität im Auge der Betrachter einen Sonderfall dar. Warum? Absichtslosigkeit und das Fehlen zweckrationaler Überlegungen kennzeichnen unsere Paare in besonderem Maße.

„Mir haben junge Männer immer gut gefallen."(Lilli)
„Ich hab mir den Jüngeren ja nicht ausgesucht." (Liesa)
„Die Beziehung zu Willi war nicht geplant." (Gerda)
„Die Beziehung war ungeplant." (Manfred)

Mit diesen Aussagen wird wieder an die Absichtslosigkeit angeknüpft, mit der die Beziehung ihren Ausgangspunkt fand. Sie setzen aber auch ein Vorurteil außer Kraft, das den Frauen die Definitionsmacht der Beziehung mit den Worten zuschreibt: „Sie nimmt sich einen Jüngeren oder sie hält sich einen Jüngeren." Sich etwas nehmen oder etwas halten setzt eine rationale Entscheidung im Sinne einer Güterabwägung voraus. Folgt man den Aussagen in den Interviews und in den Medien, kann eine bewusste Güterabwägung bei der Wahl des „ungleichen" Partners, der Partnerin als unwahrscheinlich erachtet werden. Ausnahmslos versicherten alle Probanden, dass ausschließlich Gefühle - mit dem Wort „Liebe" gingen sie etwas sparsamer um - den Ausschlag für die Aufnahme der Beziehung gegeben hätten. Sie betonten, dass Liebe nichts mit den Jahren zu tun hätte. Nur passende persönliche Eigenschaften bildeten das Motiv zur Beziehungsaufnahme.

Manchmal fragen wir uns, was „der oder die an jemandem findet." Humanbiologen kennen die Antwort: Den geliebten Menschen riechen zu können, war für einige Frauen überaus wichtig und in den Interviews der Rede wert. Intellektuelle Fähigkeiten, die so genannten inneren Werte oder sonstige Vorzüge, sind nicht gleich erkennbar, wohl aber die „Duftmarken" der Menschen. Den Menschen riechen zu können, führte auch in den Beziehungen unserer Paare Regie. Hier stimmt das Sprichwort, dass sich Gegensätze anziehen, denn je unähnlicher die Körperdüfte potentieller Partner sind, desto größer ist die Wahrscheinlichkeit, fitte Kinder zu zeugen. Diese Duftnoten sind für uns nicht bewusst wahrnehmbar, dringen aber trotz Parfüm und Deo in unsere Nasen.

Hier kommt wiederum die Begünstigung der Wahlfreiheit durch eine gute materielle Ausstattung der Frauen ins Spiel. Das bekannte Sprichwort lautet: „Geld allein macht nicht glücklich." Dem Wörtchen „allein" kommt eine

Schlüsselstellung zu, denn erst eigenes Geld von Mann und Frau radikalisieren und entlarven den Mythos von der romantischen Liebe. Liebe besitzt bei „ungleichen" Paaren die Chance, sich auf der Basis von persönlicher und materieller Autonomie zu entfalten. Keine äußeren Umstände, die nicht aus dem Weg geräumt werden können, hindern sie daran. Liebe, (nicht etwa Bedürftigkeit) ähnliche Interessen sowie partnerschaftliches Handeln brachte das „ungleiche" Paar auf einen gemeinsamen Weg.

7.8 Neue Rollen aushandeln

„Ungleiche" Paare können kaum auf Vorbilder zurückgreifen. Diese fehlende Orientierung an griffigen Vorbildern bietet „ungleichen" Paaren die Chance, sich selbst als Paar neu zu erfinden und Grenzen innerhalb der Beziehung individuell auszuhandeln und abzustecken. Begünstigt wird die relative Wahlfreiheit der Rollen durch zwei Faktoren, nämlich der von den Frauen nicht für sich geforderten statusbedingten Autorität und der modernen Sozialisation der Männer. Dies bedeutet, dass die Frauen darauf verzichten, ihre statusbedingte Autorität in die Beziehung zu tragen und auszuspielen. Ähnlich wie im Berufsleben zeigt sich auch hier bei den Frauen ein anderer „Führungsstil." Ein weiterer Vorteil von Frauen in der hier überwiegenden Alterskohorte von Anfang vierzig bis Mitte fünfzig dürfte sein, dass diese Frauen sowohl die Ausläufer traditioneller, als auch die Anfänge moderner Frauenrollen verinnerlicht haben. Sie beherrschen die Klaviatur von Tradition und Moderne und können sich daher geschmeidig auf neue Situationen und deren Rollengestaltung einlassen.

„Ich denke, Kai fällt schon ziemlich aus der Rolle. Jüngere Männer verbleiben nicht mehr so starr in ihrer Rolle. Sie treten auch anders als ihre Väter auf, lesen bestimmte Literatur." (Irene)

„Jeder hat gemacht, wie er wollte. J. hat z.B. immer gesagt, er wolle nicht kochen. Er räumt gerne die Küche auf. Er war wesentlich kameradschaftlicher als mein Ex-Mann." (Lilli)

„Ich habe die Führungsrolle, wenn es um Geldanlage geht. Da konnte ich mich im Beruf gut satteln. Da habe die die Führung. Er hat sie, was Mitmenschen angelangt. Er kann gut mit Menschen umgehend. Da bin ich auch ganz glücklich drüber. Dass da jemand ist, der Wert auf andere Dinge legt, die im Leben sehr wesentlich sind. Da ist er derjenige, von dem ich lernen kann. Ich habe den höheren Status, aber im zwischenmenschlichen Bereich ist er mir überlegen." (Irene, selbständige Buchhändlerin/Künstler)

„Wenn wir zusammen waren, habe ich die Entscheidungen getroffen. Das hat mich wahnsinnig gemacht. Ich hätte lieber gehabt, dass er etwas entscheidet." (Lilli, Psychotherapeutin/Computerfachmann)

„Ich war die, die organisiert hat, das Haus und so geplant hat. Michael hat alles umgesetzt. Meistens habe ich die Entscheidungen getroffen. Ich habe das sehr diplomatisch gemacht. Ich habe ihm das Gefühl gegeben, dass auch er entscheidet." (Angelika, Lehrerin/Handwerker)

„Er hat die Entscheidungen getroffen. Das Finanzielle habe ich gemacht, und Haushalt und so. Was das Haus angeht, hat er alles gemacht." (Erika, Bankkauffrau/Anwalt)

„Ich bin für das Fernsehen zuständig. Und auch für den Haushalt, aber was ich mache, es ist immer zu wenig." (Udo, Vertreter/ Buchhalterin)

Wir haben alle Entscheidungen gemeinsam getroffen, wir waren immer gleichgestellt." (Karla, Direktorin/Kaufmann)

Eigentlich entscheiden wir alles gemeinsam. Durchführen tu es dann ich, weil der zum Durchführen kein so Talent hat." (Gelinde, Buchhalterin/Vertreter)

Entscheidend für das Aushandeln von Rollen ist es jedoch, die inneren Bilder der Sozialisation umzudeuten. Die Reife der Partner und das Rollenverständnis spielen hier hinein. Es ist möglich, dass, wenn der Mann eine ältere Partnerin hat und er das traditionelle innere Bild: „Die Leute denken, ich hätte einen Mutterkomplex, und daher müsste ich eigentlich eine jüngere Frau haben..., er sich in einem Konflikt wieder findet. Wenn es ihm gelingt, sich von seinen inneren Bildern zu lösen, besitzt er die Handlungsfreiheit für seine neue Rolle. Umgekehrt ist es wichtig, dass der jüngere Mann nicht der „Mann an ihrer Seite" ist, sondern die Frau ihn als Partner ernst nimmt und in ihm ein wirkliches Gegenüber sieht.

Die jüngeren Männer wurden in der Regel von Müttern erzogen, die bereits ganz oder teilweise berufstätig waren und es sich nicht leisten konnten, ihre Söhne zu bedienen und auf deren Mithilfe im Haushalt zu verzichten. Von klein auf mussten auch die Buben lernen, Aufgaben im Haushalt oder bei der Betreuung jüngerer Geschwister zu übernehmen. Parallel hierzu wandelte sich die

Autorität der Lehrer in den Schulen. Evaluierungen in Schulen und Universitäten trugen ebenfalls dazu bei, den individuellen Freiheitsbegriff der jüngeren Männer (auch der Frauen) zu stützen. Autoritätsreduzierte Sozialisation durchdrang und durchdringt Lebens- und Beziehungsstile. Feste Rollenzuschreibungen wichen der Verhandelbarkeit von Rollen.

Nave-Herz bestätigt: „Der Wandel verlief vom Befehls- zum Verhandlungshaus." (Nave-Herz, 2006, S. 202) Auf die Gestaltung der Beziehung „ungleicher" Paare haben diese internen Faktoren der Frauen und die externen strukturellen der Männer offenbar entscheidenden Einfluss. So genannte typisch männliche Rollen und typische weibliche wichen den jeweiligen Ressourcen und individuellen Vorlieben Entscheidungen werden jetzt nach Verfügbarkeit der Ressourcen getroffen. Losgelöst von vorgegeben Rollenbildern macht jeder das, was er am besten kann.

Die so genannte Opferrolle der Frau, geprägt durch das Patriarchat und verstärkt durch Vorbilder, scheint sich bei „ungleichen" Paaren aufzulösen. Frauen und Männer haben sich aus ihren Rollenerwartungen weitgehend herausgelöst. Unterstützt wird die Auflösung der Rollenerwartungen durch das gestiegene Selbstbewusstsein von Frauen. Anstatt aufgrund materieller und emotionaler Abhängigkeiten in toxischen Beziehungen zu verharren, kümmern sie sich selbst um die Verbesserung ihrer Lebensgrundlage. Da, wo sich Frauen noch zu wenig Stehvermögen zutrauen, werden sie von ihren jüngeren Partnern unterstützt. Die spezifischen Geschlechterrollengegensätze weichen mehr oder weniger bewusst einem pragmatischen Stil, in der das Aushandeln der jeweiligen Rolle relativ konfliktfrei verläuft. Diese konfliktarme Rollenaufteilung dürfte durch die Sozialisation des Mannes begünstigt sein, wenn er frühzeitig gelernt hat, im elterlichen (mütterlichen) Haushalt einen Teil der Pflichten zu übernehmen. Der Alltag der Paare ist nach Maßgabe individueller Ressourcen arbeitsteilig organisiert. Jüngeren Männern müssen Frauen nicht wiederholt sagen, dass sie nicht mit dem Kochlöffel auf die Welt gekommen sind. Sie wissen es bereits von ihren Müttern. Frauen wollen und müssen nicht mehr in Würde altern, Männer nicht zwingend einen Nachfolger zeugen, sondern gemeinsam fahren sie lieber schwarze Pisten

7.9 Der Weg zum Standesamt

Entschließt sich ein „ungleiches" Paar zur Ehe, können Standesbeamte auch hier vom Standard abweichende Muster in der Atmosphäre der Hochzeitsfeiern feststellen.

Als vor etwa zwanzig Jahren eine Freundin der Familie einen um zwölf jüngeren Mann heiratete, staunte ich über die übersichtliche Hochzeitsgesellschaft. Sie bestand aus der Braut, dem Bräutigam, meinem Mann als Trauzeugen, einem weiterem Trauzeugen und mir. Obwohl das Brautpaar in Wien wohnte, wollte es in Vöcklabruck von meinem Schwager (Standesbeamter) getraut werden. Interviews mit zwei Standesbeamten aus einer österreichischen mittelgroßen Stadt und einem kleinen Marktfleck decken sich mit meiner damaligen Wahrnehmung: Hochzeiten, bei denen die Braut deutlich älter ist als der Bräutigam finden in einem unauffälligen Rahmen statt!

Was fällt Standesbeamten auf, wenn ein „ungleiches" Paar den „schönsten Tag im Leben" feiert? Es fanden zwei Expertengespräche mit einer Standesbeamtin aus Salzburg und dem Standesbeamten eines kleineren Ortes in Oberösterreich statt. Die Gespräche wurden systematisch geführt und folgende Fragen gestellt:

1. Seit wann arbeiten Sie als Standesbeamtin/Standesbeamter?
2. Können Sie erkennen, ob es einen Trend zur Verbindung „Frau mit jüngerem Mann bzw. Mann mit älterer (an Jahren) Frau gibt?
3. Wenn ja, wie würden sie ihn erklären?
4. Wenn nein, d.h. kein Trend erkennbar ist, kommt es dennoch vor, dass Sie „ungleiche" Paare trauen?
5. Was fällt Ihnen zum Paar „ältere Frau – jüngerer Mann" spontan ein?
6. Wie erleben Sie „ungleiche" Paare?
7. Wie verhalten sie die Brautleute bei der Aufgebotsbestellung?
8. Gibt es beobachtbare Unterschiede bei der Hochzeitsgesellschaft?
9. Können Sie generell Unterschiede zu klassischen Paaren feststellen?
10. Was denken Sie (subjektiv) über „ungleiche" Paare?

Der Standesbeamte aus dem kleineren Ort beobachtet: „Bei denen, wo der Altersunterschied verhältnismäßig groß ist, da hab ich das Gefühl, ist meistens die Frau die treibende Kraft. Die Atmosphäre ist vielleicht bewusster. Es ist das Publikum... Ich habe oft das Gefühl gehabt, die sind gespannt. Was kommt jetzt wirklich aus dem Ganzen heraus? Wobei die Frauen, die die älteren sind, Gäste einladen, die eingeweiht sind und wo es hinter vorgehaltener Hand nicht sehr viel zu reden gibt. Und das sind auch meistens ganz kleine Gesellschaften. Die werden nicht so groß gefeiert."

„Man merkt den Frauen an, dass sie wohlhabend sind, weil sie bezahlen. Die sind bestimmt gut abgesichert. Es ist für die Frauen nicht die erste Ehe, für die jüngeren Männer ist es meistens die erste Ehe."

Bei der Aufgebotsbestellung gibt es oft Konflikte wegen der Namenswahl. Die Männer möchten in der Regel, dass die Frauen ihren Namen annehmen. Die Frauen haben manchmal unter ihrem Namen, quasi als Label, eine Firma gegründet und wollen den Namen, unter dem sie bekannt geworden sind, nicht ohne weiteres hergeben. Beide befragten Standesbeamten gaben an, dass bei so genannten Scheinehen die Frau oft wesentlich älter sei, als bei Ehen zwischen Inländern. „Scheinehen" gehen oftmals Frauen mit jüngeren Ausländern ein, um ihnen ein Bleiberecht zu sichern. Die Frauen wirken lt. Aussagen der Standesbeamten meistens recht verliebt; vom Mann seien hingegen keine Zeichen von Zuneigung zu erkennen.

7.10 Sexualität

Fragen nach der Sexualität zwischen einem jüngeren Mann und seiner älteren Partnerin wollte ich bewusst auslassen, da zunächst nur soziale Faktoren und deren Einfluss auf die Beziehung von Belang waren. Darüber hinaus befürchtete ich, dass intime Fragen das Naheverhältnis zu den Probanden beeinträchtigen würden. Die Aussagen der Männer und Frauen, die von sich aus die Sexualität ansprachen, sind hier wiedergegeben.

„Ich war in erster Linie neugierig auf Sex." (Lilli)

„Die sexuelle Ebene war sehr wichtig. Obwohl M. noch sehr jung war, hatte er viel Erfahrung." (Angelika)

„Ich glaube, dass Sex mit einem Jüngeren nicht anders ist." (Trude)

„Sex zwischen einer jüngeren Frau und einer älteren unterscheidet sich sehr wohl. Überhaupt, wenn die Frauen im Wechsel sind. Sie sind sehr locker. Die zeigen dir, was du noch nicht kennst. Das hat mich schon gereizt. Das Legere." (August)

„Die Zeitspanne war auch körperlich eine aufregende Zeit." (Karla)

„Wenn das funktioniert, hat der jüngere Mann keine Veranlassung, sich eine Jüngere zu suchen." (Manfred)

Die unterschiedlichen Aussagen der Männer und Frauen dürften sich aus den individuellen Erfahrungen der Probanden speisen, denn die Frauen wunderten sich im Allgemeinen über den Erfahrungsschatz der jüngeren Männer. Nun muss man berücksichtigen, dass Männer, die heute zwischen fünfundfünfzig und siebzig Jahre alt sind, in ihrer vorehelichen Zeit weniger Möglichkeiten hatten, sexuelle Erfahrungen zu sammeln. Voreheliche Sexualität fand in deren Jugend im Verborgenen und damit weniger häufig statt, und - die Anti-Baby-Pille war gerade erst erfunden worden. Häufig wechselnde Partner galten als Tabu. Auch die reiferen Partnerinnen entstammen in der Regel einer Generation, in der sexuelle Freizügigkeit, gemessen an modernen Vorstellungen, erst den Wertekanon der Gesellschaft veränderte. Hier dürften die zwanglosen Erfahrungen der jüngeren Männer und die Lockerheit und Neugierde der Frauen eine passende sexuelle Ebene bilden.

Einen nicht zu übersehenden Aspekt der passenden Sexualität liefern Humanbiologen. Aus der neueren Forschung wissen wir, dass die Testosteronkurve bei Männern in der Regel zwischen dem zwanzigsten und vierzigsten Lebensjahr ihren Höchststand hat. Danach sinkt sie ab. Frauen bilden zu Beginn der Wechseljahre vermehrt Testosteron und halten den Stand über etwa zwanzig Jahre (i. d. R. zwischen vierzig und sechzig). Die Frauen werden aufgrund ihres biologischen Vehikels aktiver als vergleichsweise Männer passenden Alters. Somit stimmt auch die Chemie in sexueller Hinsicht mit den jüngeren Männern überein.

7.11 Familienanschluss

Zu den Befürchtungen der Frauen mit jüngerem Partner zählt u. a. das Verlassenwerden aufgrund eines unerfüllbaren Kinderwunsches. Einige Frauen drückten aus, dass unter dem Aspekt der abgelaufenen biologischen Uhr eine Restunsicherheit auch bei ernsthaften Liebesbezeugungen des Partners zurück blieb. In den hier diskutierten Fällen war jedoch die Furcht der Frauen unbegründet. Die Männer fanden mit ihren Patchwork-Familien das Auslangen. Die männlichen Probanden hatten teilweise bereits Kinder aus früheren Beziehungen, Kinder aus der aktuellen Beziehung oder aber kein Interesse an eigenen Nachkommen. Vierzehn Probanden bildeten – so sie kein Paar waren – genauso viele Familienkonzepte ab. In keinem der Fälle war der (unerfüllbare) Wunsch nach eigenen Kindern der Grund für das Scheitern der Beziehung.

„Kinder wollte ich nie. Mit Mitte dreißig brauche ich das auf keinen Fall." (Udo)

„Familienplanung ist bei uns kein Thema." (Liesa)

„Vater ist er nie gewesen, aber er war für die Kinder der Michael, der gute Kumpel." (Angelika)

„Er konnte ganz wunderbar mit Kindern umgehen." (Trude)

„Die Kinder haben gesehen, es geht mir gut, wenn ich mit ihr bei einander bin." (August).

Dort wo der biologische Vater abwesend war, schlossen die jüngeren Männer eine Lücke und gewannen die Zuneigung ihrer Stiefkinder durch Einfühlsamkeit und Kumpelhaftigkeit. Eine Probandin (Lehrerin) berichtete, dass ihr Partner sich frei nahm, um ihre (seine Stiefkinder) auf Klassenfahrten zu begleiten oder wenn Elternsprechtage angekündigt waren. Der jüngere Mann integrierte sich offenbar leicht in die neue Familie. Von Widerständen durch die Kinder wurde in den Interviews nicht berichtet. Im Gegenteil: Die Kinder meinten: Hauptsache, ihr werdet glücklich. Die Kinder waren weder im Kindergarten noch in der Schule stigmatisierenden Bemerkungen über ihre jüngere Väter/ältere Mütter ausgesetzt. „ Der Vater ist halt jünger als die Mutter. Es geht uns gut." (Irene)

Da der Wunsch, eine Familie zu gründen, in keinem der Interviews formuliert wurde, kann vorsichtig vermutet werden, dass Familiengründung als eines der Lebensziele von Männern und Frauen in dieser Paarkonstellation keine Bedeutung hat. Familiengründung als eines der wichtigen Lebensziele findet in der Beziehung „ungleicher" Paare kaum Niederschlag und ist auch kein Argument, die nicht mehr fruchtbare Frau zu verlassen. Diese unproblematische Betrachtung von Eltern, Stiefeltern und Kindern ist vermutlich das Ergebnis von Sozialisation und gesellschaftlicher Realität, in der unterschiedliche Lebensläufe und Muster alltäglich geworden sind.

7.12 Einfluss der Sozialisation?

Die Beantwortung der Frage nach dem Einfluss der Sozialisation zugunsten „ungleicher" Paare fiel überraschend dürftig aus. Offenbar hatten sich die Probanden darüber bislang keine Gedanken gemacht. Sie konnten sich auch nicht daran erinnern, dass „ungleiche" Paare und deren Bewertung zu irgendeiner Zeit im Elternhaus oder dem Umfeld ein Thema gewesen wäre. Zwei Probandinnen lieferten mögliche - für sie zutreffende - Erklärungen:

„Wir waren beide früher sehr aufmüpfig und haben gemacht, was wir wollten. Vielleicht spielt das eine Rolle." (Lilli)

„Ich glaube, es spielt eine Rolle, dass ich eigentlich überhaupt nicht erzogen wurde. Ich bin aufgewachsen. Ich musste immer mein Leben selber bestimmen und konnte sehr früh schon sehr frei entscheiden. Das hängt schon damit zusammen. Außerdem hatte ich nie den Wunsch, eine Familie zuhaben." (Liesa)

„Bei ihm zu Hause war der Vater der totale Macho. Ich würde sagen, dass es an seiner Entwicklung liegt." (Lilli)

Die wenigen Kommentare zum Einfluss der Sozialisation machen stutzig. Da die Probanden aber kein Material zur Analyse lieferten, möchte ich auch keine Mutmaßungen anstellen. Dennoch kann in einer weiteren Forschungsfrage überlegt werden, in welcher Weise Erfahrungen bezüglich früherer Beziehungen der Befragten eine Rolle bei der Wahl des „ungleichen" Partners/der Partnerin spielen. Hierzu führt Hohenester aus, dass Zweitbeziehungen (Ehen) generell in höherem Maße auf individuellen Vorlieben beruhen, als Erstehen (Beziehungen). Demnach werden Erst-Ehen oft unter äußerem Druck geschlossen, und äußere Einflüsse bestimmen, „wenn es Zeit ist, eine Familie zu gründen." Verwandte drängen oder es ist ein Kind unterwegs. Folgebeziehungen, wie die „ungleicher" Paare, gelten im Vergleich als eher „selbstbestimmt." (Hohenester, S. 245 f)

Möglicherweise hat auch eine gewisse Laisser-faire-Haltung im Elternhaus Einfluss auf die nonkonforme Partnerwahl. In dieser Studie ließ sich der Einfluss der Sozialisation auf die Partnerwahl nicht feststellen. Es sind keine griffigen Vorbilder und Erfahrungen festzustellen. Sofern es „Wiederholungstäter" gibt, wie ein Proband formulierte, dürften die Befunde für eine Verallgemeinerung nicht ausreichen.

7.13 „Frei-Herr" oder Mutterkomplex?

Eine Zuschreibung, die als Erklärung des Phänomens „ungleicher" Paare immer wieder auftaucht, ist der so genannte Mutterkomplex. Damit ist umgangssprachlich eine besonders enge Bindung zur Mutter gemeint, die in der Beziehung zu einer an Jahren älteren Partnerin ihre Fortsetzung findet. Diese häufig formulierte Annahme setzt eine pathologische Disposition beider voraus: Es betrifft den jüngeren Mann, der in seiner Partnerin sein Mutterbild konservieren will und als Entsprechung hierzu die ältere Partnerin in der Rolle der versorgenden Mutter wählt. Den Frauen wird zugeschrieben, den jüngeren Mann in versorgender Abhängigkeit wie einen minderjährigen Sohn halten zu wollen.

„Ich sagte oft, ich bin nicht deine Mutter. Das musst du schon selbst machen. Seine Mutter saß wie eine Glucke drauf, sie war ja nur Hausfrau. Das war ganz schlecht." (Gerlinde)

„Ich kann persönlich nicht bestätigen, dass ältere Frauen mütterlicher sind." (Udo)

„Ja, es war ein Mutterkomplex, das kann ich jetzt sagen. Er hat sich von seinen Eltern nie gelöst. Die Loslösung von seinem Elternhaus hat er erst geschafft mit der neuen Beziehung, die dann nach mir gekommen ist. Die hat alles abgeblockt. Mit mir ist das nicht gegangen, denn wir haben jede Woche mit den Eltern zusammen sein müssen." (Erika)

„Sicher hat er in mir einen Mutterersatz gesehen. Das war es auch, was die Beziehung umgebracht hat. Ich bin keine Mutter, für niemanden, außer für meine Kinder." (Trude)

„Mit Mutterkomplex kann ich gar nichts anfangen. Den hab ich nicht." (August)

„Wenn er auf etwas dumm reagiert, weil er darüber nicht nachdenkt, ist das schon ein Thema. Einen Mutterkomplex kann man nie ausschließen. Er sagt auch manchmal, ach, jetzt kommt wieder die Mutter durch. (Irene)

„Das sind so Zuschreibungen – einen gewissen Bedarf nach Mütterlichkeit oder Väterlichkeit hat ja jeder. Es kann genauso gut ein junger Mann väterliche Anteile haben. Das hängt nicht vom Alter ab, sondern vom Charakter." (Lilli, Psychotherapeutin)

Diese vorurteilsgeleiteten Annahmen wurden von den Befragten relativ differenziert kommentiert. Hier dürften auch psychologische Grundkenntnisse der Probanden eine Rolle gespielt haben. Die Ergebnisse dieser Untersuchung zeigen, dass im Gegenteil die jüngeren Männer besonders selbstbewusst und verantwortungsvoll agieren und daher keineswegs an „Mamas Rockzipfel" hängen. Auch die Frauen wiesen die Mutterrolle strikt von sich; sie wollten vor allem eines nicht: Die Mutter ihres Partners sein. Dass in manchen Situationen Fürsorge gefragt war, betraf sowohl sie, als auch die Männer. Männliche und weibliche Probanden zeigten einen hohen Grad an Reflexion dieses Aspektes. Die Aussagen und Männern und Frauen deckten sich nicht.

Frauen lehnten eindeutig alles ab, was sie von den jüngeren Männern als Erwartungen in Richtung Mutterrolle wahrnahmen; sie hielten tendenziell jedoch einen Mutterkomplex für möglich. Sie sind allerdings gebildet genug, um zu wissen, dass jeder Mensch – egal ob Mann oder Frau – mehr oder weniger hohe gegengeschlechtliche Anteile in sich vereint und lebt. Daher duldeten sie lediglich eine gewisse Toleranz bei der Zuschreibung der Mutterrolle. Ahnten die Frauen eine Tendenz beim Partner, sie doch in der Mutterrolle vereinnahmen zu wollen, suchten sie, die Beziehung zu beenden. Gleichzeitig wussten sie – und hier ist die Anfangsphase der Beziehung noch in Erinnerung – dass sie umgekehrt von ihrem jüngeren Partner in Zeiten, in denen es ihnen nicht gut ging, „bemuttert" worden waren. Überzogen die Männer ihre Forderungen an die Mütterlichkeit der Frauen, ging die Beziehung aus einander. Die Männer lehnten die Zuschreibung eines Mutterkomplexes ab.

7.14 Verzichtserklärung oder Zugewinn?

Schauen wir die Vorurteile (Vgl. Kapitel 6) an, mit denen die Paare konfrontiert worden waren, implizieren diese meistens auch eine mitgedachte Gewinn- und Verlustrechnung: „Der lässt sich aushalten," „Sie hält sich einen Jüngeren", „Das kann nicht gut gehen." ... , „Er ist ihr Faltenkiller", oder es wird orakelt, dass er sich bestimmt irgendwann nach einer Jüngeren umsehen wird. Damit wird die Qualität der Beziehung von Außenstehenden gleichsam massiv infrage gestellt. Wie beurteilen „ungleiche" Paare selbst Soll und Haben ihrer Beziehung? Die Frage richtete sich sowohl an gescheiterte Paare, als auch an Paare, die in aufrechter Beziehung bzw. Ehe lebten. Die folgenden Interviewpassagen lassen keinen Zweifel aufkommen: Auch wenn die Beziehung inzwischen zerbrochen ist, betonten Männer wie Frauen, dass alle Beteiligten Gewinner gewesen seien. Niemand möchte die Erfahrung mit dem Partner/der Partnerin missen.

„Die ganze Partnerschaft war für mich ein Gewinn. Der Mann, das Kind, seine Freunde, die mir sehr, sehr wertvoll waren. Ich habe nie etwas Abwertendes erfahren. Er war in jeder Beziehung ein Jungbrunnen für mich. In jeder Beziehung. Ich habe dann beruflich auch tolle Ergebnisse erzielt." (Erika)

„Meine Freundinnen haben gemerkt, wie gut es mir mit Kai geht. Als ich arbeitslos war und es mir nicht gut ging, hat Kai mir den Heiratsantrag gemacht. Sozusagen: Ich bin für Dich da." (Irene)

„Aufgegeben wegen des Altersunterschieds habe ich nichts. Das hat mit dem Altersunterschied nichts zu tun, sondern rein mit der Beziehung. Ich bin weniger weg und so. Ich bin häuslicher geworden. Es gibt nichts, was aufgrund des Altersunterschiedes überhaupt nicht geht." (Udo)

Kai ist weiter als seine (gleichaltrigen) Freunde. Da hat er, denke ich, doch von mir profitiert." (Irene)

„Ich habe auf nichts verzichtet." (Karla und Lilli)

„Ich verzichte auf nichts aufgrund des Altersunterschieds, sondern weil Aktivitäten Arnold weniger interessieren." (Liesa)

„Man muss bei einem Mann einfach auf gewisse Dinge verzichten. Alles kann ein Mann nicht abdecken. Aber das hätte auch ein Gleichaltriger sein können." (Angelika)

„Wir verzichten für einander auf gar nichts, es ist ein Ergänzen, das uns weiterführt. Liesa macht einen Segelkurs, was eigentlich nicht ihrs ist. Aber sie täte es nicht, wenn sie es nicht wollte. Die gemeinsame Welt ist eine Ergänzung für beide." (Arnold)

„Aufgegeben habe ich nichts. Das Leben, das ich vorher geführt habe, mit meinen Freundinnen, das habe ich ja. Aufgegeben habe ich nur meine Pflanzen in der Wohnung. Die hole ich mir wieder zurück." (Gerlinde)

„Es fällt mir absolut nichts ein, was ich aufgrund des Altersunterschieds nicht machen kann. Wenn sie z. B. nicht schwindelfrei ist, gehe ich nicht mit ihr Bergsteigen. Aber aufgrund dieser Differenz fällt mir nichts ein." (Udo)

„Sie hatte Flugangst, also sind wir nicht geflogen. Aber verzichtet wegen des Altersunterschieds habe ich auf nichts." (Manfred)

Aufgrund des Altersunterschiedes haben wir auf nichts verzichtet. Wohl durch die Tochter." (Erika)

Zur Überprüfung der Antworten wurde die Frage nach der Anpassungsleistung der Partner gestellt. Auch hier zeigte sich eine relative Ausgewogenheit, denn die Partner gaben an, dass sich die Anpassung beider die Waage gehalten habe (Homogamiethese). Eine Probandin gab an, die größere Anpassungsleistung gebracht zu haben, bezog das aber auf ihre Charaktereigenschaft und nicht auf den Altersunterschied.

Es kann die vorsichtige Verallgemeinerung gewagt werden, dass der Altersunterschied keinen Grund für einen Verzicht irgendwelcher Art darstellt. **Bemerkenswert ist hier wiederum der Fokus auf gemeinsame Aktivitäten.** Ohne dass es explizit gefragt war, wurden sportliche Aktivitäten hervorgehoben. Eine Probandin sagte an anderer Stelle, dass sie auf einen kulturell interessierten Mann verzichtet habe. Das ist in diesem Fall eine Frage des persönlichen Geschmacks, die keinen negativen Einfluss auf die Beziehung hatte. Wenn Einschränkungen genannt wurden, lagen sie im Bereich persönlicher altersunabhängiger Vorlieben oder Abneigungen.

7.15 Risikomanagement

Männer und Frauen in unserer Paarkonstellation blicken auf unterschiedliche Erfahrungen zurück. Aufgrund ihres Altersvorsprungs haben die Frauen meistens aus erster Hand erfahren, wie brüchig das Konzept einer lebenslangen glücklichen Beziehung sein kann. Wenn der Mann es nicht selbst erfahren hat, so weiß er zumindest aus zweiter Hand, wenn in der Familie, im Freundeskreis, im allgemeinen sozialen Umfeld Beziehungen, die auf ewig angelegt waren, zusammenbrachen. Er wurde im Rahmen seiner Sozialisation mit der Möglichkeit einer Liebe auf Zeit vorbereitet.

„Lieber zehn Jahre glücklich und intensiv leben, als ein Leben lang dahin dümpeln."(Erika)

Mir war bewusst, dass er vierzehn Jahre jünger ist und es später ein Problem werden könnte. Wenn ich fünfzig bin, ist der Mitte dreißig". (Angelika)

„Ich habe eher in Abschnitten gedacht" (Liesa)

„Ich habe immer gedacht, wie lange kann es dauern. Irgendwann wird es zu Ende sein. Da hat der Altersunterschied doch eine Rolle gespielt. Ich dachte wahrscheinlich, wenn ich dann 60 bin, werde ich ihm zu alt sein. Das war so meine Überlegung." (Lilli)[16]

Eine dauerhafte Liebesbeziehung ist, auch wenn man es sich schmerzlich eingestehen muss, eine Illusion. Dass Ehen früher meist ein Leben lang hielten, ist kein Beweis für den Grad der Zufriedenheit oder gar des Glücks des Paares, sondern kann genauso gut Zeugnis fehlender Alternativen in der Lebensführung sein. Stabilität der formalen Beziehung bedeutet nicht automatisch emotionale Sicherheit und Gewissheit durch den Partner. Die Paare in dieser Untersuchung haben das Risiko des Scheiterns ihrer Ehe und Beziehungen entweder als Wendepunkt ihrer eigenen Biografie erlebt oder aber als Zuschauer im gesellschaftlichen Umfeld. Männer und Frauen in dieser Untersuchung denken das Ende der Partnerschaft mit. Nach dem Motto: „Mal sehen, wie lange es gut geht und genießen, was da ist", entfällt der Zwang, auf Dauer unbefriedigende Kompromisse eingehen zu müssen. Weil die äußeren Stützmauern der traditionellen partnerschaftlichen Ordnung entfallen, gilt der innere Zusammenhalt des Paares. Wo traditionelle Vorgaben ihre Gültigkeit verloren haben, ist der Weg des Paares sekundiert von gemeinsamen Vorlieben im Bereich der Freizeit und des Lebensstils.

Liebe wird nicht durch Zwangsbeglückung in der Illusion konserviert, sondern als Projekt von Gemeinsamkeiten kurz- oder mittelfristig angelegt. Illusionen über das Konzept der lebenslangen Liebe wurden zugunsten realitätsnaher Bindung aufgrund vorhandener handfester Gemeinsamkeiten aufgegeben. Das Langzeitprojekt der lebenslangen Gemeinschaft wird ersetzt durch gemeinsame (vorübergehende) Interessen. Die realistische Einschätzung der Dauerhaftigkeit, die Herauslösung aus der Tradition der romantischen Liebe, scheint genau diese – jedoch auf Zeit - wieder zu generieren, zumal wenn äußere Stabilisatoren, wie Milieuzugehörigkeit, Kirche, Staat, Religion und wirtschaftliche Interessen keine Identität stiftende Funktion für „ungleiche" Paare besitzen.

Der Wegfall äußerer Stabilisatoren macht einen inneren Balanceakt erforderlich, da die Partner ihre Rollen neu definieren und aushandeln müssen. Die „Beziehungsarbeit" ist zunächst an keine speziellen Erwartungen geknüpft. Eine gewisse nüchterne Einschätzung der Realität kann sich nach den Erfahrungen aus erster oder zweiter Hand als Vorteil für eine gelungene Partnerschaft erweisen. Trennungserfahrungen, aber auch der Verzicht auf die tradierten Forderungen, der Partner sei für das eigene Glück verantwortlich, wirken sich positiv auf die neue Partnerschaft aus.

---

[16] Anm. (22) Es ist auch auf Kapitel 8.1. „Demarkationslinie Alter" zu verweisen, in dem ähnliche Aussagen gemacht und interpretiert werden. Antworten auf die Frage nach dem Risiko „ungleicher" Paarbeziehungen und die Altersfrage lassen sich analytisch nicht sauber trennen.

Ähnliche Überlegungen verfolgten auch die Probandinnen und Probanden. Die gedanklich vorweggenommene Endlichkeit der Beziehung mit einem jüngeren Mann/einer reiferen Frau nimmt den Druck vom Partner/von der Partnerin und somit aus der Beziehung. Die Frauen haben gelernt, ihre Ansprüche von den Erwartungen zu koppeln, weil sie erfahren haben, dass es nicht funktioniert. Auch der jüngere Mann überfrachtet seine Partnerin nicht mit überzogenen Erwartungen.

Den „ungleichen" Partnerschaften wird von außen Stehenden eine höhere Krisenanfälligkeit zugeschrieben, aber die Paare haben die Erfahrung gemacht, dass die Altersdifferenz des „Klassikers" auch nicht vor dem Scheitern der Beziehung schützt. Die Monopolstellung des „Klassikers" wird ihrer Meinung nach gesellschaftlich überschätzt.

Die erfahrbare Entzauberung von Liebe und Bindung auf Ewig macht Frauen und Männer gleichermaßen dafür frei, das Risiko einer „ungleichen" Partnerschaft einzugehen. Wer nicht wagt, der nicht gewinnt! Sie wissen, dass die Angst vor dem Risiko ihnen nicht die nicht Möglichkeit des Scheiterns nimmt. Eine gedankliche Vorwegnahme des „worst case", des Verlassen-Werdens, kann durchaus entlastend wirken. Damit können auch ohne aktuellen Anlass innerlich Alternativen zur Bewältigung einer möglichen - erwarteten - Krise entwickelt werden. Die „ungleiche" Partnerschaft wird ernst genommen, aber sie ist auch ein Projekt mit offenem Ausgang. Die Paarbeziehung wird gleichsam als ein Provisorium angenommen und ihre Endlichkeit mitgedacht. Lebensabschnittspartner ist nicht nur ein Wort. Eigene Erfahrungen der Endlichkeit von Liebesbeziehungen verbinden sich mit Optionen wechselnder Beziehungs- und Lebensformen. Ob insgeheim nicht doch die Sehnsucht nach langer Lebensdauer der Beziehung vorhanden ist, konnte nicht ergründet werden. Die Entscheidung für den jüngeren Partner, für die ältere Partnerin, wird durchaus als eine vorübergehende Phase im Leben betrachtet. Inwieweit die Sehnsucht nach lebenslanger Liebe und Gemeinschaft auf einer versteckten Ebene vorhanden war, konnte nicht festgestellt werden. Männer und Frauen ließen sich nicht in ihre Karten schauen. War ihre nüchterne Betrachtung bei aller Liebe Selbstschutz auf traurigen Erfahrungen fußend oder doch Realitätssinn?

7.16 Zu dir oder zu mir?

Wir haben es bei den „ungleichen" Paaren mit einer dyadischen Nischenbildung zu tun, die wie jede andere auch, nach einer Bühne für die Inszenierung ihrer Liebesbeziehung verlangt. Es bildet sich keine Inselwelt, auf der „ungleiche"

Paare isoliert leben, sondern sie sind eingebettet in ihre Familien, ihren Freundes- und Bekanntenkreis, den Arbeitsplatz, kurz in ihr Milieu. Wenn das Paar in seine Konsolidierungsphase tritt, strebt es nach einem Umfeld, in dem es sich wohl fühlt und als „ungleiches" Paar akzeptiert wird.

„Ich habe mich in seinem wohler gefühlt, als er in meinem". (Lilli)

„Wir gehen mal zu ihren Leuten, mal zu meinen." (Liesa und Arnold stammen beide aus dem kreativen Milieu einer deutschen Großstadt)

„Sie zog vielmehr in meine Richtung." (Udo)

„Bei der Schwangerschaftsgymnastik habe ich drei Mütter kennen gelernt, die im Alter von Alexander waren, und in dem Bekanntenkreis haben wir uns dann öfter getroffen. Es waren immer jüngere." (Erika)

Die Probanden konnten und wollten sich nicht im Umfeld der Frauen als Paar etablieren. Es zog sie entweder in das Milieu des Mannes oder aber sie schufen sich selbst ein neues Umfeld. Die Akteure sahen sich hier durch mehr Toleranz gegen die Anfeindungen geschützt sind. Bemerkungen, wie z. B. „Jetzt erfüllt sie sich endlich ihren Kinderwunsch," (Karla) sorgten dafür, dass das Paar sich nicht mehr ähnlichen Kommentaren aussetzen wollte und sich daher in einem anderen Milieu etablierte.

Im vorangegangen Kapitel über Neidgefühle und Autoritätsverlust ist bereits ausgeführt worden, dass das Klima im traditionellen Milieu - besonders in dem der Frau - für das Paar eher unangenehm wirkt. Dem Freundes- und Bekanntenkreis des jüngeren Mannes ist hingegen der Variantenreichtum von Paarbeziehungen nicht neu. Jüngere Menschen sehen gescheiterte Beziehungen eher als einen möglichen Ausgang der Beziehung. Daher bleiben die Expartner in der Regel auch weiterhin freundschaftlich miteinander verbunden. In diesem Klima von Toleranz und Akzeptanz fühlt sich das Paar naturgemäß wohler.

Durch die fortschreitende Milieu- und Alterssegmentierung entstehen neue Mischungsverhältnisse, die sich in den Neubildungen von Paarmilieus niederschlagen Das Paar sucht sich das Milieu aus, in dem es sich mit der neuen Mischung von Alter und Interessenslage am wohlsten fühlt. „Im Freundeskreis sind wir das einzige Paar mit diesem Altersunterschied, " merkte Irene nicht ohne Koketterie an.

8 Vorschuss auf die Zukunft

„Nicht die Dinge an sich beunruhigen uns, sondern die Meinung, die wir über sie haben." (Epiktet, griechischer Stoiker)

Wir verlassen den Bereich der von den Probanden und Probandinnen mehr oder weniger gründlich reflektierten erfahrenen Wirklichkeit und damit auch die Narrationsebene. Zur Erinnerung: Auf der Narrationsebene bilden die Befragten erzählend ihre Wirklichkeit ab. Diese Erzählungen werden interpretiert, um dann in den Forschungsprozess einzufließen. Von diesen Erzählungen unterscheiden sich **Meinungen, Vorstellungen, Gedanken**, die sich unsere Probanden machen, deren Gültigkeit aber in der Wirklichkeit noch nicht erprobt wurde. Wenden wir uns nun den Meinungen bzw. Einstellungen der Befragten zu. Durch zirkuläres Fragen sollten Antworten auf folgende Fragen erarbeitet werden:

1.) Welche Gedanken haben sich die Probanden über die Zukunft ihrer Beziehung gemacht?

2.) Sind sie der Meinung sind, dass ihre Beziehung die Norm darstellt?

3.) Was glauben sie, welche gesellschaftlichen Bedingungen „ungleiche" Paarbeziehungen beeinflussen?

Es wird versucht, die Einstellungen der Akteure zu ihrer Paarsituation zu erfassen. Die geäußerten Erwartungen und Befürchtungen der Probanden bilden den Brückenschlag zur Einschätzung der Stabilität der Binnenstruktur ihrer Beziehung in Kombination mit äußeren Einflüssen. Wo widersprüchliche Aussagen in den Interviews geortet werden, versuche ich, diese aufzuzeigen und gebe den unbewusst geäußerten Kommentaren den Vorzug.

8.1 Demarkationslinie „Alter"

Die Annahme „ungleicher" Paare bezüglich einer zeitlichen Begrenztheit ihrer Beziehung scheint eng mit dem Aspekt des Alters, sowie des Alterns und seiner Folgen, verknüpft zu sein. Eine Zusammenschau der Aussagen lässt den Schluss zu, dass die Paarbildung in erster Linie innenorientiert, d. h. durch gegenseitiges Interesse der Partner, zustande kam. Die Prägekraft der Alterskohorte wurde zugunsten eines gemeinsamen Leitbildes aus Stilelementen des persönlichen Geschmacks, gemeinsamer Aktivitäten und gleicher Interessen aufgelöst. Fassen wir zusammen: Es wurde von allen Befragten betont, dass das Alter in der Beziehung keine Rolle bespielt habe. Mehr oder weniger Fitnesstraining, altersunabhängige Kleidung, vor allem aber individuelles Auftreten und Persönlichkeit, verwischten die Merkmale die geltenden Merkmale spezifischer Alterskohorten.

Ganz anders stellte sich die Situation dar, wenn Frauen und Männer nach der Zukunftsperspektive ihrer Beziehung gefragt wurden. Die gedankliche Vorwegnahme des fortgeschrittenen Alters ließ die Zukunft der Beziehung in einem völlig anderen Licht erscheinen. Die Aussagen in diesem Kapitel stehen in einem massiven Widerspruch zu den günstigen Faktoren, die die Beziehungen am Anfang konstituierten. Galten die Überlegungen im Kapitel „Risikomanagement" der Beziehung an sich, wurden jetzt Einschränkungen und Endlichkeit aufgrund des Alters der Frau formuliert.

„Ich habe gedacht, wenn ich sechzig bin, werde ich ihm zu alt sein. Es ist dann gekommen, wie ich es erwartet habe. Ich bin noch nicht 60, aber bitte." (Lilli) (Die Beziehung besteht mit einigen Unterbrechungen weiterhin).

„Einen zwanzig Jahre jüngeren Mann hätte ich, wenn es sich vermeiden lässt, nicht so gerne an meiner Seite. Zwanzig Jahre, das ist eine Generation, das kann man nicht übersehen. Ich kann mir nicht vorstellen, dass wir jetzt bis achtzig zusammen sind." (Liesa)

„Ich muss zugeben, dass es (Alter der Frauen) Grenzen hat. Ich kann mir nicht vorstellen, eine Beziehung zu haben mit einer Frau, die einundsechzig, fünfundsechzig Jahre alt ist. Wie Harold und Maude. Und wenn sie dann noch aussieht, wie einundsechzig, fünfundsechzig..." (Arnold)

„Wenn ich da so Paare gesehen habe, wo sie vielleicht fünfzig war und er dreißig, fand ich das noch interessant. Aber was ist, wenn sie siebzig und er fünfzig ist?" (Manfred)

„Wenn sie aussieht wie fünfundfünfzig, dann geht es schon los. Dann müssen andere Faktoren das ausgleichen. Das ist natürlich Gefühlssache. Nur, bist du zu diesem Gefühl kommst, Wenn du dich darauf einlässt, das dauert ja lange. Eine ältere Frau kann ja ein toller Mensch sein, aber habe ich die Motivation, das heraus zu finden?" (Arnold)

„Ich weiß nicht, wie es ist, wenn der Mann beispielsweise sechzig ist und die Frau fünfzig. Es kommt darauf an, wie sich die Frau entwickelt. Mit zunehmendem Alter wird der Unterschied später deutlich. Eine Frau mit fünfzig.... Da ist noch alles drin." (Manfred)

„Ich hätte ihn vorher nicht kennen lernen dürfen. Da wäre er mir zu jung gewesen. Ich hätte ihn später nicht kennen lernen wollen, denn da wäre ich mir zu alt vorgekommen. Ich könnte mir heute eine Beziehung mit ihm nicht mehr vorstellen. Heute könnte ich mir eine Beziehung mit einem zehn, zwölf Jahre jüngeren Mann nicht mehr vorstellen. Und zwar aus einem Grund, weil ich beobachte, als Frau verändert man sich sehr. Nicht nur das Äußere. Ich könnte mir nicht vorstellen, dass ich jetzt noch mal die Power kriegen würde, als damals mit sechsunddreißig. Weil ich selber in dem Alter – ich war mitten im Leben und alles war möglich, ich wollte was erleben. Das bin ich heute nimmer. Ich bin eine Genießerin und nicht mehr so abenteuerlustig." (Erika)

„Der Altersunterschied ist sicher zu merken, wenn die Frau ins Klimakterium kommt. Der Mann ist dann in einem Alter, wo er noch viel erleben und viel tun will." (Angelika)

„Ich glaube, dass es ein Lebensalter gibt, wo es (Altersunterschied) nicht so gravierend ist. Wenn ich zweiunddreißig bin und er ist fünfundzwanzig, ist der Unterschied nicht so groß, wie wenn ich fünfzig bin und er ist dreiundvierzig. Das ist meine feste Überzeugung. Der Abstand wird größer. Ich hatte Freundinnen, die waren zehn, fünfzehn, zwanzig Jahre älter als ich. Als ich dreißig war und die waren fünfzig, war das kein Problem. Jetzt, wo ich sechzig bin und die sind achtzig, ist es ein Problem. Der Lebensfluss und die Interessen ändern sich. Das hat sich im Laufe meines Lebens in vielen Bereichen verändert. Das verändert sich je nach Alter. Es gibt viele Sachen, die hab ich vor zehn Jahren auch noch anders gesehen. Wenn jemand zehn Jahre jünger ist, hat er das Recht, vieles anders zu sehen." (Trude)

„Ich glaube schon, später, sehr viel später, wenn man sechzig, siebzig ist, verliert man schon an Attraktivität. Ich glaube schon, dass es da Differenzen gibt. Weit, nach den Wechseljahren." (Angelika)

„Ich glaube, dass zehn Jahre Altersunterschied das allerhöchste sind, in beide Richtungen." (Trude)

Bis auf Probandin befand sich keine (bewusst bzw. wissend) im Klimakterium oder bereits jenseits der Menopause; einige waren kurz davor, andere noch weiter entfernt. Sie konnten daher noch keine eigenen Erfahrungen hinsichtlich der Veränderbarkeit körperlicher oder seelischer Disposition in den Wechseljahren vorweisen. Die Aussagen beruhen daher auf Annahmen im Sinne von Befürchtungen. Es fällt auf, dass sowohl die befragten Frauen, als auch die Männer annehmen, dass sich hier eine (vorurteilsgeleitete) Schere auftut: Die Frauen altern rascher, kommen mit den jüngeren Männern nicht mehr mit, sie werden behäbig und matronenhaft. In diesem Szenario entwickeln sich die Frauen, beschleunigt durch das Klimakterium, aus dem Paarbild heraus. Ähnlich wie beim Bildnis des Dorian Gray bleibt der Jüngling unverändert frisch übrig. War es bei der Frau in der Regel der ältere Mann, der aufgrund seiner Bequemlichkeit und seiner fehlenden Lebendigkeit nicht mehr zu seiner Partnerin passte, wird nun vermutet, dass es der älteren Frau in der aktuellen Beziehung zum jüngeren Mann ebenso gehen wird. Die Geschichte wiederholt sich mit umgekehrten Vorzeichen.

In den Vermutungen über die Zukunft der Beziehung zeigt sich wiederum die Langlebigkeit des Stereotyps „Das kann ja nicht gut gehen...", das durch die aktuellen Erfahrungen überwunden zu sein scheint. Männer und Frauen in der „ungleichen" Paarbeziehung dürften der unbequemen Wahrheit nicht ins Gesicht sehen, dass auch Männer mit der Zeit an Attraktivität und Jugendlichkeit verlieren. Dieser Aspekt der Zeitgleichheit und der Zeitungleichheit im Sinne von Biografiesynchronisation verdient m. E. mehr Aufmerksamkeit und wird an späterer Stelle näher diskutiert.

Da hier nur Paare zur Sprache gekommen sind, welche die als kritisch angenommene Phase noch nicht erreicht hatten, können in dieser Arbeit keine Erfahrungswerte zum Vergleich herangezogen werden. Interessant wären vergleichbare Daten aus langlebigen „ungleichen" Beziehungen. Ähnlich wie im Kapitel „Risikomanagement" liegt auch den Annahmen über die Zukunft der Beziehung das Konzept des Lebensabschnittspartners zugrunde. Der Lebensabschnittspartner ist zu einem Begriff geworden, dem nicht mehr der Nimbus des Lückenbüßers anhaftet. Der früher mit einem zynischen Beigeschmack verwendete Ausdruck des Lebensabschnittspartners ist jetzt wertfrei in den

Sprachgebrauch übergegangen und wird auch von den Akteuren als realitätsnahe eigenständige Beziehungsform mitgedacht. Das Schlagwort vom „Auseinanderleben", das teilweise zur Rechtfertigung der Frauen für die Ablöse aus patriarchalischen Beziehungen bemüht wurde, gewinnt auch im Beendigungs-Szenario mit dem Jüngeren wieder an Boden.

Im Widerspruch zu den Findingsfaktoren der gleichen Interessen und Perspektiven der Lebensgestaltung am Beginn ihrer Beziehung, stehen Überlegungen zu deren Zukunft. Männer und Frauen sind davon überzeugt, dass das Klimakterium eine Demarkationslinie bildet, die die Frauen eher aus den weiterhin hoch geschätzten Aktivitäten und Perspektiven ausschließt, so dass sie „nicht mehr mitkommen." Der Mann, so die Meinungen der Befragten, büsst hingegen von seiner Spannkraft nichts ein. Hier wird gedanklich eine Kluft in der Entwicklung der Paare vorweggenommen, die die Beziehung in eine Krise stürzen oder zu deren Auflösung führen wird.

8.2 Zusammenfluss interner individueller Strukturen und externer Rahmenbedingungen

„ ...sobald sie uns gleichgestellt sind, sind sie uns überlegen."
(Marcus Porcius Cato (röm. Politiker 243- 149 v. Chr.)

In diesem Kapitel wird der Frage nachgegangen, was die Befragten **meinen**, welche gesellschaftlichen Bedingungen eine „ungleiche" Paarbeziehung beeinflussen. Die Frage wurde neutral gestellt und von Probanden jeweils (vorsichtig) positiv im Sinne einer fortschreitenden gesellschaftlichen Akzeptanz beantwortet.

„Sicher ist Toleranz wichtig. Es kann auch sein, dass das freiberufliche Milieu eine Rolle spielt. Bei Künstlern und so im kreativen Milieu." (Liesa)

„Ich meine, die Individualisierung. Der soziale Druck, das macht man nicht, dass fällt weg. Heute ist es leichter als vor dreißig Jahren, wo die Nachbarn noch geguckt haben, welches Auto fährt der. Dann eine sexuelle und Erziehungsfreizügigkeit. Geld spielt auch eine Rolle, weil sie weiß, dass sie wirtschaftlich unabhängig ist. Sie kann ihre Freiheit nutzen, ohne Angst zu haben, dass ihr jemand etwas wegnimmt." (Arnold)

„Eine Partnerschaft muss auf Augenhöhe sein. Eine Partnerschaft, die Erfolg haben soll, muss auf Augenhöhe sein." (Willi)

„Es wird sich in der nächsten Generation ändern. Der Generationswechsel wird was ausmachen. Die Jungen sind komplett anders." (August)

„Frauen haben begonnen, sich neu aufzustellen, sich neues Selbstvertrauen zu geben. Der Mann muss auch zu Hause bleiben, wenn die Frauen Geld verdienen und außer Haus sind. Sie trauen sich mehr und versuchen endlich, das Frauenbild, das sie schon längst haben, auch umzusetzen. Sie haben erkannt, dass sie oft die bessere Ausbildung haben als der Mann. Es lagen intellektuelle Ressourcen brach. Es gibt einen gesellschaftlichen Schub, aber der ist noch nicht so recht auf der Bahn." (Liesa)

„Künstler sind Vorreiter. Man muss mal schauen, wie viele Künstler einen hohen Altersunterschied aufweisen. ... eine gewisse finanzielle Unabhängigkeit. Da hat einer eine sehr viel jüngere Frau, der muss schon sehr viel Geld haben, dass die den heiratet. Es ist einfach praktisch, von dem Geld zu partizipieren, vom Erfolg, vom Vermögen, wenn es ein krasser Unterschied ist." (Manfred)

„Ich muss finanziell selbständig sein und nicht abhängig sein, auch nicht von meinen Eltern, die mir bestimmte Normen diktieren können. Leben in der Großstadt spielt eine Rolle. Ich denke schon, dass sie in der Großstadt eher möglich sind. Bei Kreativen und in Kreuzberg/Schöneberg. Zehlendorf ist schon mehr mit Statussymbolen verhaftet. Die jüngeren haben es schwerer, wenn ein gewisser Wohlstand dahinter steht." (Irene)

„Ich kann mir vorstellen, wenn eine Frau finanziell abgesichert ist, in einer guten Position ist und nicht auf Kinder und das Finanzielle Rücksicht nehmen muss. Wenn man um seine Existenz ringt oder mehrere Kinder hat, kommt das sicher nicht so häufig vor."(Angelika)

„Die finanzielle Unabhängigkeit spielt eine große Rolle. Ich habe in meinem Elternhaus erlebt, dass die Mutti zum Papa um Geld gegangen ist. Ich habe immer gesagt, das will ich nie. Ich habe mein eigenes Geld, meine eigene Pension, die eigene Wohnung und Geld zur Verfügung, dass ich mir was leisten kann." (Erika)

Die Befragten sind der Meinung, dass verschiedene gesellschaftliche Faktoren einen Einfluss auf die Etablierung „ungleicher" Paare in unserer Gesellschaft haben. Neben der Nennung von allgemeiner Individualisierung, Toleranz - vor allem im Künstler- und Kreativmilieu - und Wegfall des Normendrucks fällt hier die Konzentration auf die bessere finanzielle Ausstattung der Frauen auf.

Mit ihren Meinungen über wichtige Faktoren zur Etablierung „ungleicher" Paare in der Gesellschaft bestätigten die Befragten ihre Aussagen und die daraus abgeleitete Interpretation. (s. 7.5.) Weitere Überlegungen und eine Zusammenfassung folgen unter 8.2.1.

8.2.1 „Die Freiheit der Frau beginnt beim Geldbeutel" (Simone de Beauvoir)

Aussagen der Probanden/Probandinnen in verschiedenen Passagen der Interviews belegen, dass speziell die **finanzielle Unabhängigkeit der Frauen richtungweisend für die Lebbarkeit „ungleicher" Liebesbeziehungen ist.** Hier decken sich die Meinungen der Befragten mit den harten Fakten auf den Datenblättern. Der gesicherte sozioökonomische Status der Frauen gibt ihnen erst den Spielraum für die Ausgestaltung ihrer „ungleichen" Liebesbeziehung. Auch im Hinblick auf die Medienanalyse fällt der sozioökonomische Abstand zum jüngeren Partner zugunsten der Frauen aus.

Zu einem ähnlichen Ergebnis kommen auch Cheryl Benard und Edith Schlaffer. Die beiden Wiener Soziologinnen sind in einer Befragung deutscher und österreichischer Frauen zum Resultat gekommen, dass selbstsichere Frauen in glücklicheren Beziehungen leben. Dazu zählt selbstverständlich auch die eigene finanzielle Ausstattung der Frauen. „Frauen mit netten Eltern, höherer Schulbildung, Ganztagsjob schneiden rundum besser ab: in der Liebe, im Job, in der Familie, in der Welt. " (Benard/Schlaffer, S. 164) Benard und Schlaffer meinen, dass Frauen, die ihr Leben in die Hand nehmen, in den Bereichen Privatleben und Sexualität besonders deutliche Fortschritte gemacht haben.

Toleranz als weiterer Faktor der Begünstigung „ungleicher" Paarbeziehungen speist sich aus der Annahme, dass diese besonders im Künstlermilieu anzutreffen sei. Hinzu kommen individuelle Angleichungen, die generationsspezifische Vorlieben und Möglichkeiten durchlässig machen. Ein Blick auf die Berufe der Probanden zeigt, dass dieser Aspekt von milieuspezifischem Verhalten näher untersucht werden könnte. Drei Probandinnen sind Lehrerinnen, und auch in meinem Bekanntenkreis finden sich Lehrerinnen und Partner mit erheblichem (20 Jahre) Altersunterschied. Bedauerlicherweise lehnten diese eine Befragung ab. „Ungleiche" Paare dürften sich in den unterschiedlichsten Milieus und Statuslagen wieder finden; das kreative Milieu ist durch Berichte in den Massenmedien stärker repräsentiert (vgl. Kapitel 5.5.) und daher im Bewusstsein verankert. Im kreativen Milieu gelten zudem Abweichungen von der Norm als positiv bewertete Markenzeichen, die erwartet und erwünscht werden.

Auf die Frage, ob sich die Probanden eine Beziehung zwischen einem gut aussehenden, vermögenden fünfunddreißigjährigen und einer durchschnittlich aussehenden, armen Fünfzigjährigen vorstellen könnten, meinten die meisten, das überstiege ihre Phantasie. Einige glaubten, theoretisch sei alles möglich, äußerten aber ihre Skepsis, ob eine derartige Konstellation in der gesellschaftlichen Realität vorzufinden sei.

Es fällt auch in diesem Kapitel auf, dass Eigenschaften und Entwicklung der jüngeren Männer in keiner Weise thematisiert wurden, sondern als Erklärung zu den gesellschaftlichen Einflüssen auf die Bildung „ungleicher" Paarbeziehungen die Veränderungen im Frauenleben herangezogen werden. Ihre finanzielle Unabhängigkeit und ihre Entwicklung aus traditionellen Rollen ermöglichen erst die erweiterten Optionen in der Partnerwahl. Wo bleibt die Sicht auf den jüngeren Partner und dessen Veränderungspotenzial?

8.2.2 Paarbeziehung jenseits der Norm

Was heute als normal gilt, war noch vor wenigen Jahren ein Stein des Anstoßes. Bis in die siebziger Jahre des 20. Jahrhunderts existierten relativ wenig Wahlmöglichkeiten zur Gestaltung von Partnerschaften, Ehe und Liebesbeziehungen: Kinder wohnten in der Regel bis zur Heirat bei ihren Eltern, Homosexuelle und lesbische Paare versuchten unentdeckt zu bleiben. Es gab so genannte Mussehen[17], und Scheidungen befanden sich an der Grenze zur Stigmatisierung. Ehen ohne Trauschein trugen das Etikett „Bratkartoffelverhältnis" oder „Onkelehe." Die Grenzen waren erfahrbar und klar. Grenzüberschreitungen wurden als peinlich und nicht gesellschaftsfähig sanktioniert. Auf der mikrosoziologischen Ebene, wie sie hier untersucht wird, haben sowohl die „ungleichen" Paare, als auch ihr Umfeld, noch ein Orientierungsproblem. Es wird hier der Frage nachgegangen, wie „ungleiche" Paare die gesellschaftlich vorherrschende Norm bezüglich einer Paarbeziehung definieren und in welcher Position sie sich als „ungleiches" Paar sehen. Welche Gedanken haben sich die Befragten über die normative Stellung ihrer Beziehung gemacht?

„Frau mit jüngerem Mann ist unkonventionell. Ich finde, dass man 6000 Jahren Patriarchat auch mal aktiv was entgegensetzen soll. Weil ich mich immer geärgert habe. Da ist ein Hollywood-Paar. Er ist fünfzig, sie fünfundzwanzig. Das wird ja nicht mal genannt. Das ist was völlig Selbstverständliches. Wenn aber die Frau zehn Jahre älter ist, ist das immer das Thema. Ob die sich lieben oder nicht." (Liesa)

---

[17]Ich erinnere mich noch gut daran, wie stolz meine Mutter 1972 betonte, dass mein Mann und ich nicht heiraten „mussten".

„Meine Beziehung ist nicht die Norm. Es wird häufiger, deutlich häufiger die letzten zehn Jahre. Ich nehme schon freudig wahr, wenn einer zwanzig Jahre mit einer zehn Jahre älteren Frau verheiratet ist. Ich höre gerne so was." (Arnold)

„Ich bin stolz darauf, anders zu sein, anders zu leben. Ich danke, auch: Hey, Leute, lebt so wie ihr fühlt. Ich glaube, dass ein großer Umbruch folgt." (Liesa)

„Die Norm ist zwischen gleich alt und Mann sechs bis sieben Jahre älter. Wenn der Mann acht Jahre älter ist, gilt er als gleich alt. Immer, wenn es sichtbare Abweichung von der Norm gibt, gibt es Reaktionen. Unsere Beziehung ist in vielen Bereichen nicht die Norm. Was ist die Norm? Eigentlich zwei bis fünf Jahre ist er älter." (Arnold)

„Eine Beziehung wie unsere ist sicher ein Denkanstoss für andere." (Udo)

„...ist absolut die Ausnahme. In meinem Freundes- und Bekanntenkreis einschließlich meiner Schüler sind mir bewusst drei Fälle bekannt." (Trude)

„Nein, solch eine Partnerschaft ist nicht die Norm." (Erika)

„Ein Paar mit unserem Altersunterschied ist sicher nicht die Norm. Norm ist, wenn er zwei bis zehn Jahre älter ist. (Angelika)

„Der Altersunterschied ist sicher nicht die Norm. Es ist eher ungewöhnlich. Vorreiterrolle? Nein, es ist einfach mal was anderes." (August)

„In Künstlerkreisen komme es vielleicht mehr vor, als in normalen Kreisen. Bestimmte Toleranz oder Freiheit muss man schon haben." (Liesa)

„Es kommt wohl in Künstlerkreisen, wie bei ihr, häufiger vor." (Manfred)

Die Akteure definierten die gesellschaftlich vorherrschende Norm der Paarbeziehung in Bezug auf den Altersunterschied im Begriff des „Klassikers", der sowohl statistisch belegt, als auch im Gedächtnis unserer Gesellschaft verankert ist. Normen haben die Funktion eines Wegweisers in unseren Bezugssystemen. Sie bilden die Grenze zwischen der Allgemeinheit und abweichenden Teilmengen ab. Dazu bedarf es der Möglichkeit, dass sich Teilmengen überhaupt aus der Allgemeinheit entwickeln. Wie sich aus den Zitaten und Interviews unschwer ablesen lässt, sind die Vorstellungen über das, was in Bezug auf Paarbeziehung, Milieu, Bildung und Verhalten in unserer Gesellschaft als normal gilt, relativ konstant. Normal ist, was üblich ist und als richtig gilt. Normal ist, was nicht irritiert und keine Reaktion hervorruft. „Ungleiche" Paare irritieren und rufen Reaktionen hervor. Wie wir bisher gesehen haben, werden Reaktionen auf die „ungleiche" Paarbeziehung überwiegend als negativ und abwertend empfunden. Die Folge davon sind Vermeidungsstrategien in der Anfangsphase der Beziehung – vor allem bei den Frauen.

Mit den Kommentaren von Personen und Medien werden gleichermaßen Gefühle geäußert und hervorgerufen: Durch negative Äußerungen wird den Betroffenen die Grenze der gesellschaftlich akzeptierten Norm vor Augen geführt, die, wie drastische Formulierungen zeigen, in Richtung Obszönität weisen. Damit wird implizit das Idealbild einer Paarbeziehung abgesichert und auf die Abwegigkeit einer anders modellierten Partnerschaft gezeigt. Wie in den Interviews deutlich wurde, ist die Partnerschaft zwischen einem jüngeren Mann und einer an Jahren älteren Frau nur eine Variante innerhalb der individuellen Biografie und zieht sich in seltenen Fällen durch das gesamte Ehe- und Partnerschaftsleben. Die Akteure konnten Erfahrungen mit der Norm entsprechenden Beziehungen vorweisen. Die Abweichung von der Norm hat dem Paar einen Hauch Exklusivität verliehen hat, die letztlich genossen wurde.

Das Umfeld definiert die Wirklichkeit, an der gemessen wird. Äußerungen der Missbilligung bilden die Demarkationslinie zwischen dem Abweichenden und dem Passenden. Die vorherrschende soziale Norm der klassischen Altersdifferenz von Paaren suggeriert das Funktionieren so gelagerter Beziehungen und deren Dauerhaftigkeit. Gleichzeitig werden Außenseiter noch immer, wie Medien und Befragte bestätigen, mit Argwohn betrachtet und ihre Beziehung eher als Planungsfehler der Natur angesehen.

Schulze trennt auf der mikrosoziologischen Ebene in ältere Milieus, die die Welt als gegebene Ordnung betrachten, nach der sich das Ich definiert. Umgekehrt gehen jüngere Milieus vom Ich aus und setzen es in Bezug auf die Welt. (Vgl. Schulze, 1993, S. 226ff). Die altersbedingte Trennung der Milieus im Sinn von Schulz bietet eine plausible Erklärung dafür, dass die Frauen noch in der alten Ordnung verhaftet sind, sich alt gediente Normen behaupten und zu Beginn der Beziehung von diesen gebremst werden. Dies ist eine zusätzliche Erklärung für den als „Warteschleife" bezeichneten Verzögerungseffekt zu Beginn der „ungleichen" Paarbeziehung und der Beeinträchtigung ihrer der Entwicklung.

Die Macht der Normen führt dazu, dass der Prozess der Paarbildung wechselseitig in unterschiedlichem Tempo verläuft. Während vorurteilsgeleitete Annahmen von Außen das Tempo der Frauen drosseln, zeigt sich der jüngere Mann von überkommenen Normen relativ unbeeindruckt. Er leistet enorm große Überzeugungsarbeit und unterstützt die Partnerin darin, sich auf das unsichere

Terrain einer neuen Paarvariante einzulassen. Wenn ihre Bedenken sie wieder zurückwirft, forciert er seine Kräfte.

Die Definitionsmacht des Üblichen, der Norm, liegt hier offenbar in der jeweiligen Generation des jüngeren Mannes und der an Jahren älteren Partnerin begründet. Nach Zögerlichkeiten durch die Frauen zu Beginn der Beziehung und Entwarnung durch die jüngeren Männer, genossen die Paare ihr Anderssein. Alle Befragten meinten, keine normgerechte Paarbeziehung zu leben. Sie wirkten stolz darauf, anders zu sein, anders zu leben und waren gerne ein Vorbild für andere.

8.3 Die Altersfrage

Die Erklärungen der Probanden, Toleranz der Gesellschaft und eine finanzielle Unabhängigkeit der Frauen seien wesentliche Gründe für die Tendenz zu „ungleichen" Paarbeziehungen, greifen m. E. nach der Analyse des vorliegenden Materials zu kurz. Als wichtiges Kriterium ist u. a. die Auflösung **altersspezifischen Verhaltens und seiner Erscheinungsformen auf allen Ebenen** hinzu zu fügen. Es wird deutlich, dass der Begriff des „passenden" Alters und seiner Ausprägungen sich wie ein roter Faden durch die Aussagen der Probanden und Probandinnen zieht. Die sich daraus ergebenden realen und in Gedanken durchgespielten Verhaltensmuster der Befragten mit ihren generationsübergreifenden Stärken und Schwächen markieren den Beginn und das vermutete Ende der Beziehung. Männer und Frauen, die sich auf eine „ungleiche" Paarbeziehung einlassen, entsprechen in ihrer Erscheinungsform nicht der bekannten altersbedingten Norm.

Normen geben bekanntlich Auskunft darüber, auf welchen gesellschaftlichen Koordinaten sich die Akteure gerade befinden. Will man das Bild „ungleicher" Paare sichtbar gestalten, ist es daher unumgänglich, sich mit der Frage der Alterssegmentierung zu beschäftigen. M. E. kommen wir durch eine differenzierte Verwendung des Begriffs „Alter" einer Erklärung für die Tendenz zu „ungleichen" Paarbeziehungen erst näher.

Sozialhistorisch neu ist die Dehnbarkeit der Begriffe Jugend und Alter, sowie die **Möglichkeiten des Einwirkens** durch verschiedene Maßnahmen. Typische Stile eines Altersabschnittes erfassen heute Generationen übergreifend eine breitere Schicht von Menschen, als dies früher üblich und möglich war. Noch vor vierzig oder fünfzig Jahren definierten biografische Ablaufschemata mit als typisch geltenden Attributen und Verhaltensweisen die Lebensabschnitte. Damit hielt sich ein Bild relativer Ordnung und Homogenität innerhalb einer Generation, denn die Altersgrenzen waren klar erkennbar. In Würde zu altern galt oft als vordringliches Ziel für die Zukunft. Nur der Jugend wurden Verrücktheiten zugestanden.

Zwischen der Marktaufbereitung des Faktors „Alter" für Frauen und derjenigen für Männer dürften ca. fünfzehn Jahre liegen. Hört man das Kompliment „für dein Alter siehst du aber gut aus", ist es vermutlich gut gemeint, aber es beweist gleichzeitig die Notwendigkeit differenzierter Betrachtung. Gerade durch den Volksmund wird klar, dass wir auch hier etwas im Vergleich zu anderen sind bzw. innerhalb unserer Person und. Mit der Wortwahl des Komplimentes wird bereits eine unbewusste Differenzierung in das kalendarische und das (vermutlich) biologische Alter getroffen.

Man braucht weder den Soziologenblick, noch einen theoretischen Überbau, um bereits zwischen der Generation der siebzigjährigen und derjenigen der Mittfünfziger und Endfünfziger einen deutlichen Unterschied im Erscheinungsbild festzustellen. Obwohl die Generation 55+ auch bereits zu den Senioren zählt, kleidet sie sich jugendlich und denkt kaum darüber nach, ob sich Verhalten und Aussehen für ihr Alter noch schickt. Sie tragen Jeans und Lederjacke, steigen elastisch vom Motorrad oder in chicer Kluft vom Mountainbike.

Wie lässt sich die sichtbare Verschiebung der Altersgrenzen erklären? Die Lebensstile und die dafür als typisch angesehenen Attribute sind nicht mehr an Altersgrenzen gebunden, sondern werden jenseits dieser Grenzen neu gemischt. Biologen, Psychologen und Soziologen haben den Begriff des „Alters" in drei Bereiche untergliedert, die sich individuell und in unterschiedlichem Tempo entwickeln bzw. nachlassen. Lebensstil, Ernährung, Lebensumstände, physische und psychische Dispositionen haben Einfluss auf Beschleunigung oder Verlangsamung des Alterns. In unserem Kulturkreis stehen Mittel und Maßnahmen zum Einwirken auf den Alterungsprozess zur Verfügung. Mit Blick auf die Probanden sind heute die Chancen der Frauen, aktiv zu leben, Sport zu betreiben und einen jugendlicheren Lebensstil zu pflegen, erheblich größer, als dies bei ihren Müttern der Fall war.

Friedrich Fürstenberg betont, dass sich soziologische Aussagen über das Alter(n) auch immer in der Gesellschaft ausdrücken und daher auch soziostrukturellen Veränderungen unterworfen sind. Dieser Wandel wird in erster Linie in Bereichen spürbar, die die Soziologie nur am Rande streift: Ökonomie, Technik und Biologie. Fürstenberg führt aus, dass das Problem der Soziologen darin besteht, dass das soziale Konstrukt „Alter" nicht in soziologischen Kategorien verankert ist und diese erst für die Soziologie herausgelöst werden muss. „Der Soziologie hat es bei der Erforschung des Alter(n)s aus seiner Fachperspektive immer mit einem sozialen Konstrukt insofern zu tun, als ihm die Wirklichkeit des Alter(ns) als ein bereits vorgefundener Bedeutungszusammenhang erscheint, als eine gesellschafts- und kulturspezifische Interpretation."(Fürstenberg in Backes, S. 76)

Nave-Herz bestätigt: „Der Altersprozess ist kein biologischer Ablauf, sondern wird auch kulturhistorisch determiniert." (Nave-Herz. S. 174) Ähnliche Überlegungen zur Kategorie „Alter" finden wir bei Backes. „Die derzeitigen Veränderungen der Lebensformen bedeuten für Frauen vor allem ein Heraustreten aus kalkulierbaren biografischen Verläufen in weitgehend unbestimmtere, offenere, flexibler zu halten, aber auch bedrohlichere, unsichere Liebes- und Arbeitsweisen." (Backes, S. 125) Auch Hellmich hält es für notwendig, heutzutage die Diskussion des Alters als soziale Kategorie differenziert zu führen und referiert folgende Unterscheidungen:

1.) Chronologisches Alter
Das kalendarische (biografische) Alter ist unverrückbar in unsere Geburtsurkunden eingeschrieben und bedarf daher keiner näheren Erläuterung. Daran ist nicht zu rütteln, und es scheint, dass noch vor etwa fünfzig Jahren die mit dem kalendarischen Alter und assoziierten Attribute von Mann und Frau klar definiert waren.

2.) Biologisches Alter
Fitnesstraining in unterschiedlichem Ausmaß, das Wissen um gesunde Ernährung, aber auch Wellness und bessere Arbeitsbedingungen beeinflussen günstig den Alterungsprozess von Männern und Frauen. Bei den Frauen kommt noch hinzu, dass sie durch eine Hormontherapie dem Klimakterium ein Schnippchen schlagen können. Hinter Ratgeberliteratur, Sport- und Fitnessprogrammen und einem Markt für entsprechende Produkte steht eine schlagkräftige Industrie. Durch Tests in diversen medizinischen Magazinen und durch ärztliche Untersuchungen lässt sich rasch das biologische Alter eines Menschen feststellen, und – falls es im Vergleich zum kalendarischen Alter zu hoch ausfällt – durch Anti-Aging-Maßnahmen beeinflussen. Hormonersatztherapien stoppen angeblich die altersbedingten Verfallserscheinungen.

3.) Soziales Alter
Die Bewegung außerhalb altersspezifischer Regelkreise beeinflusst das soziale Alter, wobei hier eine Wechselwirkung festzustellen ist. Es ist erkennbar, dass z. B. Frauen, die mit älteren Männern liiert sind und sich in seinem Milieu bewegen, die Tendenz haben, sich dem Älteren anzupassen. Die Frauen wirken gesetzter und pflegen in der Regel auch einen entsprechenden Lebensstil. Generationengrenzen werden in beide Richtungen verwischt. An das biologische Alter anknüpfend, entstehen durch biologische Dispositionen auch Mög-

lichkeiten oder Einschränkungen für das soziale Alter. Ein Mensch mit einem fitten Körper traut sich auch sportlich mehr zu und findet sich in Clubs oder bei Aktivitäten wieder, die von individuellen Vorlieben, und nicht von Altersvorgaben bestimmt sind.

Während das kalendarische (biografische) Alter natürlich unverrückbar ist, sind das soziale und das biologische Alter durch den Menschen mehr oder weniger beeinflussbar und gestaltbar geworden. Diese Segmentierung erzeugt wiederum neue Rollen mit ihren dazu gehörenden Attributen, was die Griffigkeit der Bestimmung einer Generation weiter schmälert. Die Auflösung klassischer Generationengrenzen in Elemente der Lebensstile können ausgetauscht werden. Sie greift auch hier unmittelbar in die Partnerwahl ein. Wie deutlich wurde, trafen sich die Akteure an Orten und bei Aktivitäten, die von gemeinsamen Interessen, keinesfalls aber von Generationenzugehörigkeit, geprägt waren.

Wie können nun die vorangegangen Ergebnisse in einen theoretischen Rahmen gesetzt werden?

9 Theorieteil

Im folgenden Abschnitt wird versucht, die empirisch gewonnenen Ergebnisse mit Rückbindung an die zentralen Forschungsfragen in einen Theorierahmen zu integrieren. Eine Trennschärfe zwischen den einzelnen Theorien, die im Folgenden diskutiert werden, ist nicht gegeben, sondern deren Elemente überlappen einander. Die für „ungleiche" Paarbeziehungen typischen Merkmale, wie

a) das Resümee, dass die Frau den höheren sozioökonomisch höheren Status hat

b) Liebe als Motiv der Paarbildung gilt

c) ähnliche Interessen der Partner vorhanden sind

d) ein egalitäres Beziehungsmuster erkennbar ist

finden sich in unterschiedlicher Gewichtung in verschiedenen Theorien zur Partnerwahl wieder. Ein Vergleich relevanter Theorien kann nur auf der Grundlage idealtypischer Konstrukte gezogen werden.

Im Laufe der Untersuchung stellte sich heraus, dass nicht nur eine Abgrenzung zwischen dem „neuen" und dem alten" (historischen) Rollenbild „ungleicher" Paare erarbeitet werden musste, sondern auch eine Abgrenzung zum „Klassiker" sichtbar wurde. Damit wurden gleich zwei unterschiedliche Bereiche sozialen Wandels sichtbar: Erstens das Thema „ungleicher" Paare in seinem historischen Verlauf und zweitens eine Variante von Paarbeziehungen, die sich deutlich vom „Klassiker" abhebt.

Ein Vergleich zwischen den „Klassikern" und „ungleichen" Paaren als Schwerpunkt dieser Arbeit war nicht angestrebt. Die Trennschärfe wurde jedoch wegen des besseren Verständnisses der Motive aufgegeben. In den Befunden, die m. E. plausible Erklärungen für die Zunahme „ungleicher" Paare bilden, zeigt sich der Vorteil der Grounded Theorey mit seiner Integrationsfähigkeit von überraschenden Wendungen. Interessant wäre eine weiterführende Studie mit dem Ziel, einen direkten Vergleich zwischen „Klassikern" und „ungleichen" Paaren ziehen zu können. Zum sozialen Wandel in Paarbeziehungen und deren Konstituierung werden im Folgenden vier Theorien vorgestellt und diskutiert.

9.1 Familienökonomischer Ansatz (Gary S. Becker, 1982)

Becker (1982) geht von zwei Kernprinzipien aus: **Homogamie (Ähnlichkeiten)**. Da Heiraten eine freie Entscheidung ist, erwarten die Partner einen größeren Nutzen, als vom Ledigsein. Bei ledigen Paaren stellt sich die Frage, ob überhaupt eine offizielle Bindung eingegangen werden soll. **Heterogamie (Unähnlichkeiten)**. Hiermit ist eine Konkurrenzsituation im Sinne von Wettbewerb gemeint. Frauen und Männer stehen unter- und miteinander im Wettstreit auf dem Heiratsmarkt.

Becker meint, die Paare hätten einen erhöhten Nutzen durch gemeinschaftlich geschaffene Güter, wie z. B. Ernährung, Kinder, Fürsorge und Gesundheit. Gemeinsam können gewisse Dinge kostengünstiger hergestellt werden. Dasselbe gilt auch für den Zeitaufwand. Ressourcen werden arbeitsteilig genutzt, und die Partner investieren praktisch in eine Spezialisierung von Hausarbeit, Erwerbsarbeit. Voraussetzung für das Funktionieren dieses Modells ist, dass Ressourcen und Talente sich unterscheiden, so dass Mann und Frau sich ergänzen. Beide Partner ziehen ihren Nutzen aus der Komplementarität. Aufgrund ihrer biologischen Dispositionen schreibt Becker den Frauen eher die Familienarbeit zu. Die Säule von Beckers Theorie beruht auf der Annahme, dass Frauen überhaupt Kinder bekommen wollen und dies auch der Grund für die Beziehung ist. Seiner Theorie liegt deutlich eine geschlechtsspezifische Rollenaufteilung zu Grunde. Nach Beckers Nutzenmaximierung wählen Menschen daher Partner mit Austauschpotenzial auf dem Beziehungsmarkt. Für den Austausch der Ressourcen nennt der physische, soziale und ökonomische Merkmale und fragt, welche Partnerverbindungen den Nutzen des Einzelnen maximieren

Lenz differenziert diese These in seiner Argumentation: Ein weiterer Komplex von kulturellen Vorgaben betrifft die Frage, wer für wen ein geeigneter Partner bzw. eine geeignete Partnerin ist. Hier kann daran angeschlossen werden, was im Zusammenhang mit den Kompatibilitäts-Modellen als Homogamie-Normen bezeichnet wurde. Allerdings müssen die kulturellen Vorgaben, die in die Aufbauphase einfließen, keineswegs immer ein gleich-zu-gleich beinhalten. Dies wird in der Alterszusammensetzung der Paare deutlich. „In der großen Mehrzahl der Paare sind die Frauen jünger als die Männer (vgl. Simmel 1987, Tölke 1991, Burhart 1997) Dieses Muster „Mann-älter-als-Frau" hat Tradition; vollends als eine feste Regel mit einem hohen Verbindlichkeitsgrad." (Lenz, S. 73)

9.2 Austauschtheoretischer Ansatz (Blau, 1994)

Auch dem Ansatz von Blau liegt der Aspekt des Marktgeschehens bei der Partnerwahl zugrunde. Zentrales Motiv sind hier allerdings zwischenmenschliche Elemente, wie Beziehung und Interaktion. Menschen werden nach Ähnlichkeiten (Homogamie-Modell) in kultureller, sozialer und ökonomischer Hinsicht gewählt. Das Austauschverhalten ist von gegenseitigem Geben und Nehmen zur Bedürfnisbefriedigung bestimmt (vgl. Lenz, S. 62). Die Entscheidung für einen Menschen ist keine Kosten-Nutzen-Rechnung, sondern ist von der Frage bestimmt, ob er/sie „gut genug" ist. Je näher der andere an die jeweiligen Idealvorstellungen heranreicht, desto größer ist die Chance zur Beziehungsaufnahme. Voraussetzung für eine Partnerwahl nach dem austauschtheoretischen Modell ist die Kenntnis über Suchkriterien und die Frage, ob es reicht, wenn ein Mensch Minimalanforderungen gerecht werden soll. Die Auswahl des geeigneten Partners/der Partnerin ist daher prozesshaft zu verstehen, wo – ähnlich wie beim Bruchrechnen – schließlich unverzichtbare Eigenschaften im Sinne des kleinsten gemeinsamen Nenners übrig bleiben.

Mit seinem Ansatz verfolgt Blau Marktüberlegungen, die durch Wettbewerb innerhalb eines Partnerpools bestimmt sind. Angebot und Nachfrage regeln die Partnersuche. Blau begründet seine Theorie mit einer Studie, die beweisen will, dass einstellungsähnliche Personen bevorzugt werden. Die Ähnlichkeiten dienen der Anerkennung und Stützung des Weltbildes des anderen. In dieser Wechselwirkung wird Ressourcenähnlichkeit des Paares angenommen.

9.3 Partnerwahl als individuelles Handeln in sozialen Strukturen (Blossfeld und Timm, 1997)

Die Theorie individuellen Handels versucht, sowohl einzelne individuelle Effekte, als auch kollektive Phänomene, zu erklären. Als Beispiel für die Veränderbarkeit des Normenkatalogs führen Blossfeld und Timm die beobachtbare bildungsmäßige Annäherung von Mann und Frau an. Blossfeld und Timm plädieren für eine Kombination aus Elementen der Austauschtheorie und des mikroökonomischen Ansatzes. Der Ansatz geht davon aus, dass im Rahmen eines Partnerpools bereits eine Vorentscheidung getroffen wird. Diese Vorauswahl erfährt eine zwischenmenschliche Ausrichtung. Blossfeld und Timm (1997) legen zwei Wirkungsfaktoren zugrunde, nämlich: Handlungskontexte reduzieren die Variablen/Möglichkeiten auf eine überschaubare Menge. Lebensläufe und soziale Gruppen verändern sich im Laufe des Lebens. Daraus folgen neue Mischungen und Möglichkeiten sozialer Kontexte und Netzwerke.

Individueller Handlungskontext und soziostrukturelle Normen verringern die Komplexität und führen daher zu einem überschaubaren Angebot.

9.4 Theorie der Milieusegmentierung (Schulze, 1993)

Schulze stellt einen Wandel von der „Beziehungsvorgabe" zur „Beziehungswahl" und damit einer Individualisierung von Beziehungen fest. Der **veränderte Zeichencharakter von „Alter"** spielt eine nicht unerhebliche Rolle in der Durchmischung sozialer Milieus und Beziehungen. Schulze listet zwei Erklärungen für die gelungene Interaktion möglicher Partner auf, aufgrund welcher Kriterien sie in Kontakt treten und eine Beziehung aufnehmen: Milieuspezifische Kontaktfelder, wie Kneipen, Sportstätten, Urlaubssituationen und Bildungseinrichtungen sind Orte mit einer gemeinsamen Plattform. Diese Orte sind zwar nicht als Partnerpool definiert, geben aber Auskunft über Vorlieben der Besucher.

Über die Milieu bildende Örtlichkeit richtet sich nach Schulze der Inhalt von Interaktionen. Er meint, je homogener die Elemente der Interaktion seien, desto breiter sei auch die Basis der die Gemeinschaft fördernden Werte. Weniger außenorientierte Eigenschaften des Partners, gegründet auf Notwendigkeit/Pflicht der Lebenssicherung, entscheiden über den Erfolg in der Paarbeziehung, als den Anderen als Quelle von neuem Erleben wahrzunehmen.

Vergleicht man die vier skizzierten Theorien miteinander, fällt auf, dass jeweils geschlechtsspezifische und milieuspezifische Kategorien ins Treffen geführt werden, die Variable „Alter" in Bezug auf die Partnerwahl hingegen außer Acht gelassen wird. Der Milieubegriff im Sinne von Schulz fängt diesen Mangel durch das Konzept der Milieusegmentierung weitgehend auf, in dem die Kategorie „Alter" diskutiert wird. (Vgl. Schulze, Kap. 7.5.)

Die soziale Wahrnehmung gibt den Impuls zur Vertiefung eines Kontaktes und leitet in eine kompatible Geschmacksrichtung. Vor allem Bildung und Alter sind über den Habitus eines Menschen eher wahrnehmbar, als die so genannten „inneren Werte", auf die unsere Paare zur Erklärung ihrer Liebe hinweisen. Die Pluralität der Lebensstile, wie Schulze sie beschreibt, zieht auch eine Pluralität der Liebesstile mit sich. Vor allem die Frauen bewegen sich aus ihrem u. a. altersbedingten Milieu und fühlen sich im Freundeskreis des jüngeren Mannes wohler, oder aber beide schaffen sich einen neuen Freundeskreis und lassen alte Bindungen zurück.

Auf der Basis der qualitativen Interviews und der Befunde aus der Medienrecherche wird deutlich, dass die Theorie individuellen Handels (Blossfeld/Timm) unter Einbeziehung der Theorie der Milieusegmentierung

(Schulze) den angemessenen theoretischen Rahmen bilden. Die empirische Verankerung kann aufgrund des vorliegenden Datenmaterials begründet werden. Beide Theorien berücksichtigen die Veränderbarkeit sozialer Normen und Regelkreise, sowie die Segmentierung in Milieus und Lebensstile, wie sie Schulze entworfen hat. Des Weiteren berücksichtigt die Theorie des individuellen Handelns nach Blossfeld und Timm die Ausrichtung auf zwischenmenschlichen Zusammenhalt, so wie ihn die Probanden erleben und erlebt haben.

Soziale Verhaltensregeln und soziokulturelle Normen regeln nach Blossfeld und Timm das Heirats- und Beziehungsverhalten und bilden deren Determinanten. Blossfeld und Timm weisen darauf hin, dass soziales Verhalten Normen reflektiert und diese veränderbar und damit einem Wandel unterworfen sind. Selektionskriterien ändern sich, so dass die Öffnung und Schließung sozialer Verkehrskreise berücksichtigt werden muss. Auch das Phänomen der Entstehung der spezifischen Dyade „Frau älter als Mann" kann mit der Theorie individuellen Handels und unter Berücksichtigung der Theorie der Milieusegmentierung erklärt werden. Damit finden die zentralen Forschungsfragen dieser Arbeit Raum in der Theorie individuellen Handelns, die jeweils vorhandene soziale Strukturen berücksichtigt und neu modelliert.

Die Milieutheorie nach Schulze bringt eine weitere Differenzierung im Hinblick auf die Partnerwahl hervor. Alterssegmentierung und Milieusegmentierung bedingen einander wechselseitig, so dass eine Art Clubcharakter entsteht, der den Paaren als Ausgangsbasis für ihr Interesse am Partner dient. Es kann von der Annahme ausgegangen werden, dass die Merkmale der individuellen Binnenstruktur

1) Liebe / Gefühl zu dieser besonderen Person
2) Ähnliche Interessen im Lebensstil
3) Autoritätsreduzierte Partnerschaftlichkeit
4) Egalitätsbestrebungen
5) Freiheit vom Zwang der Familiengründung
6) Individuelles Handeln
7) Hedonistisches Prinzip
8) Realistische Einschätzung der Dauerhaftigkeit von Beziehungen aufgrund von Erfahrungen aus erster Hand (Frau) und zweiter Hand (Mann)

das individualistische Programm konstituieren. Auf der Grundlage des harten Kerns ist das Programm um die Dimension des Begriffs der „Alterssegmentierung" erweitern. Dasselbe gilt für unterschiedliche Konzepte von Mann und Frau im Umgang mit Autorität, die sich auf verschiedenen Wegen einem für die

Partnerschaft förderlichen Autoritätsverständnis nähern. Die Verknüpfung individueller Handlungen für die Formung der Paarbeziehung mit externen sozialen Faktoren ist möglich und leitet in eine plausible Wechselwirkung beider Ströme. Soziale Rahmenbedingungen:

1) Gesetzliche Gleichstellung von Mann und Frau
2) Finanzielle Unabhängigkeit von Mann und Frau
3) Segmentierung des Begriffs „Alter" und Einflussnahme auf das Altern
4) Bedeutungsschwund von Demonstration männlicher Autorität für die Frau
5) Resultat so genannter antiautoritärer Erziehung beim Mann
6) Individuelle Wahlfreiheit in vielen Lebensbereichen
7) Pluralität der Beziehungsformen
8) Freiheit vom Zwang zur Familiengründung

Einige Merkmale individueller Programme und sozialer Rahmenbedingungen überlappen einander und fügen sich geschmeidig in das Rollenbild „ungleicher" Paare. Die Theorie individuellen Handels unter Berücksichtigung der Theorie der Milieusegmentierung findet ihre empirische Verankerung im Datenmaterial dieser Arbeit. Die Kategorie der Alterssegmentierung muss in diese integriert werden. Das Modell der Beziehungsvorgabe durch externe Faktoren ist, wie die empirischen Ergebnisse der Studie zeigen, in die individuelle Beziehungswahl als ein Element in das Milieu des Paares zu integrieren.

10 Resümee

Es bleibt die Frage offen, wie hoch die Dunkelziffer ist, die Männer mit an Jahren älteren Freundinnen und Geliebten daran gehindert haben, unüberwindbar scheinende äußere Verhältnissen zu meistern und sich auf eine Liebesbeziehung einzulassen. Ein Aspekt dieser Studie ist die Differenzierung nach der Liebe „ungleicher" Paare einerseits und deren Lebbarkeit andererseits. Es muss zwischen Gefühl und Handhabbarkeit unterschieden werden, da es sich um zwei unterschiedliche Säulen von Beziehungen handelt. Das eine kann durchaus ohne das andere auskommen. In dieser Studie zeigt sich, dass „ungleiche" Paare nach wie vor nicht mehrheitsfähig sind. Das neue Rollenbild „ungleicher" Paare zeigt aber Menschen, die sich dem Gesinnungs- und Beziehungswandel stellen und die Integration von Gefühl und Beziehung schaffen.

10.1 Welches neue Rollenbild zeigt sich durch die Verbindung „Frau mit jüngerem Mann"?

Um das neue Rollenbild „ungleicher" Paare darstellen zu können, muss noch einmal auf das alte Rollenbild verwiesen werden. Wie bereits erwähnt wurde, ist ein direkter Vergleich aufgrund fehlender soziologischer Befunde weder zulässig noch möglich. Es lassen sich jedoch spezifische Merkmale des alten Rollenbild „ungleicher" Paare aus der vorindustriellen Zeit aufgrund historischer Fragmente identifizieren:

1) Erwünschtheit der Ehe durch die Institution der Zünfte.

2) Die Funktion einer Lebens- und Überlebenssicherheit im bäuerlichen und handwerklichen Bereich.

3) Die Frauen verfügten über höhere materielle Ressourcen als ihre Männer.

Der Austausch von Ressourcen schuf einen Ausgleich zwischen Mann und Frau. Die Frauen brachten die materielle Basis mit in die Ehe Sie besaßen Geld und Gut, Handwerksbetriebe oder Bauernhöfe. Ihre Männer trugen durch Wissen und speziellen Fertigkeiten zur Absicherung und Weiterführung der Betriebe und Höfe bei. Das eine war ohne das andere nicht möglich. Heute würde man von einer win-win-Situation sprechen, von der beide Partner gleichermaßen profitieren. Als Verwalterinnen des Geldes bekleideten die Frauen im Konzept des „Ganzen Hauses" nach unserem heutigen Verständnis eine gleichberechtigte Stellung. Im historischen Rückblick sind die Elemente der Ergänzung zur ausgewogenen Paarbeziehung vorhanden, selbst wenn diese nicht frei gewählt sind, sondern pragmatische Überlegungen die Beziehung stützen.

Auch wenn Liebe nie auszuschließen war, so lässt sich eindeutig die Konstituierung der Ehe zwischen dem jüngeren Mann und der Frau von **Außen** feststellen. Wenn wir kaum abwertende Kommentare zu „ungleichen" Paaren in der Geschichte kennen, ist es möglich, dass diese aufgrund der **sozialen Erwünschtheit** dieser Verbindung unterblieben. Hier fehlt als „Zwischenepoche" der Vergleich zu modernen Zweierbeziehungen. Im Kontrast zum historischen Bild „ungleicher" Paare kann von sozialer Erwünschtheit moderner „ungleicher" Paare keine Rede sein. Wie die Themenanalyse der Medien in Kapitel 5 zeigt, wird der Altersunterschied mehr oder weniger direkt problematisiert und dient als publikumswirksamer Aufhänger in unterschiedlichen Ausprägungen. Die mediale Aufbereitung problematisiert das Thema „ungleicher" Paare gleichsam durch die Präsenz in den Magazinen und versuchte im gleichen Atemzug, der Normenverletzung die Schärfe zu nehmen. Dazu dienten u. a. Bilder von glücklich wirkenden Paaren als Beispiele und Interviews mit Paaren, die ebenfalls kein Problem in ihrer Paarbeziehung fanden, das auf dem Altersunterschied gegründet war.

Es lassen sich folgende Strukturen der Berichterstattung zum Rollenbild „ungleichen" Paaren identifizieren und zusammenfassen:

a. Altersunterschied als außergewöhnlicher Aspekt einer Liebesbeziehung im Prominentenmilieu. Fragen nach Problemen aufgrund des Altersunterschieds und nach Reaktionen von Freunden, von der Familie, wurden in das Interview über die (neue) Liebesbeziehung verpackt, obwohl Aufhänger auf der Titelseite der Altersunterschied war. Die (ältere) Frau ist jeweils berühmter, erfolgreicher und wohlhabender als ihr jüngerer Partner.

b. Redaktioneller Text, Interviews mit glücklichen Paaren und Expertenmeinung ergeben zusammen ein Bild von Paaren, die den Altersunterschied aus ihrer Binnensicht unproblematisch leben.

Es fällt auf, dass der umgekehrte Altersunterschied zum Thema „Frau ist jünger als der Mann" lediglich als Zahl in einer Klammer innerhalb des Textes erwähnt wird. Daraus folgt, dass für die Medien in der Paarkonstellation „Frau ist älter als der Mann" noch immer einen erheblichen Neuigkeitswert besitzt. Daraus lässt sich weiter ableiten, dass auch im Bewusstsein der gesellschaftlichen Wirklichkeit „ungleiche" Paare ein Bild abgeben, das durch das Raster des Normalen fällt Es kann angenommen werden, dass die Medien, vor allem die Journalistinnen, durch entsprechende Reportagen einen wesentlichen Beitrag zur vorurteilsfreien Betrachtung des Bildes „Frau mit jüngerem Partner" generieren.

Wie sehr Vorurteile, speziell von Seiten der Frau, die Anfangsphase der Beziehung beeinflussen, wird im Kapitel 6 deutlich. Zitate aus verschiedenen Kontexten und Milieus skizzieren ein Bild, das „ungleiche" Paare nicht als eine von mehreren möglichen „normalen" Paarkonstellationen sieht, sondern als ein Paar, dessen Altersdifferenz - egal wie groß sie sein mag - der „Rede wert" ist. Damit steht das Paar außerhalb der Norm. In einigen Zitaten wird die unterschiedliche Entwicklung im Lebenslauf von Mann und Frau als Erklärung für die Existenz „ungleicher" Paare herangezogen. Sie bieten eine Rechtfertigung für die Wahl der Frauen an, wo andere die Normverletzung durch negative Werturteile sanktionieren.

Die Auswertung der Interviews macht deutlich, wie geäußerte und vermutete Vorurteile die Anfangsphase der Beziehung beeinflussten. Die zu Beginn als „locker" und „entspannt" beschriebene Zeit des Kennenlernens wurde durch Vorsichtsmaßnahmen der Frauen kontrolliert. Sie versuchten, etwaigen Peinlichkeiten zu entgehen, indem sie ihre jüngeren Partner etwas älter machten oder aber ihr Umfeld „in kleinen Dosen" an den jüngeren Mann gewöhnten. Die Männer hatten zwar auch „blöde" Bemerkungen gehört, diese aber aufgrund ihrer mangelnden Erfahrung mit der Kluft zwischen dem traditionellen und dem neuen Rollenbild nicht verinnerlicht, so dass sie resistent blieben. Besonders die Männer zeigten Standhaftigkeit und ließen sich durch Vorurteile des Umfeldes nicht beeindrucken. Als Ursache diskriminierender Werturteile wurden Neidgefühle von Männern und Frauen vermutet, deren Bandbreite an Optionen noch nicht bzw. nicht mehr den Möglichkeiten der „ungleichen" Paare entsprach. Der jüngere Mann entzieht dem „Partnerpool" statusgleicher Männer eine (beachtenswerte) Frau, so dass für diese Männer „weniger übrig bleibt." Die Frauen vermuten in der Beziehung ihrer Bekannten/Freundin mit dem jüngeren Mann auf sexueller und persönlicher Ebene Aktivitäten, die ihnen verschlossen sind.

Die Auflösung etablierter Muster braucht Zeit, und so gestaltete sich die Werbephase für den Mann länger und schwieriger, als er es von früheren jüngeren Partnerinnen gewohnt ist. Durch gemeinsame Interessen und Aktivitäten stabilisierte sich schließlich die Partnerschaft. Begünstigt wurde die Beziehung dadurch, dass die Partner „für das Alter" atypische Eigenschaften am anderen wahrnahmen. Der jüngere Mann wirkte auf die Frau unerwartet ernsthaft, reif und erwachsen. Die ältere Frau wiederum bestach durch Attraktivität, Energie und Lockerheit.

In ihren Reflexionen früherer Beziehungen unterscheiden sich Männer und Frauen deutlich von einander. Frauen rechtfertigen die Hinwendung zum jüngeren Mann mit dem für sie schwer erträglichen Autoritätsanspruch ihrer Expartner. Der häufig geäußerte Satz: „Bei dem Jüngeren kann ich so sein wie ich bin", u. ä, ist eine Schlüsselaussage, die den Partner als einen Menschen beschreibt, bei dem eine freie Entwicklung der Persönlichkeit möglich ist. Dabei neigen die Frauen dazu, sich als Rechtfertigung für ihre Wahl des Account zu bedienen. In diesem Fall nimmt der Expartner die Rolle des Täters ein, der sein Opfer (die Frau) in ihrer individuellen Entwicklung behindert hat.

Immer mehr Menschen kehren den sozial gebilligten Modellen den Rücken zu, um sich aus normativen Vorgaben zu lösen und die Routine zu verlassen. Diese Überlegungen treffen auch auf „ungleiche" Paare zu. Der soziale Kontext moderner „ungleicher" Paare bietet den Akteuren mehr Handlungsoptionen. Ein Vergleich „ungleicher" Paare" in vorindustrieller Zeit mit modernen Paaren zeigt, dass unter unterschiedlichen sozialen Rahmenbedingungen ähnliche soziale Tatbestände der äußeren Struktur möglich sind. Bei den beobachteten und interviewten Männern und Frauen in der Gegenwart und in der historischen Rückblende hatten die Frauen jeweils den höheren sozioökonomischen Status. Sie modernen Frauen hatten sich die jüngeren Männer nicht ausgesucht - wie oft vermutet wird - sondern erst ihre Unabhängigkeit begünstigte eine neue Liebesbeziehung, in denen materielle Überlegungen und Abhängigkeiten für einen Verbleib in einer (unbefriedigenden) traditionellen Paarbeziehung keine Rolle mehr spielen.

Die Frauen können und wollen sich eine Beziehung mit einem sie dominierenden Mann nicht mehr vorstellen. Das bedeutet nicht, dass der Mann deswegen zwingend nach Jahren jünger sein sollte, sondern der Mann muss für die Frauen spezielle Eigenschaften besitzen: Neugierde, Aktivität, Flexibilität, Partnerschaftlichkeit, Kameradschaft und Hinwendung zu partnerschaftlichen Gemeinschaft. Der jüngere Mann besitzt aufgrund seiner Sozialisation und seiner Jugendlichkeit eher die gewünschten Eigenschaften als der ältere Mann.

Bleibt man bei der Metapher des Rollenbildes, haben wir es heute mit einem Skript zu tun, das – im Gegensatz zum historischen Bild – einen breiten Gestaltungsspielraum bietet. Ähnlich wie bei der Betrachtung eines Theaterstückes gibt es einerseits Kritiker, die am Überkommenen des Klassikers haften und andererseits Freunde moderner Rolleninterpretationen. Als Grund für die Entwicklung ihrer Liebeszieung nannten Männer und Frauen die Ergänzung, die sie durch den anderen erfahren. Gleichklang beim Kennen lernen und während der Beziehung, Wegfall so genannter Machtspielchen machten und macht die Beziehung „ungleicher" Paare attraktiv. Die egalitäre Beziehung setzt sich innerhalb des Alltags der Paare fort. Zur Förderung der Beziehung auf Augenhöhe unterstützen die Frauen ihre Partner in deren persönlicher und beruflicher Entwicklung. Auch bei bereits wieder gelösten Beziehungen gaben alle Probanden an, dass sie nur profitiert hätten: Niemand musste aufgrund des Altersunterschiedes auf etwas verzichten. Die Paare hatten sich durch den anderen weiterentwickelt (was immer man darunter verstehen mag).

Ihre Zukunftsaussichten als Paar sahen Männer und Frauen allerdings gleichermaßen skeptisch, denn sie befürchteten mit Eintreten des Klimakteriums eine Kluft aufgrund nachlassender Fitness bei gleichzeitigem Hang zu mehr Gemütlichkeit und Bequemlichkeit. Dies sind vorweg genommene Vermutungen, die nicht auf eigenen Erfahrungen der Akteure basieren.

Wenn man die von den weiblichen Probanden genannten Merkmale der Männer, wie Aktivität, Neugierde, Gemeinschaftssinn, etwas Verrücktheit eines Jüngeren, Ergänzung/Gleichklang zusammen fügt, wird in den Interviews deutlich, dass die Anziehungskraft zwischen Frauen und an Jahren jüngeren Männern nur in einem bestimmten Lebensabschnitt lebbar zu sein scheint. Männer und Frauen vermuten eine Gefährdung der Beziehung, die durch das Klimakterium der Frau und seine Auswirkungen verursacht wird.

An dieser Stelle muss noch einmal deutlich zwischen den Aussagen über die aktuelle Paarbeziehung, die von Liebe und Partnerschaftlichkeit getragen ist, und dem Zukunftsszenario, das bei Alterung der Frau und den damit einhergehenden Veränderungen ein mögliches Ende der Beziehung vermutet, unterschieden werden. Das antizipierte Ende der Beziehung deckt sich mit den Annahmen Außenstehender, die meinen, „das könne auf Dauer nicht gut gehen. Die Fragilität der „Klassiker" bleibt dabei unberücksichtigt.

Aufgrund der ausführlichen Antworten zur Zukunft der Paarbeziehung und der Skepsis der Akteure, weise ich der Kategorie „Alter" eine zentrale Bedeutung zu. Ich bin zu dem Ergebnis gekommen, dass die Segmentierung des Begriffs „Alter" in das biologische, das soziale und das biografische Alter von zentraler Bedeutung für die Konstituierung des Rollenbildes „ungleicher" Paare ist. Alle drei Kategorien bestehen nebeneinander und entwickeln sich in unterschiedlichem Tempo. Das kalendarische Alter bleibt konstant. Auf das biologische und das soziale Alter haben die Menschen einen mehr oder minder großen Einfluss. Auf die letztgenannten Alterskategorien wirken die Frauen aktiv ein, so dass Milieu- und Generationengrenzen verschwimmen. Bemerkenswert ist in diesem Zusammenhang, dass in den Interviews allein den Frauen der Weg in die Bequemlichkeit zugeschrieben wurde, und zwar von den Männern und den Frauen gleichermaßen. Auf die Frauen richtet sich der Scheinwerfer in ihrer Zeit als aufsteigender Stern und als sinkender Stern. Der Mann nimmt demnach eher eine statische Rolle ein.

So wie sich die Frauen und ihre älteren Partnerin in der Konstellation des „Klassikers" auseinander gelebt haben, besteht im umgekehrten Fall die Annahme der Probanden, dass „Gleich und Gleich gesellt sich gerne" auch hier Regie führt. Durch die Vermutung der Interviewten, dass die Aufrechterhaltung der Beziehung mit fortschreitendem Alter der Frau schwieriger werden würde, bestätigen sie wiederum die Vorbehalte ihres gesellschaftlichen Umfeldes.

„Ungleiche" Paare bewegen sich noch auf gesellschaftlich ungesichertem Terrain. Sie haben gelernt, damit umzugehen und denken das Risiko des Scheiterns - wie oben ausgeführt - mit. Sie lehnen es aber strikt ab, ihre Liebe als Planungsfehler oder Irrläufer der Natur zu sehen, sondern für sie ist die Liebe handlungsleitendes Motiv ihrer Beziehung.

In der Beibehaltung der Individualität eines jeden als Konstante liegt das Erfolgsgeheimnis „ungleicher" Paare. Der Mann hat durch seine Sozialisation im Elternhaus, in der Schule oder auf den Universitäten gelernt, eigenständig zu sein und Autorität und Autoritäten nicht ungeprüft anzuerkennen. Werte wie Selbständigkeit, Freiheit der Meinungsäußerung, Hinterfragen normativer Vorgaben, usw. wurden verinnerlicht. Dieser lockere Umgang mit Autorität wirkt sich auf das Verhältnis zur älteren Partnerin aus, die genau dieses Verhalten als entspannend und natürlich zu schätzen weiß.

Die Frau hat zu hart um Ihre Individualität gekämpft, als dass sie diese für eine fragwürdige Harmonie aufs Spiel setzen würde. Individuelle Entscheidungen, selbst bestimmt, oft ohne Ansehen von Rasse, Geschlecht oder Altersdifferenz gelten für sie als lebens- und liebenswert. Handlungsleitendes Motiv für die Partnerwahl ist daher die Liebe, wohl wissend und erfahrend, dass dieses Gefühl nicht auf ewig anhalten könnte. Flankierende Schutz- und Trutzmaßnahmen der Beziehung, wie Verantwortung für ein gemeinsames Projekt, Nestbau und Kindererziehung, werden obsolet, da auch diese Partnerschaftsziele individuell ausgehandelt werden können.

Elisabeth Beck-Gernsheim spricht vom Doppelgesicht der Individualisierung. Hier rangiert eine gewisse Freiheit vor Zwängen, dort Unsicherheit, Risiko, Irritation. Das Schlagwort der Individualisierung greift jedoch zu kurz. Lebensstile sind heutzutage generationenübergreifend, so wie es z. B. deutlich im Bereich der Moden beobachtbar ist. Die Elemente von Alters- und Milieusegmentierung sind austauschbar geworden und greifen auch in die Partnerwahl hinein. Unter Berücksichtigung der Durchmischung von Milieu- und Alterskategorien lässt sich das Bild eines typischen „ungleichen" Paares skizzieren. Generell finden wir folgende Merkmale vor:

1) Höherer soziökonomischer Status der Frau im Vergleich zum Mann

2) Die Vermischung unterschiedlicher soziokultureller Entwicklungen bei Mann und Frau zu ähnlichen Lebensstilen.

3) Verzicht der Frau, ihre statusbedingte Autorität zu demonstrieren.

4) Eine egalitäre Paarbeziehung aufgrund gegenseitiger Anerkennung und Würdigung dessen, was ist.

5) Liebe als innen geleitetes Motiv.

6) Den Partner/die Partnerin nicht mit überzogenen Erwartungen an die Liebe überfordern.

7) Die Aufgabe alters- und geschlechtsspezifischer Rollen und konfliktreduziertes Aushandeln moderner Rollen.

8) Erhöhte Risikobereitschaft zum Scheitern der Beziehung.

9) Verlängerte Werbephase des Mannes aufgrund erhöhter Vorsicht bei der Frau.

Obwohl die Stärke der Ausprägungen dieser Merkmale empirisch nicht gemessen wurde, ist der höhere soziökonomischen Status der Frau, ähnlicher Lebensstil des Paares, die Liebe als innen geleitetes Motiv und die autoritätsbedingte moderne Rollenauffassung zu betonen.

Darüber hinaus besteht nicht zwingend der Wunsch, eine Familie zu gründen. Die meisten Frauen, aber auch manche Männer, bringen Kinder mit in die Beziehung. Das Langzeitprojekt des gemeinsamen Lebens mit dem Schwerpunkt Familiengründung wird in Etappenziele umgemünzt, die mitunter immer wieder neu definiert werden (Ich bin noch nicht reif für ein Kind).

Berücksichtigt man allerdings den biologischen Aspekt der Partnerwahl bei „ungleichen" Paaren, fällt ein Widerspruch zur anthropologischen Konstante der Partnerwahl auf. Demnach scannen Frauen und Männer ihr Gegenüber in einem Bruchteil von Sekunden auf deren Brauchbarkeit im Sinne von Nachkommenschaft. (Vgl. Eibl-Eibesfeldt, S. 21f) Die Frau muss jung, frisch und vor allem gesund wirken, damit sie in der Lage ist, gesunde Nachkommen zu gebären und aufzuziehen. Der Mann wird aufgrund seines Status gewählt, wenn er damit ausdrücken kann, Schutz und Sicherheit für die Familie zu gewährleisten. Dieser Aspekt gerät bei den hier befragten Personen ins Hintertreffen, da Statussicherheit von den Frauen ausgeht. Mit weiter führendem Forschungsinteresse könnte der Kluft zwischen gelebter Realität „ungleicher" Paare und dem tradierten Modell von Humanbiologen auf den Grund gegangen werden.

10.2 Welche gesellschaftlichen Rahmenbedingungen begünstigen das neue Rollenbild „ungleicher" Paare?"

Abgeleitet aus dem oben skizzierten Rollenbild, werden die gesellschaftlichen Rahmenbedingungen für die Begünstigung „ungleicher" Paarbeziehungen noch einmal bekräftigt. Es ist zu berücksichtigen, dass die Wechselwirkung zwischen gesellschaftlichen Rahmenbedingungen und der Binnenstruktur der Paare fließend und daher nicht immer eindeutig bestimmt ist An dieser Stelle muss der Einfluss der Medien wieder aufgegriffen werden. Zur Ratgeberliteratur für Paare merkt Herrmann an: „Die angeblich neuen Partnerideale, die vorgestellt werden (in der Ratgeber-Literatur) bleiben der bürgerlichen Tradition verhaftet und überschreiten kaum die gewohnten Grenzen." (Herrmann, S. 204)

In der Literatur- und Medienrecherche zeigt sich ein stabiles Verharren im Modell des „Klassikers" und damit die Persistenz der Beispiele zur sozialen Akzeptanz von Paaren mit „verkehrtem" Altersunterschied. Exzerpte aus der Belletristik, ebenso wie Kommentare in aktuellen Medienerzeugnissen und in alltagssprachlich verwendeten Zitaten, machen deutlich, dass „ungleiche" Paare noch nicht vom Gesetz der Gewöhnung erfasst worden sind. Das Umfeld drückt seine Skepsis offen oder hinter vorgehaltener Hand aus. Damit zeigt sich am Beispiel „ungleicher" Paare, dass etablierte soziale Typen eine sich selbst erhaltende Dynamik haben.

Vergleicht man die hier angeführten aktuellen Zitate mit dem vorurteilsbehafteten Kern und die Häufung soziologisierender und psychologisierender Reportagen in den Medien mit der Wirklichkeit „ungleicher" Paare, stoßen wir auf das Phänomen des cultural lag. Cultural Lag bedeutet, dass sich das Gedächtnis der Gesellschaft sich in langsamerem Tempo bewegt als die Wirklichkeit. Die Gründe hierfür liegen vermutlich, wie oben ausgeführt, im Bestreben von Männern und Frauen in traditionellen Paarbeziehungen, ihr bekanntes und gewohntes Terrain zu verteidigen. Die Auflösung traditioneller Geschlechterrollen führt ihnen, verglichen mit einer modernen „ungleichen" Beziehung, das

Gefühl relativer Unbeweglichkeit vor Augen. Abwertungen durch vorurteilsgeleitete Annahmen werden generiert, um sich den eigenen Mangel an Optionen nicht eingestehen zu müssen. Demnach sind Männer nicht mehr die Autoritätsperson für Frauen. Sie verlieren an Einfluss und bleiben verunsichert zurück.

Mit der massiven Thematisierung von „ungleichen" Paaren in publikumswirksamen Magazinen und der Beispiel gebenden Wirkung von Prominenten wird der Abbau von negativen Werturteilen voran gebracht. Auch entsprechende Liebesziehungen unbekannter Leute werden beschrieben und zitiert. Expertinnen, wie Psychologinnen und Soziologen/Soziologinnen, erklären die Gründe für die Tendenz zum „ungleichen" Partner. Mit der Thematisierung „ungleicher" Paare werden von den Medien ein Gewöhnungseffekt und eine Ent-Stigmatisierung angestrebt. Die Medien befinden sich hier in der Rolle des Mahners und bieten gleichzeitig durch Konsultation von Experten/Expertinnen Lösungen zur Integration an. Die Medien spielen daher eine wichtige Rolle in der gesellschaftlichen Einflussnahme zur Akzeptanz „ungleicher" Paare.

Die Wahlfreiheit von Männern und Frauen auf allen Ebenen unterstützt Bestrebungen „ungleicher" Paare, ihre Beziehung überhaupt erst lebbar zu machen und alltagstauglich zu gestalten. Die Vielfalt der Lebens- und Liebesstile - und damit der Wegfall externer Beschränkungen - führen die Paare vom Etikett des Exotischen fort. Dass die Freiheit der Frau beim Geldbeutel beginnt, wie Simone de Beauvoir vor sechzig Jahren formulierte, setzt sich mit der Freiheit in der Partnerwahl - oder auch Partnerablehnung - fort. Die Gründe für eine zunehmende Wahlfreiheit auf nahezu allen persönlichen und gesellschaftlichen Ebenen liegen in der Individualisierung von Lebensstilen und Lebensläufen. Turbulente Biografien – vor allem der Frauen – ergeben neue Mischungsverhältnisse, während sich männliche Biografien noch immer überwiegend durch Konstanz auszeichnen. Die Probanden sagten aus, dass sich die Frauen mit ihren gleichaltrigen/älteren Partnern nicht weiterentwickeln konnten, da ihre Biografien auseinander drifteten. Männern wurde vorgeworfen, zur starr in ihrer Berufsrolle verharren, und im privaten Bereich kritisierten die interviewten Frauen die mangelnde Aktivität der Männer.

Es findet zum Teil bereits innerhalb einer Paarbeziehung zu gleichaltrigen oder älteren Partnern eine Statusangleichung statt, die die Ansprüche der Frauen an ein für sie lebenswertes Leben anhebt. Hier können die an Jahren älteren Partner – so die Frauen – nicht mithalten, da sie es vielfach versäumt haben, Bereiche, die für ihre Frauen wichtig waren, wahrgenommen zu haben. An der Kreuzung zwischen individueller biografischer Entwicklung und gesellschaftlichen Rahmenbedingungen kann für Männer und Frauen in „klassischen" Beziehungen ein Stau entstehen, dem die Frauen durch die Partnerschaft mit einem jüngeren Mann entgehen.

Als externer Faktor zur Etablierung einer „ungleichen" Partnerschaft ist auch die Nivellierung des Statusvorsprunges der Frauen durch Männer zu nennen, denen Demonstration von Macht und Autorität nicht viel bedeutet. Seine mangelnde Ehrfurcht vor ihrem höheren Statuts/ihrer Autorität dürfte erziehungsbedingt sein. Aufgrund seiner Sozialisation innerhalb der 68er- und Nach-68er-Generation kann angenommen werden, dass das Status- und damit das Autoritätsgefälle zu Gunsten der Partnerin kein Konfliktpotenzial für die Partnerschaft bietet.

Ein dritter externer Faktor der Einflussnahme ist die beobachtbare Auflösung des klassischen Familienverbandes. Zunehmend instabile Familienformen bieten keine Schutz- und Trutzburg mehr gegen Einsamkeit und soziale Kälte. An ihre Stelle tritt die Etablierung von Netzwerken im engeren und weiteren Sinne und mit mehr oder weniger hohem Verbindlichkeitsgrad für unterschiedliche Interessenslagen.

10.3 Welche neuen Werte konstituieren „ungleiche" Paare?

Auffallend zeigt sich in dieser Arbeit zunächst die Revision alter Werte. Hermann und Lenz sprechen davon, dass der Wunsch von Frauen und Männern nach verlässlicher lebenslanger Liebe ungebrochen sei. Sowohl die Befunde aus der Literaturrecherche, als auch die Analyse der Interviews zeigen, dass eine beglückende Liebe zwar als Ideal vorhanden ist, die Realität dieses Ideal aber nur als Streiflicht in der Biografie von Mann und Frau zulässt. Die Akteure sind sich dessen bewusst und wirken vernünftiger, als uns die Literatur glauben macht.

10.3.1 Moderne romantische Liebe

Eine exakte Trennung zwischen Werten und Normen ist nicht immer möglich. Ein Fortschritt zu wertschätzender Akzeptanz „ungleicher" Paare ist die Reduktion der Monopolstellung des „Klassikers" im gesellschaftlichen Bewusstsein. Obwohl die Realität durch Scheidungen und Trennungen eine andere Sprache spricht, scheint der „Klassiker" nach wie vor mit einer Heilserwartung seiner Akteure verbunden zu sein. Das, was die Paare u. a. zu finden und zu bewahren versuchen, nämlich **Liebe und Verbundenheit**, scheinen **genau die Paare zu erleben, die sie mit kritischen Augen betrachten.** Denn auf der Basis dieses soziologischen Projektes wurde offensichtlich, dass die **Merkmale des Ideals der romantischen Liebe** auf die hier Rede und Antwort stehenden Personen zutreffen. Die Beziehungen sind zu Beginn durch Zögerlichkeit, Widerstände, Befürchtungen gekennzeichnet. In den Geschichten über romantische Liebe bilden diese Merkmale den Prüfstein für die Echtheit der Gefühle. Sind die Hindernisse ausgeräumt, bleibt die Liebe als bestimmendes Motiv der Akteure, und zwar unabhängig von Nützlichkeitsüberlegungen, übrig. Unterstützt werden die Überlegungen zur romantischen Liebe „ungleicher" Paare von den überwiegend dramatischen Geschichten der Akteure, die um Hindernisse und Beschwernisse ihrer „ungleichen" Liebesbeziehung kreisen. Im Märchen ist es der Drachentöter, im wirklichen Leben der Akteure der jüngere Mann, der seine reifere Prinzessin befreit. Dass unabhängig von dem Liebesmotiv für die Beziehung eine realistische Einschätzung der Chancen auf lebenslange Dauer besteht, ist kein Widerspruch. **Gerade die Desillusionierung durch die erlebte Realität begünstigt Beziehungen im Hier und Jetzt und leitet in eine moderne Form „romantischer Liebe" über.**

10.3.2 Soziale Folgen des Hedonismus
Wenn die „romantische" Liebe der „ungleichen" Paare als Mittel zum Zweck der Familiengründung und ökonomischer Vorteile nur sich selbst folgt, ist dann dahinter ein hedonistisches Prinzip zu vermuten, das ausschließlich auf eigenem Wohlergehen begründet ist und „biologische" bzw. „gesellschaftliche Aufträge" außer Acht lässt?

Als Kehrseite der romantischen, (relativ) zweckfreien Liebe ist festzustellen, dass unintendierte soziale Folgen der Paarbeziehung von den Akteuren nicht bedacht wurden. Der Brockhaus definiert Hedonismus folgendermaßen: „Hedonismus (von grch. Hedone ‚Lust', ‚Freude', die philosoph. Lehre, dass das Streben nach Lust alles menschliche Handeln und Verhalten entscheidend bestimmt oder bestimmen sollte. (Brockhaus, 1986, Band 8, S. 28) Es kann bei „ungleichen" Paaren gedanklich durchaus mit dem hedonistischen Prinzip experimentiert werden: Mit Ausnahme der Liebe blendeten die Paare andere Handlungsmotive aus. Private Entscheidungen ohne Folgedenken betrafen z. B. die gegenseitige Versorgung der Partner. Das Leben im Hier und Jetzt, ohne Bedachtnahme auf eine gesicherte Zukunft, kennzeichnet „ungleiche" Paare mit einer Tendenz zum hedonistischen Prinzip. Die Kriterien für den vermuteten Hedonismus unserer Paare sind: Dass die Akteure kurz- und mittelfristig handeln, diese keinen gemeinsamen Lebensplan entwerfen und traditionelle Werte zurück gedrängt wurden. Diese Überlegungen treffen überwiegend auf die Probanden zu. Auch ohne für den Partner/die Partnerin eine materielle Vorsorge zu treffen, wurden die Partner als verantwortungsbewusst und fürsorglich eingestuft. Gesellschaftliche und finanzielle Eigenständigkeit der Akteure dürften Maßnahmen zur Versorgung der Partner beeinflussen. Auch die vermutete Endlichkeit der Beziehung wird Versorgungsgedanken zurück drängen.

Inwiefern das hedonistische Prinzip durch „ungleiche" Paare gesellschaftlich transportiert wird, kann an dieser Stelle nicht weiter vertieft werden. Vermutlich erfahren bestehende Tendenzen zum hedonistischen Prinzip eine weitere Verästelung im Variantenreichtum von Paar- und Lebensstilen.

Wie das Traumpaar nach wie vor beschaffen sein sollte, zeigte die Werbung zum Partnershow „Ich Tarzan, Du Jane" auf SAT 1. Stellvertretend für Männer klassischen Typs schwingt sich Tarzan von Ast zu Ast und bestimmt – Gefahren witternd – die gemeinsame Richtung. Jane klammert sich vertrauensvoll an ihn.

Parallel und gleichberechtigt zum „Klassiker" könnte sich der Typus des „ungleichen" Paares etablieren, wie er reichlich „schräg" in der Hör-Zu-Werbung mit den Worten vorgestellt wird: „Irgendwann nimmt man nicht mehr irgendwas" (Eine recht betagte - extravagant ausstaffierte Dame - hält mit einem jungen dunkelhäutigen Mann im getigerten Lendenschurz Händchen. Ihre hoch aufgetürmte Frisur gleicht einer Krone. Seine Accessoires lassen auf einen jungen Häuptling schließen. Hoheitsvoll und selbstbewusst blicken beide in die Kamera: **Märchenprinz liebt Königin**.

So wie der Begriff des Lebensabschnittspartner zur Zeit seines Aufkommens den Geschmack des Zynismus in sich barg, sich jetzt aber als Realität durchzusetzen scheint, ist zu erwarten, dass auch „ungleiche" Paare immer weniger kritisch betrachtet werden und ihre Liebe einen Beziehungstyp bildet, der „nicht mehr der Rede wert" sein wird.

10.4 Weiterführende Forschungsfragen

Während die Beschreibung des Rollenbildes „ungleicher" Paare Gestalt annahm, zeigten sich Widersprüche, Fragen und Vermutungen, die an dieser Stelle nicht geklärt werden konnten. Als weiterführende Forschungsfragen in unterschiedlichen Disziplinen kann ich mir vorstellen:

a. Eine weiter führende Studie über „ungleiche" Paare jenseits des sechzigsten Lebensjahres(Soziologie).

b. Eingehende Untersuchung des Themas „ungleicher" Paare mit dem Ziel, einen unterschiedlichen Zugang zwischen männlichen und weiblichen Autoren herauszuarbeiten (Literaturwissenschaften)

c. Die anthropologische Konstante der Partnerwahl durch Scannen innerhalb von wenigen Sekunden: Die Frau ist jung, gesund, frisch und sichert die Nachkommenschaft. Der Mann wird aufgrund seines Status gewählt, weil der damit Schutz und Sicherheit für die Familie garantiert. Wie kann man den Widerspruch der anthropologischen Konstante zur sozialen Realität zunehmend "ungleicher" Paare in Bezug setzen und erklären?

d. Frau mit hohem sozioökonomischen Status: Gefahr oder Vorbild? (Soziologie)

Anhang

Fragebogen I (Fakten)

Interview am .... in ....……...
Name: ………………………………………………………….
Alter: ……………………………………………………………..
Alter des Partners/ der Partnerin: ………………………………….
Beruf: ……………………………………………………..……..
Beruf des Partners/der Partnerin: ……………………………… ……..
Familienstand: …………………………………………………..
Sind Sie mit dem Partner verheiratet?   ja / nein
Kinder: ………. gemeinsame ……….. sie ………. er
Wie lange dauert(e) die Beziehung? ……………… ……………..
Seit ……….. Jahren getrennt

Ihre Schulbildung		Schulbildung des Partners/der Partnerin	
O	Hauptschule	O	Hauptschule
O	BHS	O	BHS
O	Lehre	O	Lehre
O	Gymnasium	O	Gymnasium
O	Hochschulabschluss	O	Hochschulabschluss

Das Einkommen meines Partners/meiner Partnerin
O entspricht meinem Einkommen
O liegt ca. ……… % über meinem Einkommen
O liegt ca. ……… % unter meinem Einkommen

Das Vermögen meines Partners/meiner Partnerin
O entspricht meinem Vermögen
O liegt ca. ……… % über meinem Vermögen
O liegt ca. ……… % unter meinem Vermögen

Wenn man Status als Summe von Bildung + Einkommen + Vermögen definiert, war Ihr Status zur Zeit des Kennenlernes:

O   Status gleich dem des Partners/der Partnerin
O   Höher als der des Partners/der Partnerin
O   Niedriger als der des Partners/der Partnerin

Jetzt
O   Status gleich dem des Partners/der Partnerin
O   Höher als der des Partners/der Partnerin
O   Niedriger als der des Partners/der Partnerin

Fragenbogen II (Interviewleitfaden)

I. a Die „Relativen"

1. Wie und wo haben Sie sich kennen gelernt?

2. Wer machte den Anfang?

3. Können Sie sich erinnern, wann der Altersunterschied zur Sprache kam?

4. Wie haben Sie darauf reagiert?

5. Hatten Sie Bedenken?

6. Wenn ja, inwiefern?

7. Hat sich der Altersunterschied auf die Phase des Kennenlernens ausgewirkt?

8. Hatten Sie Erklärungsbedarf bei Freunden/Verwandten/Kollegen?

9. Wie war deren Reaktion? Können Sie sich an Kommentare erinnern?

10. Wie haben Sie sich in der Öffentlichkeit gefühlt?

11. Was glauben Sie, wie sich Ihr Partner/Ihre Partnerin gefühlt hat?

12. Wenn man davon ausgeht, dass der Altersunterschied sicht war und ist, welche Reaktionen können/konnten Sie in der Öffentlichkeit wahrnehmen?

13. Haben Sie dem neuen Partner zuliebe etwas verändert/geändert, das auf den Altersunterschied zurück zu führen ist?

14. Welchen Lebensentwurf hatten Sie, bevor Sie den „ungleichen" Partner/die Partnerin kennen lernten?

15. Welches Rollenbild hatten Sie von sich?

16. Hat es sich verändert?

I. b Erfahrungen

1. Hatten Sie vorher Beziehungen mit Partnern mit einem Altersunterschied ab 7 Jahre?

2. Hatten Sie vorher bereits Erfahrungen mit einem jüngeren Partner/einer jüngeren Partnerin?

3. In welchem Alter?

I. c Entscheidungen

1. Haben Sie eine rationale Entscheidung für Ihren Partner/Ihre Partnerin getroffen?

2. War es eher eine ungeplante Beziehung in Ihrem Lebenslauf?

3. Können Sie sich vorstellen, in einer anderen Phase Ihres Lebens diese Beziehung zu leben oder gelebt zu haben?

II. a Einstellungen – Einstellungsänderung

1. Wie haben Sie ungleiche Paare wahrgenommen, bevor Sie Ihren Partner/Ihre Partnerin kennen gelernt haben?

2. Können Sie sich daran erinnern, wodurch sich Ihre Einstellung verändert hat?

3. Können Sie einen Zeitrahmen nennen?

4. Von welchen Vorstellungen haben Sie sich in diesem Zusammenhang verabschiedet?

5. Woran haben Sie sich orientiert (Vorbilder/Medien)?

6. Haben Sie sich vorher einmal mit dem Thema „ungleicher" Paare befasst?

7. Wie wurden Sie im anderen Freundeskreis/in der Familie aufgenommen?

8. Umgekehrt, wie wurde die Partnerin/der Partner aufgenommen?

9. In wessen Freundeskreis fühlten Sie sich wohler?

10. In welches Milieu zog wer?

11. Wer musste Ihrer Meinung nach die größere Anpassungsleitung vollbringen?

12. An welche besonderen Ereignisse können Sie sich aufgrund des Altersunterschieds erinnern?

II. b Blick in die Zukunft

1. Machen sie sich aufgrund des Altersunterschiedes Gedanken über die Zukunft?
2. Wer zieht zu wem?
3. Warum?
4. Treffen Sie gemeinsame Lebensplanung?
5. Was denken Sie über die Dauerhaftigkeit einer Beziehung mit großem Altersunterschied?
6. Was ist in der jetzigen Partnerschaft im Hinblick auf den Altersunterschied anders als bei früheren Erfahrungen?
7. Wer trifft welche Entscheidungen?
8. Welche Rollenaufteilung hatten Sie in früheren Beziehungen?

Literatur

Backes, Gertrud, Clemens, Wolfgang (Hrsg.). Zukunft der Soziologie des Alter(ns)s, Reihe Alter(n) und Gesellschaft, Band 8. Leske + Budrich, Opladen, 2002.

Barceló, Elia. Das Rätsel der Masken. Piper Verlag GmbH, München, 2006.

Beck, Heinrich. Machtkamp der Generationen. Zum Aufstand der Jugend gegen den Autoritätsanspruch der Gesellschaft. Verlag Josef Knecht. Canrolusdruckerei GmbH, Wiesbaden, 1970.

Beck-Gernsheim, Elisabeth. Was kommt nach der Familie? Einblicke in neue Lebensformen. Verlag C.H. Beck oHG, München, 1998, 2. durchgesehene Auflage 2000.

Beck, Ulrich/Beck-Gernsheim, Elisabeth. Das ganz normale Chaos der Liebe. Suhrkamp Verlag, Frankfurt/M., 1990.

Becker, Gary S. Der ökonomische Ansatz zur Erklärung menschlichen Verhaltens. In Becker, Gary S. Mohr (Siebeck), Tübingen, 1982, S. 1 – 15.

Belotti, Elena Gianini. Liebe zählt die Jahre nicht. Wenn Frauen jüngere Männer lieben. Rowohlt Taschenbuch Verlag GmbH, Reinbek bei Hamburg, 1990.

Benard, Cheryl/Schlaffer, Edit. Die Physik der Liebe. Warum selbstbewusste Frauen glücklichere Beziehungen haben. Kösel-Verlag GmbH & Co., München, 2001.

Berger, Peter L/ Luckmann, Thomas. Die gesellschaftliche Konstruktion der Wirklichkeit. Eine Theorie der Wissenssoziologie. S. Fischer Verlag GmbH, Frankfurt/M., 1991.

Blau, Peter. Exchange and Power in Social Life. Wiley, New York, 1964.

Blossfeld, Hans-Peter/Timm, Andreas. Der Einfluss des Bildungssystems auf den Heiratsmarkt. Eine Längsschnittanalyse der Wahl von Heiratspartnern im Lebenslauf. In: Kölner Zeitschrift für Soziologie und Sozialpsychologie, Jg. 49 (3), S. 440 - 486.

Blossfeld, Hans-Peter/Timm, Andreas (Hrsg.). Who Marries Whom? Educational Systems as Marriage Markets in Modern Societies. European Studies of Population , Volume 12, Kluwer Academic Publishers, Dordrecht/NL, 2003.

Brandl, Marion/Soyke, Christiane (2007) Glücklich mit einem jüngeren Mann. In: Bunte. 23. August 2007, S. 24 – 26.

Brockhaus Lexikon, Band 8, F.A. Brockhaus GmbH, Mannheim, 1986.

Bruckmüller, Ernst. Sozialgeschichte Österreichs. Verlag für Geschichte und Politik, Wien, 2001.

Burguière, André/Klapisch-Zuber, Christiane/ Segalen, Martine, Zonabend, Francoise, (Hrsg.) Geschichte der Familie (Mittelalter), Magnus Verlag GmbH, Essen, 2005.

Colette, Sidonie Gabrielle. Chérie. Chéries Ende. Fischer Taschenbuch Verlag GmbH, Frankfurt/M., 2004.

Dörrzapf, Reinhold. Eros, Ehe, Hosenteufel. Eine Kulturgeschichte der Geschlechterbeziehungen. Vito von Eichborn GmbH & Co Verlag KG, Frankfurt/M., 1995.

Ehmer, Josef. Heiratsverhalten, Sozialstruktur, ökonomischer Wandel. England und Mitteleuropa in der Formationsperiode des Kapitalismus. Vandenhoeck & Ruprecht, Göttingen, 1991.

Eibl-Eibesfeldt, Irenäus, Der Mensch – Das riskierte Wesen. Zur Naturgeschichte menschlicher Unvernunft. R. Piper GmbH & Co. KG, München, 1988.

Endruweit, Günter, Trommsdorff, Gisela, Wörterbuch der Soziologie. Band 3, Ferdinand Enke Verlag, Stuttgart, 1989.

Göttmann, Stepahnie (2007). Junge Liebe, großes Glück. In: Bunte, 15. November 2007, S. 34 – 38.

Gricksch, Gernot. Robert Zimmermann wundert sich über die Liebe. Knaur Taschenbuch, München, 2005.

Griese, Inga (2008) Diese Liebe ist Hollywood-reif. In: Bunte, 28.02.2008, S. 59 – 60.

Gürtler, Christa, Mazohl-Wallnig, Brigitte/Bachinger, Katrina/Wallinger-Novak, Hanna (Hrsg.). Frauenbilder – Frauenrollen – Frauenforschung. Dokumentation der Ringvorlesung an der Universität Salzburg im WS 1986/87. Geyer-Edition, Wien-Salzburg, 1987.

Hamann, Brigitte. Bertha von Suttner. Ein Leben für den Frieden. Piper Verlag GmbH, München, 1986.

Helfrich, Hede (Hrsg.) Frauen zwischen Eigen- und Fremdkultur. Weiblichkeitsbilder im Spannungsfeld von Tradition und Moderne. Daedalus, Münster, 1995.

Hellmich, Elisabeth. Forever young? Die Unsichtbarkeit alter Frauen in der Gegenwartsgesellschaft. Milena Verlag, Wien, 2007.

Herrmann, Horst. Liebesbeziehungen – Lebensentwürfe. Eine Soziologie der Partnerschaft. Telos-Verlag, Münster, 2005.

Hofmannsthal, Hugo von. Sämtliche Werke. Kritische Ausgabe, S. 5 – 101. Hrsg. Hoffmann, Dirk O./Schuh, Willi, S. Fischer Verlag, 2003.

Hohenester, Birigitta. Dyadische Einheit. Zur sozialen Konstitution der ehelichen Beziehung. UVK Universitätsverlag Konstanz GmbH, Konstanz, 2000.

Honegger, Claudia. Die Ordnung der Geschlechter. Die Wissenschaften vom Menschen und das Weib. Campus Verlag GmbH, Frankfurt/M., 1991.

Illouz, Eva. Der Konsum der Romantik. Liebe und die kulturellen Widersprüche des Kapitalismus. Campus Verlag, Frankfurt/New York, 2003.

Johnen, Wilhelm. Die Angst des Mannes vor der starken Frau. Einsichten in Männerseelen. Fischer Verlag, Frankfurt/M., 1994.

Kanitscheider, Bernuf (Hrsg.). Liebe, Lust und Leidenschaft. Sexualität im Spiegel der Wissenschaft. S. Hirzel Verlag, Stuttgart, 1998.

Kast, Verena. Paare. Beziehungsphantasien oder wie Götter sich in Menschen spiegeln. Literarische Agentur, Zürich, 1984.

Kast, Verena. Neid und Eifersucht. Die Herausforderung durch unangenehme Gefühle. Deutscher Taschenbuch Verlag GmbH & Co. KG, München, 1998.

Kaufmann, Jean-Claude. Singlefrau und Märchenprinz. Über die Einsamkeit moderner Frauen. UVK-Verlagsgesellschaft, Konstanz, 2002.

Keplinger, Hans Mathias/Ehmig, Simone Christine/Hartung, Uwe. Alltägliche Skandale. Eine repräsentative Analyse regionaler Fälle. UVK- Verlagsgesellschaft, Konstanz, 2002.

Konrad, Michael. Werte versus Normen als Handlungsgründe, Peter Lang AG, Europäischer Verlag der Wissenschaften, Bern 2000.

Lauster, Peter. Die Liebe. Psychologie eines Phänomens. Rowohlt Taschenbuch Verlag GmbH, Reinbek bei Hamburg, 1992

Lessing, Doris. Und wieder die Liebe. Hoffmann und Campe Verlag, Hamburg, 1996

Lippke, Olaf. Neid kriecht nicht in leere Scheunen. Über den Zusammenhang von Neid und Ausdrucksverstärkung in sozialen Beziehungen, Roderer, Regensburg, 1996.

Mann, Golo. Wallenstein. S. Fischer Verlag, Frankfurt/Main, ohne Angabe der Jahreszahl.

Merkel, Inge. Eine ganz gewöhnliche Ehe. Odysseus und Penelope. S. Fischer Verlag GmbH, Frankfurt am Main, 1989.

Miedl, Magdalena (2007). Frisch verliebte 42-jährige. In: Salzburger Nachrichten, 19. März 2007, S. 19.

Miles, Rosalind. Weltgeschichte der Frau. Econ Verlag GmbH, Düsseldorf, 1995.

Mitterauer, Michael/Sieder, Reinhard. Vom Patriarchat zur Partnerschaft. Zum Struktur-Wandel der Familie. C.H. Beck'sche Verlagsbuchhandlung, München 1991.

Nave-Herz, Rosemarie. Ehe- und Familiensoziologie. Eine Einführung in Geschichte, theoretische Ansätze und empirische Befunde. Juventa Verlag Weinheim und München, 2004.

Neckel, Sighard Status und Scham. Zur symbolischen Reproduktion sozialer Ungleichheit, Campus Verlag, Frankfurt/M., 1991.

Onken, Julia. Herrin im eigenen Haus. Weshalb Frauen ihr Selbstbewusstsein verlieren und wie sie es zurückgewinnen. Wilhelm Goldmann Verlag, München, 2001

Pollmer, Udo/Fock, Andrea/Gonder, Ulrike (Hrsg.) Liebe geht durch die Nase. Was unser Verhalten beeinflusst und lenkt. Verlag Kiepenheuer & Witsch, Köln, 1997.

Pommer, Ursula. Mutterwahn und Vatertick. Altersunterschiede in der Partnerschaft. DTV, München, 1986.

Raub, Werner/Voss, Thomas. Individuelles Handeln und gesellschaftliche Folgen. Das individualistische Programm in den Sozialwissenschaften. (Soziologische Texte, Bd. 120) Hermann Luchterhand Verlag GmbH, Darmstadt, 1981.

Reichel, Sabine (2007), Darf's ein bisschen jünger sein? In: Brigitte Woman, 02/2007, S. 62 – 69.

Richter, Ursula. Wenn Frauen jüngere Männer lieben. Neue Chancen für die Partnerschaft. Fischer Taschenbuch Verlag GmbH, Frankfurt/M., 1999.

Rosenbaum, Heide. Formen der Familie. Untersuchungen zum Zusammenhang von Familienverhältnissen, Sozialstruktur und sozialem Wandel in der deutschen Gesellschaft des 19. Jahrhunderts. Suhrkamp Taschenbuch Wissenschaft, Frankfurt/M., 1996.

Rost, Klaus. Die Welt in Zeilen pressen. Wahrnehmen, gewichten und berichten im Journalismus. 2. unveränderte Auflage. Institut für Medienentwicklung und Kommunikation GmbH (IMK),Frankfurt/M. 1995.

Schenk, Herrad. Freie Liebe, wilde Ehe. Über die allmähliche Auflösung der Ehe durch die Liebe. Deutscher Taschenbuch Verlag GmbH & Co, München, 1987.

Schmölzer, Hilde. Revolte der Frauen. Porträts aus 200 Jahren Emanzipation. Verlag Carl Ueberreuter, Wien, 1999.

Schneider, Norbert F./Rosenkranz, Doris/Limmer, Ruth. Nichtkonventionelle Lebensformen. Entstehung, Entwicklung, Konsequenzen. Leske + Budrich, Opladen, 1998.

Schulze, Gerhard. Die Erlebnis-Gesellschaft. Kultursoziologie der Gegenwart. Campus Verlag GmbH, Frankfurt/M., 1993.

Seipel, Christian/Rieker, Peter. Integrative Sozialforschung. Konzepte und Methoden qualitativer und quantitativer empirischer Forschung. Juventa Verlag Weinheim und München, 2003.

Sell, Maren. Der letzte Liebhaber. Claassen Verlag, Hildesheim, 1996.

Shafy Samiha/Thimm, Katja. Die Natur der Macht. In: Der Spiegel, 29. September 2008, S. 52 – 66.

Simmel, Georg. Philosophie des Geldes. Band 6. Suhrkamp Taschenbuch Wissenschaft Frankfurt am Main, 1989.

Tomka, Karin (2007).Glücklich mit einem Jüngeren. In: Madonna, 10. November 2007, S. 18 – 21.

Treutler, Michael. Die Ordnung der Sinne. Zu den Grundlage eines medienökonomischen Menschen. Transcript Verlag, Bielefeld, 2006.

Vargas Llosa, Mario. Tante Julia und der Kunstschreiber. Suhrkamp Verlag, Frankfurt/M. 1985.

Vaskovic, Laszlo A./Rupp, Marina. Partnerschaftskarrieren. Entwicklungspfade nichtehelicher Lebensgemeinschaften. Westdeutscher Verlag GmbH, Opladen, 1995.

Walser, Martin. Ein liebender Mann. Rowohlt Verlag GmbH, Reinbek bei Hamburg, 2008.

Walsleben, Susanne. Wie liebt man einen jüngeren Mann? Strategien für eine starke Partnerschaft. Heinrich Hugendubel Verlag, München, 2005.

Weingartner, Paul. Wissenschaftstheorie I. Einführung in die Hauptprobleme. Friedrich Frommann Verlag Günther Holzboog GmbH & Co, Stuttgart Bad-Cannstatt, 1978.

Willi, Jürg. Psychologie der Liebe. Persönliche Entwicklungen durch Partnerbeziehungen. Klett-Cotta. (o.A.)

Wirth, Heike. Bildung, Klassenlage und Partnerwahl. Eine empirische Analyse zum Wandel der bildungs- und klassenspezifischen Heiratsbeziehungen. Leske + Budrich, Opladen, 2000.

Zangen, Britta. 50Plus und endlich allein. Bücken & Sulzer Verlag GbR, Overath, 2007.

Über neue Formen der Sozialbindung

> Theoretische und ethnografische Erkundungen

Der Inhalt: Theorien zum Phänomen der posttraditionalen Gemeinschaft – Metaprozesse posttraditionaler Gemeinschaftsbildung – Situative und transsituative Vergemeinschaftung – Posttraditionalisierung von Gemeinschaft – Die Rückkehr der Biologie in der posttraditionalen Gemeinschaft

Posttraditionale Gemeinschaften weisen vielfältige thematische Fokussierungen auf, verfügen jedoch typischerweise nicht über wirksame Sanktionsmöglichkeiten zur Durchsetzung von Wichtigkeiten und Wertigkeiten bei ihren Mitgliedern. Sie können den Einzelnen weder zur Mitgliedschaft, noch im Rahmen seiner Mitgliedschaft verpflichten, sondern ihn in aller Regel lediglich verführen.

Ronald Hitzler / Anne Honer / Michaela Pfadenhauer (Hrsg.)
Posttraditionale Gemeinschaften
Theoretische und ethnografische Erkundungen
2009. 358 S. (Erlebniswelten 14) Br. EUR 24,90
ISBN 978-3-531-15731-3

Diese „Verführung" geschieht wesentlich durch die Option zur Teilhabe an einer für die Betroffenen attraktiven Form teilzeitlichen sozialen Lebens, zu dem auch als „erlebenswert" angesehene, vororganisierte „Ereignisse" bzw. Events gehören.

Erhältlich im Buchhandel oder beim Verlag.
Änderungen vorbehalten.
Stand: Januar 2009.

www.vs-verlag.de

VS VERLAG FÜR SOZIALWISSENSCHAFTEN

Abraham-Lincoln-Straße 46
65189 Wiesbaden
Tel. 0611.7878-722
Fax 0611.7878-400

VS Forschung | VS Research
Neu im Programm Soziologie

Sünne Andresen / Mechthild Koreuber / Dorothea Lüdke (Hrsg.)
Gender und Diversity: Albtraum oder Traumpaar?
Interdisziplinärer Dialog zur „Modernisierung" von Geschlechter- und Gleichstellungspolitik
2009. 260 S. Br. EUR 34,90
ISBN 978-3-531-15135-9

Kai Brauer / Gabriele Korge (Hrsg.)
Perspektive 50plus?
Theorie und Evaluation der Arbeitsmarktintegration Älterer
2009. 355 S. (Alter(n) und Gesellschaft Bd. 18) Br. EUR 49,90
ISBN 978-3-531-16355-0

Achim Bühl (Hrsg.)
Auf dem Weg zur biomächtigen Gesellschaft?
Chancen und Risiken der Gentechnik
2009. 533 S. Br. EUR 59,90
ISBN 978-3-531-16191-4

Rudolf Fisch / Andrea Müller / Dieter Beck (Hrsg.)
Veränderungen in Organisationen
Stand und Perspektiven
2008. 444 S. Br. EUR 49,90
ISBN 978-3-531-15973-7

Insa Cassens / Marc Luy / Rembrandt Scholz (Hrsg.)
Die Bevölkerung in Ost- und Westdeutschland
Demografische, gesellschaftliche und wirtschaftliche Entwicklungen seit der Wende
2009. 367 S. (Demografischer Wandel – Hintergründe und Herausforderungen)
Br. EUR 39,90
ISBN 978-3-8350-7022-6

Rainer Greca / Stefan Schäfferling / Sandra Siebenhüter
Gefährdung Jugendlicher durch Alkohol und Drogen?
Eine Fallstudie zur Wirksamkeit von Präventionsmaßnahmen
2009. 209 S. Br. EUR 29,90
ISBN 978-3-531-16063-4

Stephan Quensel
Wer raucht, der stiehlt...
Zur Interpretation quantitativer Daten in der Jugendsoziologie.
Eine jugendkriminologische Studie
2009. 315 S. Br. EUR 39,90
ISBN 978-3-531-15971-3

Melanie Weber
Alltagsbilder des Klimawandels
Zum Klimabewusstsein in Deutschland
2008. 271 S. Br. EUR 34,90
ISBN 978-3-8350-7005-9

Erhältlich im Buchhandel oder beim Verlag.
Änderungen vorbehalten. Stand: Januar 2009.

www.vs-verlag.de

VS VERLAG FÜR SOZIALWISSENSCHAFTEN

Abraham-Lincoln-Straße 46
65189 Wiesbaden
Tel. 0611.7878-722
Fax 0611.7878-400

MIX
Papier aus verantwortungsvollen Quellen
Paper from responsible sources
FSC® C105338

If you have any concerns about our products,
you can contact us on
ProductSafety@springernature.com

In case Publisher is established outside the EU,
the EU authorized representative is:
**Springer Nature Customer Service Center GmbH
Europaplatz 3, 69115 Heidelberg, Germany**

Printed by Libri Plureos GmbH
in Hamburg, Germany